온라인, 다음 혁명

BEING ON-LINE

더 많은
데이터,
더 강력한
플랫폼,

온라인-다음 혁명

왕젠 지음 | 김락준 옮김

NEXT REVO-LUTION

더 진화된
비즈니스가
온다

내가 10년 전에 왕젠 박사를 만났다면

처음 왕젠 박사를 만났을 때 인터넷 기술이 미래 사회 발전에 어떤 영향을 줄지 깊이 이해하는 것을 보고 왜 진작 그를 만나지 못했을까 하는 아쉬움이 들었다.

그룹 전략회의에서 왕젠 박사에게 미래 데이터 시대를 주제로 설명을 처음 들을 때부터 데이터 기술을 향한 왕젠 박사의 이해와 집착에 감탄했다. 그 덕에 알리바바는 지금 같은 기술 발전을 이뤘다.

왕젠 박사가 윈OS(YunOS, 알리바바가 자체 개발한 모바일 운영체제로 마윈의 이름에서 '윈'을 따 명명했다 - 옮긴이) 개발을 제시했을 때 처음 그의 담력과 식견에 '분노'할 정도로 놀랐다. 모두가 클라우드폰이 얼마나 형편없는지 토로할 때 처음 왕젠 박사와 팀원들의 완강함을 봤다. 하둡(Hadoop, 대용량 데이터를 분산 처리하는 소프트웨어 플랫폼 - 옮긴이)과 클라우드 사다리 기술 사이에 첫 '전쟁'이 일어났을 때, 왕젠 박사가 기술 책임자라면 반드시 갖춰야 할 위대한 과학 정신과 의지를 갖췄음을 알았다.

왕젠 박사의 관리 방식, 소통 방식, 실행 방식을 비판적으로 생각해봤다. 결국 그의 방식에서 발견한 것은 적극 발전하고 싶어 하는 다 큰 소년의 겸허함과 순결함이었다. 왕젠 박사는 신이 아니다. 그도 부족한 사람인 것을 나도 알고 다른 사람도 안다. 하지만 그에게 얼마나 대단한 점이 있는지 아는 사람은 그리 많지 않다.

만약 알리바바가 10년 전에 왕젠 박사를 만났다면 알리바바의 기술력은 지금과 달랐을 것이다. 만약 알리바바의 엔지니어, 상품부 직원, 서비스부 직원에게 진정한 파트너 정신이 있다면 알리바바의 미래는 더더욱 달라질 것이다. 만약 왕젠 박사가 프로그래머 출신이었다면 알리바바의 최고기술책임자^{CTO}는 다른 기업 CTO와 별다른 차이가 없었을 것이다. 만약 각종 악기에 정통한 사람만 오케스트라의 지휘자가 될 수 있다면 알리바바그룹 경영진은 모두 사퇴해야 할 것이다.

알리바바에 타고난 최고경영자^{CEO}, 최고재무책임자^{CFO}, 최고정보책임자^{CPO}는 없다. 알리바바의 위대함은 책임자처럼 보이지 않는 사람을 독특한 '책임자'로 바꿔놓는 데 있다.

왕젠 박사를 비판해준 모두에게 감사드린다. 비판은 박사를 더욱더 완벽하게 만들었다. 미국이 레이건을 가장 미국적인 대통령으로 변신하게 만든 것처럼 알리바바는 심리학 박사를 뛰어난 CTO로 변신하게 만들었다.

왕젠 박사는 자신의 재능과 노력은 물론 많은 사람의 지원과 도움 덕에 지금의 위치에 오를 수 있었다. 앞으로도 왕젠 박사에게 많은 지지를 보내주길 바란다.

마윈^{馬雲} (알리바바 그룹 회장)

새로운 부富를 이용한 다음 온라인 혁명

인터넷, 데이터, 컴퓨팅은 디지털 시대를 움직이고 사회 발전을 이끄는 3대 기둥이다. 이 3대 기둥은 업무 추진, 상품 제조, 인류의 생활과 소통, 여행, 재테크, 쇼핑, 건강과 의료 분야에 혁명적 영향을 줬다. 지난 10여 년 동안 인터넷은 광케이블과 무선전파 기술의 발전 및 확산에 힘입어 전 세계의 컴퓨터, 스마트폰, 모바일 디바이스, 기계·사물과 연결되었다. 이것은 과학적으로 대단한 성과이며 사람과 기계를 연결한 점에서 더욱 중요한 의미가 있다.

시장, 상인, 의료기관은 편집·선별·분석·모방 등의 단계를 거친 사람들의 모든 행동 데이터를 정보와 전략으로 활용해 많은 사람에게 보다 나은 서비스를 제공한다. 인터넷은 수도와 전기처럼 무수한 사용자를 수용할 정도로 그 경제 규모가 방대하며 기업뿐 아니라 개개인도 인터넷의 이점을 누릴 수 있다.

이 책은 만물, 기계, 사람과 연동해 매 순간 데이터라는 새로운 자원을 생성하는 인터넷을 자세히 설명하고 있다. 데이터와 컴퓨팅은 더 이상 한 대의 컴퓨터에 국한된 이야기가 아니다. 인터넷은 모든 컴퓨터 단말기를 연결해 거대한 컴퓨팅 능력을 발휘하고 있다. 특히 데이터는 인터넷의 컴퓨팅을 바탕으로 '지능'을 낳고 과학기술과 사회 발전을 촉진한다.

인터넷·데이터·컴퓨팅을 해석하는 왕젠 박사의 관점은 폭스콘이 추

진하는 빅데이터, 인공지능, 모바일인터넷, 클라우드 컴퓨팅 결합, 과학
기술 서비스 모델의 전환과 일치한다. 인터넷은 상품 생산·제조·공예
에 본질적 변화를 일으켰다. 무엇보다 제조 과정에서 생성된 데이터는
컴퓨팅 분석으로 결과를 예측해 생산의 효율성과 품질을 높인다. 이 밖
에 거대 규모의 데이터는 상품과 연결될 때 비로소 쓸모가 생기고 이익
을 창출한다. 단독으로 존재하는 데이터는 아무런 가치가 없다. 데이터
가치를 생성하려면 산업과 연결해야 한다.

　왕젠 박사는 인터넷·데이터·컴퓨팅을 각각 인프라, 세계의 새로운
부, 공공 서비스로 정의했다. 인터넷, 데이터, 컴퓨팅은 기업 경영자에
게 상당히 매력적인 요소다. 데이터는 미래 사회 부의 원천이고 기업 경
영자의 중요한 과제 중 하나는 이 새로운 부를 이용해 경영 전략을 효과
적으로 짜는 일이다.

궈타이밍郭台銘 (홍하이그룹, 폭스콘 회장)

차 례

• 일러두기
- 옮긴이 주는 괄호로, 지은이 주 또는 부연설명은 대괄호로 표기했다.
- 본문에 소개된 도서명 중 한국어판이 출간된 경우에는 한국어판 제목을, 한국어판이 출간
  되지 않은 경우에는 제목을 번역하고 원제를 병기했다.

Chapter 1.

온라인
신대륙의
발견

나는 과학기술의 빠른 발전을 부추기는
무한한 에너지와 보이지 않는 손이
무엇인지 안다.
그것은 이 시대에 가장 중요한 단어이자
사람들에게 익숙하면서도 낯선 단어인
'온라인'이다.

최근 나는 세 가지 평범한 일을 경험했다. 서로 연관성이 별로 없어 보이는 그 세 가지 일은 흥미롭게도 내게 인터넷, 데이터, 컴퓨팅을 진지하게 생각할 기회를 제공했다.

데이터에 모든 것의 답이 있다

2013년 5월 12일 항저우 모바일인터넷 클럽 MTC^{Mobile Talk Club}는 항저우 원시에서 클라우드 컴퓨팅에 관한 살롱 모임을 열었다. 이곳에서 음악 공유 플랫폼 샤미^{Xiami}(창립 당시 샤미왕) 창립자 왕샤오웨이王小瑋, 택시 예약 애플리케이션[이하 앱] 콰이디다처^{Kuaidi taxi}의 창립자 천웨이싱陳偉星, 모바일인터넷 두안취왕短趣網의 창립자 왕챵위王强宇는 각각 클라우드 기반의 음악 서비스, 클라우드 시대의 상품 설계와 창업을 주제로 이야기를 나눴다. 인터넷 시대의 내로라하는 베테랑들 틈에서 나도 잠시 발언 기회를 얻었다. 그날의 현장 분위기를 간단하게 정리하면 모바일인터넷을 놓고 다양한 의견을 나눈 뒤, 나를 포함한 모든 사람이 상당한 당혹감에 휩싸였다.

전《첸장완바오錢江晚報》기자 판위에페이潘越飛는 〈왕젠: 당신이 잘못 알고 있는 클라우드 컴퓨팅과 빅데이터〉라는 제목으로 모바일인터넷과 클라우드의 현 위치, 빅데이터 성찰, 부족한 모바일 응용프로그램 혁신성 등 그날의 내 소회를 1인칭 시점에서 자세히 분석해 위챗 모멘트 Moments에 다음과 같이 올렸다.

"

나는 평화를 열렬히 사랑한다. 그러나 클라우드 컴퓨팅과 빅데이터를 생각하면 불현듯 전쟁과 관계가 있는 두 가지 일이 떠오른다.

첫 번째, 《세계는 평평하다》의 저자 토머스 프리드먼은 아프가니스탄 전선에 다녀온 뒤 미국의 육군사관학교가 완전히 달라졌다고 생각했다. 대위급 군관이 전화 한 통으로 항모에 있는 전투기를 띄우는 것을 보고 크게 놀란 것이다. 예전에 대위급 군관은 일부 무기만 동원이 가능했으나 지금 이들은 과거에 소장이나 중장이 하던 것과 똑같은 일을 한다. 사람들은 내게 기본적인 인프라를 구축하면 개인도 세상을 바꿀 수 있지 않느냐고 묻는다. 과거에는 미국의 대통령만 세상을 바꾸는 큰일을 할 수 있었다. 이제 클라우드 컴퓨팅을 잘 이용하면 누구나 미국 대통령보다 더 많은 일을 할 수 있다.

두 번째, 누군가는 세상에서 빅데이터를 가장 잘 활용한 예가 드론이라고 말한다. 드론은 혁신의 상징이다. 과거에는 군인을 전투지역에 일일이 투입했지만 빅데이터를 전쟁에 활용하고부터 전쟁 방식에 많은 변화가 일어났다. 지금은 클라우드 컴퓨팅으로 예전에 하지 못한 일을 상상할 수 없는 규모로 해내고 있다.

알리바바의 관심사는 데이터
알리윈(알리바바의 클라우드 컴퓨팅 자회사 – 옮긴이)을 설립했을 때 알리바바는 이것이 최고의 데이터 공유 플랫폼이 될 것이라고 예상했다. 나는 이러한 포지셔닝에 꽤 자신이 있었다. 알리윈을 구상하던 초기 알리바바의 관심사는 뉴스가 아니라 데이터였다. 이는 매우 중요한 문제인데 알리바바는 데이터를 생각할 때마다 데이터 공유 플랫폼을 떠올렸고, 알리바바보다 데이터를 더 잘 이용하는 고객의 모습을 상상했다.

오늘날 가장 성공한 데이터 기업은 구글이다. 구글은 전 세계 네티즌에게 얻는 네트워크 데이터와 자사의 데이터 처리 능력을 이용해 세계에서 가장 큰 사업을 한다. 창업 초기 구글이 보유한 데이터는 여느 기업이나 개인이 보유한 것과 별로 차이가 없었다. 하지만 구글에는 이들에게 없는 데이터 처리 능력과 개념이 있었다.

알리바바는 업계에서 포지셔닝을 정할 때 '데이터는 그저 데이터일 뿐!'이라는 기본적인 관점을 유지했다. 언젠가 알리바바보다 더 똑똑한 기업이 등장해 데이터를 중요한 사업으로 키울 것이라고 믿는다.

지금은 과거와 비교할 수 없을 정도로 네트워크 데이터의 양이 많다. 그 결과 사업의 종류가 다양해졌고 사업 규모도 커졌다.

구글이 검색엔진을 만들기 전에는 아무도 데이터를 어디에서 구할 수 있는지 몰랐다. 지금은 쉽게 구할 수 있지만 당시에는 그렇지 않았다. 또 데이터를 이용해 돈을 벌겠다고 생각한 사람도 거의 없었다. 그런 생각을 했다면 마이크로소프트와 야후가 검색엔진을 외부업체에 아웃소싱하지는 않았을 것이다.

'빅'이 아니라 '온라인'

내게 이야기할 기회가 주어졌을 때 나는 '빅데이터'는 잘못된 명칭이라고 말했다. 데이터의 가장 본질적인 부분을 반영하지 않기 때문이다.

사실 빅데이터는 예전부터 존재했다. 지금의 '빅'과 그 의미가 조금 다르지만 말이다. 세계에서 가장 큰 데이터 예측기관은 엉뚱하게도 인터넷과 전혀 관계가 없는 유럽공동원자핵연구소^CERN^다. 이곳의 입자가속기가 처리하는 데이터의 양은 사람이 평생 처리하지 못할 정도로 방대하다.

오늘날 데이터는 '빅'이 아니라 '온라인화'의 의미를 담고 있다. 이것은 인터넷의 특징이기도 하다. 모든 것을 온라인화할 수 있다는 점에서 온라인은 빅보다 데이터의 본질을 더 잘 설명해준다. 만약 콰이디다처가 사용하는 교통 데이터가 온라인에 있지 않으면 어떨까? 이 앱은 존재 가치가 없을 것이다. 왜 타오바오(알리바바그룹이 운영하는 온라인 쇼핑몰 – 옮긴이)의 데이터는 돈이 될까? 온라인에 있어서다. 녹음테이프와 종이에 존재하는 데이터는 용도가 제한적일 수밖에 없다.

거꾸로 생각하면 온라인은 데이터의 가치를 쉽게 바꿔놓는 매개체다. 과거에 미국은 대통령 당선자를 예측할 때 갤럽이 여론조사를 하고 다시 2,000명에게 따로 설문조사를 진행했다. 지금은 이렇게 수고할 필요가 없다. 트위터 메시지를 분석하면 누가 더 당선 가능성이 높은지 바로 알 수 있다. 갤럽의 여론조사는 결과를 얻기까지 시간이 걸려 사회에 빠르게 영향을 주지 못한다. 반면 데이터는 그것이

가능하다. 택시 예약 앱은 택시 회사보다 택시기사에게 더 큰 영향을 주는데, 그 궁극적인 이유는 데이터가 온라인에 있기 때문이다.

가끔 석유나 지질 등을 탐사하는 기업의 직원들이 나를 찾아와 관련 데이터를 말해줄 때가 있다. 그렇지만 나는 이것을 데이터로 여기지 않는다. 아무리 양이 많아도 온라인에 있지 않으면 데이터로써 의미가 없다.

내가 알리원을 개발할 때 애를 먹으며 몇 가지 깨달은 점이 있다.

아직까지 나는 상품과 데이터를 잘 결합한 좋은 사례를 접하지 못했다. 인터넷 시대가 오기 전 상품 가치는 기능에 있었다. 그러나 인터넷 시대의 상품 가치는 데이터에 있다. 예를 들어 비행기 이착륙 시간표를 알려주는 프로그램은 매우 많다. 개인적으로 나는 항뤼쭝헝航旅縱橫 앱을 자주 이용하는데 상품의 관점에서 이 앱이 좋은지는 잘 모르겠다. 그래도 직전 항공편에서 발생한 일까지 알려준다는 점에서 데이터는 꽤 실용적이다.

과거에 소프트웨어는 기능을 중요시했으나 앞으로는 데이터를 더 중요시하리라고 본다. 인터넷을 이용하는 사람이면 누구나 이 말을 이해할 것이다. 나는 마윈에게 알리바바가 데이터를 이해하는 정도는 쑤닝(蘇寧, 중국 전자제품 유통업계에서 전자상거래 시장의 신흥 강자가 된 중국의 대표적인 O2O 기업 – 옮긴이)이 전자상거래를 이해하는 정도보다 못하다고 장난처럼 말했다. 이는 사람들이 여전히 어디에서 기회를 찾아야 하는지 잘 모른다는 의미다.

클라우드 컴퓨팅과 혁신의 기회

클라우드 컴퓨팅을 생각하다 나는 문득 이것이 신뢰에 관한 사업임을 발견했다. 샤미왕과 두안취왕이 알리윈으로 '이사'한 것은 그만큼 알리윈을 신뢰하기 때문이다. 중국은 전 세계에서 최초로 지폐를 사용한 국가다. 종이에 도장을 꽝 찍고 사람들에게 이것이 재물임을 믿게 만들려면 커다란 용기가 필요했을 터다. 안타깝게도 지금 중국의 상황은 그때보다 못하다. 중국인은 신용카드를 믿지 못해 직불카드를 사용하는데 이것은 큰 문제다.

만약 어떤 사람이 인터넷 프로젝트로 3년 안에 200억 달러를 벌고 싶어 한다면 어떨까? 그가 다른 사람이 만든 클라우드 컴퓨팅 서비스를 이용할 계획이고 그 서비스를 신뢰한다면 대단한 일이다. 나는 남을 신뢰하는 용기가 없으면 새로운 것을 만들 수 없다고 생각한다. 지금 중국에는 믿을 만한 클라우드 컴퓨팅으로 새로운 사업에 도전할 기회가 아주 많다.

예를 들어 보험은 전통 업종이다. 보험 업무를 처리할 때 서면 계약서를 작성하지 않는 것은 상상할 수 없는 일이라 모든 보험 회사는 사무실을 갖추고 있다. 하지만 머지않아 중국에서 전 세계 최초로 무점포 보험 회사가 탄생할 전망이다. 이 보험 회사는 종이에 서명하지 않고 모든 것을 온라인에서 처리한다. 클라우드 컴퓨팅을 잘 구축하면 혁신 기회는 대폭 늘어날 것이다.

개인적으로 나는 모바일인터넷이 앱보다 더 큰 범위에서 혁신을 일으킬 거라고 본다. 최근의 앱 혁신은 다른 사람의 꽃밭에서 작은 꽃을 키우는 것이나 마찬가지다. 물론 이미 존재하는 애플과 안드로이드라는 꽃밭에 작은 화초를 심는 것은 문제될 것이 없다. 그렇지만 생명력이 넘치고 도전적인 사업을 하려면 숲으로 달려가 길을 개척해야 한다. 만에 하나 꽃밭 주인이 멋대로 꽃을 뽑아버리거나 다른 문제가 생기면 어찌할 것인가. 개중에는 기존 꽃밭을 좋은 환경이라고 생각하는 사람도 있다. 그러나 중국인은 중국을 배경으로 더 혁명적인 것을 충분히 만들 수 있다.

클라우드 컴퓨팅을 구축할 때 알리바바의 가장 큰 문제는 클라우드 컴퓨팅의 실체를 확실히 모른다는 것이었다. 당시 연구원들은 책으로만 접한 신흥 문물을 완성하기 위해 서로 협조해야 했다. 나는 인터넷 박물관이 하나쯤은 있어야 한다고 생각한다. 현대인은 인터넷을 쉽게 사용하지만 사실 인터넷의 발전 역사를 아는 사람은 거의 없다. 역사를 모르고 어찌 혁신을 이루겠는가.

많은 사람이 모르고 있지만 전 세계의 거의 모든 마우스는 중국에서 생산하고 판매한다. 중국은 마우스와 관련해 여러 기술을 보유하고 있으나 마우스를 마우스라고 부르는 이유와 최초의 마우스가 나무로 만들어졌다는 것을 아는 중국인은 많지 않다.

아이폰은 예쁜 디자인, 뛰어난 운영체제, 훌륭한 앱스토어를 갖춘 애플의 스마트폰이다. 이 아이폰은 어떻게 탄생했을까? 예전에 나는 1980년대의 미국 경제를 다룬 다큐멘터리를 본 적이 있는데, 영상에서 스티브 잡스는 자신이 애플에서 쫓겨나지 않았다면 그 이후의 일은 일어나지 않았을 것이라고 말했다. 애플에서 쫓겨난 잡스는 홧김에 넥스트 NeXT 사를 설립했다. 나중에 애플은 넥스트 사를 인수했는데 그러지 않았다면 지금의 애플은 존재하지 않았을 것이다. 아이폰이 탄생하기까지는 일부러 계획하기 힘들 만큼 많은 기회와 인연이 있었다.

나는 알리윈이 성공하리라고 믿는다. 물론 그 과정에서 알리윈은 여러 번 고생문을 통과해야 하리라. 애플이 매킨토시를 출시한 뒤 마이크로소프트가 윈도를 출시하자 애플은 마이크로소프트가 자사의 운영체제를 베꼈다며 소송을 걸었다. 그러자 빌 게이츠가 잡스에게 말했다.

"우리 서로 싸우지 말죠. 똑같이 제록스파크 Xerox PARC를 베껴놓고 왜 그러세요."

비록 제록스파크(제록스의 팰로앨토연구소 – 옮긴이)는 제록스를 큰 기업으로 만들지 못했지만 세계적인 두 운영체제의 모태로서 사회에 크게 공헌했다. 제록스가 없었으면 애플도 없었다. 제록스처럼 '죽은' 상품을 만들어도 그것은 그만큼 큰 의미가 있다.

데이터를 어떻게 사업화할 것인가?

요즘 스마트폰의 감지 센서는 단순히 종류만 놓고 비교하면 순항 미사일의 감지 센서와 큰 차이가 없다. 이 감지 센서로 많은 정보를 수집할 수 있으나 사실 이것은 큰 가치를 만들어내지 못한다. 나는 개인적으로 데이터 수집은 혁신 가능성이 그리 크지 않다고 생각한다. 데이터를 원하는 대로 얻을 수 있는 장치는 이미 충분히 존재한다. 진정한 혁신은 수집한 데이터로 무엇을 할 것인가에 달렸지만 아직까지 데이터 활용의 중요성을 이해하는 사람은 많지 않다.

이것은 '닭이 먼저냐 달걀이 먼저냐'와 같은 문제인데, 데이터를 잘 활용할 줄 모르면 뒤이은 일련의 후속조치는 일어나지 않는다. 초기에 누군가가 위치 기반 서비스를 제공해 위치 찾기가 쉬워지자 이제는 아무도 이 서비스를 제대로 관리하지 않는다. 나는 여전히 위치 기반 서비스에 높은 성장성이 남아 있다고 생각한다.

클라우드 컴퓨팅이 산업시대 때의 전기라면 빅데이터는 포드자동차의 생산라인이다. 전기가 없으면 대규모 공업화가 이뤄질 수 없듯 클라우드 컴퓨팅이 없으면 빅데이터는 존재할 수 없다. 사실 '클라우드 컴퓨팅'이라는 명칭은 좀 모호하다. 흔히 말하는 클라우드 컴퓨팅에는 클라우드 컴퓨팅, 빅데이터, 클라우드 저장소 등 모든 것이 포함되지만 정작 사람들은 클라우드 컴퓨팅은 잊고 포드의 생산라인 격인 빅데이터만 기억한다. 이는 무대 앞쪽만 보고 뒤쪽은 못 보는 것과 같다. 주먹구구식 사업이라면 모를까 나는 클라우드 없이 빅데이터 사업을 할 수 있다는 말을 믿지 않는다.

은행은 빅데이터를 취급하지 않는다. 그러면 은행은 어떻게 데이터를 처리할까? 주로 IBM이 한다. 은행이 직접 데이터를 처리할 경우 얻는 가치보다 처리비용이 훨씬 더 많이 들기 때문이다.

데이터의 진정한 위대함은 최소비용으로 최대가치를 만들어내는 데 있다. 그렇다고 데이터가 있는 곳에 빅데이터 업무가 존재하는 것은 아니다. 알리바바가 데이터 방면에서 가장 공들인 분야는 금융이다. 그러나 금융이 곧 은행을 의미하지는 않는다. 은행은 알리바바금융이 하는 소액대출 업무를 하지 않는데, 그 이유는 관련 데이터가 없어서 신용등급을 평가할 때 대단히 많은 비용이 들기 때문이다. 하루에도 수많은 사람이 몇백 위안(100위안은 약 1만 6,500원이다 –

옮긴이)을 빌리기 위해 알리바바금융을 찾는다. 그들 중에는 단 1위 안을 빌리고 감사편지를 보낸 고객도 있다. 편지에서 그는 지금까지 아무도 자신에게 돈을 빌려주지 않았는데 누군가가 선뜻 1위안을 빌려주니 갑자기 자기 인생이 고귀해진 것 같다고 소감을 밝혔다.

데이터로 기존 업무를 개선할 생각은 하지 말자. 그것은 빅데이터 가 해야 하는 일이 아니다. 빅데이터는 기존에 하지 않던 일을 해야 한다. 아마존은 전 세계에서 상품 추천을 가장 잘하는 기업이다. 하 지만 빅데이터 초기 시대가 아닌 지금도 여전히 상품 추천을 더 잘 하기 위해 골몰한다면 아마존의 빅데이터 사업에는 더 이상 희망이 없다.

"

훗날 판위에페이는 "그날 왕젠의 일부 관점을 웨이신(중국판 카카오 톡 - 옮긴이) 공식 계정에 올린 칭룽라오제이[살롱 모임에 참석한 1인 미디어 대 표]는 웨이신 탈퇴 욕구를 강하게 느꼈을 것이다. 업계 사람들 사이에 불러일으킨 각종 논쟁은 왕젠의 영향력을 확인해준다. 엄청난 지지와 비난을 동시에 받는 왕젠은 알리바바에서 늘 논란의 중심에 서 있는 인 물이다"라고 의견을 덧붙였다.

소프트웨어 시대에서 클라우드 컴퓨팅 시대로

2013년 3월 항저우에서 중국《뎬즈바오電子報》의 리자스李佳師 기자를 만나 '나비효과부터 한계효과까지: 알리윈 전략 해독'이라는 주제로 깊이 있는 인터뷰를 했다. 클라우드 컴퓨팅은 더 이상 이론이 아니라 실제 비즈니스라는 것이 내 기본 관점이다.

내가 리자스 기자를 처음 만난 것은 마이크로소프트 아태연구소에서 일할 때다. 그는 내가 항저우의 알리바바로 자리를 옮겨 알리윈과 윈OS를 만드는 일에 합류한 사실을 뒤늦게 알았다. 또한 그곳 활동에 따른 평가, 예컨대 '왕젠은 기술 개발에 열정적이다', '왕젠은 상품 연구 개발에 적합하지 않다' 같은 칭찬과 우려의 목소리를 모두 들어 알고 있었다. 2013년 10월 알리윈 개발자 대회 전날 나는 클라우드 컴퓨팅 문제를 놓고 또다시 그와 인터뷰를 했다. 그 내용은 아래와 같다.

"

애초에 인터뷰는 왕젠과 모 투자 회사의 합작 협상이 끝난 뒤 이뤄질 계획이었다. 한데 일이 예상대로 흘러가지 않았고 밤 10시가 되어서야 겨우 인터뷰를 시작할 수 있었다. 왕젠의 눈은 벌겋게 충혈되었지만 클라우드 얘기가 나오자 금세 생기가 돌았다. 인터뷰에서 왕젠은 클라우드, 중국의 기초 소프트웨어 연구 개발, 인터넷싱킹(모바일인터넷, 빅데이터, 클라우드 컴퓨팅 등 과학기술 발달 과정에서 시장·고객·상품·기업의 가치사슬을 비롯해 모든 비즈니스 생태계를 재조명하는 사고방식 – 옮긴이), 경쟁 상대, 광군절 Singles Day(매년 11월 11일에 열리는 중국판 블랙프라이데이 – 옮긴이), 12306(중국의 기차표 예매 사이트 – 옮긴이) 등에 관해 자신의 생각을 거침없이 밝혔다.

훗날 나는 여러 모임에서 다수의 기업 경영진과 왕젠의 생각을 공유했는데, 그들은 대부분 왕젠의 관점에 시사성이 있다고 대답했다. 현재 중국의 IT 산업은 구조적인 변화를 겪고 있다. 산업의 각 영역에 충격을 준 클라우드와 인터넷화(기업이 모바일인터넷이나 인터넷 플랫폼 기술을 이용해 대내외적으로 비즈니스 활동을 하는 것 – 옮긴이)가 어떤 방식으로 발전하든 다양한 가능성과 함께 왕젠의 생각이 전환 중인 중국의 IT 산업에 큰 영감으로 작용하길 바란다.

클라우드에 관한 기업의 사고방식과 발전 방향은 잘못되었다

현재 업계의 인정을 받는 세 개의 클라우드 컴퓨팅은 공공 클라우드[퍼블릭 클라우드], 사설 클라우드[프라이빗 클라우드], 혼합형 클라우드[하이브리드 클라우드]다. IBM, 마이크로소프트, VM웨어 VMware 같은 IT 대기업은 줄곧 니즈가 서로 다른 다양한 유형의 고객에게 이 세 개의 클라우드를 추천했다.

그런데 왕젠은 "사설 클라우드는 근본적으로 클라우드라고 할 수 없다"라고 말했다. 클라우드 컴퓨팅의 본질은 서비스에 있다. 만약 연산 자원을 대규모로 키우거나 광범위하게 공유할 수 없으면 근본적으로 클라우드 컴퓨팅이 아니다. 왕젠은 IBM 같은 전통 IT 대기업들이 말하는 이른바 '사설 클라우드'는 기껏해야 기존의 것에 약간의 기술을 더하고 형식만 바꿔 업그레이드 버전을 파는 것과 같다고 했다.

클라우드 컴퓨팅이 발전하려면 생태계를 구축해야 한다. 하지만 몇몇 클라우드 컴퓨팅 연맹이 '초대장'을 보냈을 때 왕젠은 합류할 필요를 느끼지 못해 모두 거절했다. 분석 결과 이들은 IBM, 마이크로소프트 등 외부업체에 손발이 묶인 클라우드 연맹에 불과했고 실력도 의미가 없을 정도로 형편없었다. 왕젠은 항저우에서 '원시마을'이라는 연맹을 구축하는 데 열정을 쏟았다. 물론 처음부터 박사[알리바바그룹 직원들은 왕젠을 모두 '박사'라고 부른다]가 이 일에 적극 나선 것은 아니다. 실은 알리윈이 전국 규모의 클라우드 프로젝트를 추진할 때 고객과 응용 개발자들이 자발적으로 연맹을 구축하자는 의견을 내놓았다. 이것이 왕젠의 마음을 움직여 결국 알리윈 플랫폼의 응용 개발자, 협력 파트너, 고객의 발전적인 생각을 모아 각종 문제를 해결하는 실질적인 연맹을 만든 것이다.

몇 번의 인터뷰 중에 왕젠은 중국에서 강력하게 추진하는 클라우드 컴퓨팅에 우려의 목소리를 내놓았다. 모두가 아는 것처럼 클라우드 컴퓨팅은 서비스 모델의 일종이다. 따라서 고객에게 제대로 된 서비스를 제공하는 것이 중요하고 그럴 때 진가를 발휘할 수 있다. 현재 각종 통신 회사와 정부기관을 포함한 중국의 클라우드 컴퓨팅 서비스 제공업체는 대규모 데이터센터를 짓고 무수한 서버, 저장소, 네트워크를 사들였지만 이들이 제공하는 서비스의 99%는 클라우드 컴퓨팅이 아니다. 반면 알리바바는 페이티엔飛天, Apsara이라는 연산 운용 시스템을 만들고 데이터센터의 연산 자원을 클라우드화해 대외적으로 연산 서비스를 제공하고 있다.

왕젠은 전 세계에서 알리윈의 본보기가 될 만한 기업은 '하나 반' 밖에 없다고 생각한다. 먼저 하나의 기업은 아마존이다. 왕젠의 눈에 아마존은 클라우드 컴퓨팅 서비스의 본질을 실천하는 온전한 기업이다. 다음으로 반 개의 기업은 구글인데, 구글은 클라우드 컴퓨팅의 규모를 키웠지만 제대로 된 클라우드 컴퓨팅 서비스를 제공하지 않는다는 점에서 왕젠에게 절반만 인정받았다.

클라우드의 보안성은 많은 사람이 토론하고 걱정하는 화제다. 왕젠은 이렇게 말한다.

"클라우드는 기존의 방법보다 더 안전하다. 이것은 돈을 은행에 보관하는 것과 베개 밑에 넣어두는 것 중 어느 쪽이 더 안전한지 묻는 것과 같은데, 당연히 은행이 더 안전하다! 클라우드 컴퓨팅을 이용할 때 심리적 장애는 반드시 극복할 필요가 있다."

기업 가치는 인터넷과 클라우드에서 나온다

몇 번의 인터뷰에서 왕젠은 고객과 생태계 사슬이 변하지 않으면 클라우드는 의미가 없다고 한결같이 강조했다. 클라우드 컴퓨팅의 가치가 분명하게 드러나려면 고객과 생태계 사슬이 모두 인터넷을 갖춰야 한다.

왕젠은 여전히 많은 고객이 전통적인 생각으로 IT를 이용한다고 본다. 그는 광군절 때의 경험을 예로 들었다. 어느 고객이 광군절 때 수요가 폭발적으로 늘어날 것을 예상해 몇 대의 서버를 증설하고 싶어 했다. 이때 그는 최소 몇천 위안에 달하는 투자비용과 이후의 지속적인 관리비용 때문에 고민했다. 나중에 그 고객이 알리윈을 방문했을 때, 알리윈 측은 단돈 몇 위안이면 알리윈의 OSS 개방 클라우드 저장소 서비스를 구매해 광군절의 난관을 무사히 넘길 수 있다고 말해줬다.

나는 왕젠에게 알리윈이 광군절의 엄청난 거래량을 처리할 수 있다면 춘절마다 다운되는 12306 기차표 예매 사이트 문제도 해결이 가능하지 않겠느냐고 물었다. 왕젠은 광군절과 12306의 각종 데이터를 비교해보면 해결 여부를 알 수 있을 거라고 말했다(이 인터뷰는 2013년 10월 이뤄졌다 – 옮긴이).

누군가가 왕젠에게 알리윈은 각 방면에서 고객 규모가 거대한데 언제쯤 중국 공상은행 같은 대형 금융고객이 알리윈의 서비스를 이용할 것 같으냐고 물었다. 왕젠은 간단하게 대답했다.

"이것은 중국 공상은행이 대답해야 하는 문제다. 만약 중국 공상은행이 스스로를 인터넷 기업이라고 생각한다면 알리윈의 서비스를 이용하거나 적어도 절대다수의 비핵심 업무를 클라우드화해야 한다."

현재 금융업부터 소매업, 제조업까지 거의 모든 업종이 인터넷의 충격을 받았다. 오히려 충격을 받지 않은 업종을 찾는 편이 더 빠를 정도다. 그러면 전통 기업이 인터넷화를 추진할 때 다양한 모델 중 어느 모델을 선택하는 것이 가장 성공적일까? 여전히 많은 사람이 인터넷화를 사업 모델 변화가 아니라 사업 루트의 일종으로 본다. 왕젠은 인터넷 기업을 다음과 같이 정의한다.

"인터넷 기업은 두 가지 특징을 충족해야 한다. 일단 클라우드 컴퓨팅이 있어야 하고, 다음으로 클라우드 컴퓨팅에 기반을 둔 데이터를 이용해 업무를 최적화해야 한다."

사람에 따라 왕젠의 관점을 약간 편파적으로 느낄 수도 있다. 그러나 내가 볼 때는 왕젠이 생각하는 인터넷화가 진짜 인터넷에 더 가깝다. 인터넷화를 바라보는 시각을 근본적으로 바꾸지 않으면 높은 효율성과 이익을 얻기 어렵지만 생각을 크게 바꾸면 더 큰 이익을 얻을 수 있다.

왕젠은 "클라우드 컴퓨팅을 이용하는 본질은 인터넷 이용에 있다"라고 말했다. 기업의 정보통신 기술과 업무는 인터넷과 떼려야 뗄 수 없는 관계고, 인터넷의 특징이나 영향력은 이미 전통 기업이 보유한 정보통신 기술로 대응하기 어려울 정도로 커졌다. 인터넷과 인연을 맺을 생각이 전혀 없는 기업이 10년 뒤 생존할 확률은 지극히 낮다.

클라우드에서 기회를 잡아라

허가오지核高基['핵심 전자부품, 고성능 칩, 기초 소프트웨어 상품'의 약칭으로 기초 소프트웨어 산업을 일컫는다.] 프로젝트의 지원금을 받은 많은 기업이 여전히 복제품을 만들고 있다. '남이 만들면 나도 만든다'라는 생각으로 만드는 대체품은 시장성이 떨어지고 결국 이 프로젝트는 보여주기식 프로젝트로 끝날 가능성이 크다.

왕젠은 클라우드 시대에는 중국의 IT 산업에 진정한 변화가 생길 것이라고 예상한다. 지금까지 중국의 기초 소프트웨어가 부진했던 이유는 고객과의 소통 기회가 부족했기 때문이다. 왕젠은 "문을 굳게 닫은 채 좋은 상품을 만들 수 있을까? 상품 발전은 고객과 활발하게 교류할 때 이뤄진다"라고 말했다. 데이터베이스를 예로 들면 외국의 데이터베이스도 처음부터 훌륭했던 것은 아니다. 지금의 성과는 고객과 끊임없이 소통하고 기술을 개선한 결과다. 하지만 중국 기업은 그동안 고객과 소통하며 함께 성장하지 않았고 기업과 고객

사이에 높은 장벽까지 생기고 말았다.

왕젠은 말했다.

"나는 수요는 곧 경쟁력이라는 말을 자주 한다. 왜 중국의 클라우드 컴퓨팅은 미국을 앞지를 정도로 더 경쟁력이 있을까? 이유는 단순하다. 수요가 많아서다."

왜 중국에서 타오바오가 발전할 수 있었을까? 거대한 수요가 존재해서다. 수요는 곧 기회. 반면 이미 충분히 성장한 미국의 월마트는 점포가 광범위하게 분포해 전자상거래 업무 발전을 꾀하기가 어렵다. 수요가 존재한다는 것은 고객이 어떤 불편함을 겪고 있음을 의미한다. 경쟁력은 관련 서적을 많이 참고한다고 생기는 것이 아니다. 그것은 고객 수요가 있고 고충을 해결해줄 때 만들어진다. 페이티엔을 만드는 과정에서 알리바바는 숱한 어려움을 겪었고 많은 비판도 들었다. 그러나 왕젠은 어려움을 해결하기 위해 끊임없이 노력한 덕에 알리윈이 꾸준히 성장한 것이라고 말한다.

기초 소프트웨어 분야에 다시 기회의 문이 열렸다. 클라우드가 등장하면서 세상은 소프트웨어 시대에서 클라우드 컴퓨팅 시대로 진입했고 동시에 모든 시스템의 구조가 변했다. 중국은 클라우드에 기반을 둔 기초 소프트웨어를 개발할 능력을 갖추고 있다. 그런데 왕젠은 허가오지 프로젝트의 지원금을 받은 많은 기업의 오류를 지적했다. 이들 기업은 대부분 남의 것을 복제해 대체품을 개발한다. 대체품은 시장성이 떨어지는 탓에 결국 프로젝트는 성과 없이 끝날 수도 있다. 현재 알리바바는 취IOE(IBM · 오라클 · EMC를 '제거한다'는 뜻. 이하 '취IOE' – 옮긴이)를 추진하며 상용 소프트웨어에서 오픈소스 소프트웨어로, 다시 '독자적인 기술+클라우드 컴퓨팅'으로 변화를 꾀하는 중이다. 최근 중국 고객의 클라우드 수요는 마른 장작이 거센 불길을 만난 것처럼 맹렬하게 늘어나는 추세다. 줄곧 선진 기술을 뒤쫓는 신세였던 중국 IT 산업, 구체적으로 기초 소프트웨어뿐 아니라 응용 소프트웨어를 포함한 IT 생태계 전체는 클라우드 시장에서 더 빠르게 변화할 기회를 잡고 인터넷을 혁신해야 한다.

"

인류의 지혜를 굳게 믿는 지구인에게 인지 컴퓨팅 기술을 선보인 IBM은 자사의 인공지능 시스템 왓슨이 곧 미래이며 앞으로 어떤 일이 어떻게 벌어질지 모른다고 말했다. 현재 마이크로소프트는 클라우드 컴퓨팅의 길을 묵묵히 걷는 중이다. 한데 구글이 클라우딩 컴퓨팅 분야에서 이렇다 할 성과를 내지 못하고 있을 때 다른 한편에서 엣지 컴퓨팅(Edge Computing, 클라우드처럼 데이터를 중앙집중식 데이터센터로 보내 처리하는 것이 아니라 데이터가 발생한 현장이나 가까운 곳에서 곧바로 분석하는 개념. 실시간 대응 방식 – 옮긴이)을 놓고 토론이 벌어졌다. 실리콘밸리는 거대 자본과 최고의 인재를 투입해 앱 분야에서 미국의 혁신력과 경쟁력을 구현하려 한 지난 행적을 되짚어보고 있다. 정리하면 모든 IT 기업은 여전히 연구 개발 방향을 탐색 중이다.

당시 리자스 기자와 두서없이 나눈 대화는 뜻밖에도 중국《덴즈바오》에 〈알리바바그룹 CTO 왕젠이 생각하는 클라우드와 인터넷〉이라는 제목으로 실렸다.

접속조차도 불필요하다고 느끼는 사람들

나는 주로 스카이프를 이용해 수다를 떤다. 그런데 어느 날 친구가 "스카이프는 너무 불편해. 네가 오프라인 상태면 메시지를 보낼 수 없어"라며 불만을 터뜨렸다.

스카이프를 설치하면 누구에게나 메시지를 편리하게 보낼 수 있다. 단, 이것은 온라인 상태일 때만 가능하다. 내가 오프라인 상태에 있는 친구에게 메시지를 보냈을 때, 이것이 친구에게 전송되려면 나와 친구가 동시에 온라인 상태여야 한다. 한때 인기를 끈 사이트 더우반(豆瓣, 중국의 소셜 커뮤니티 사이트-옮긴이)에는 자신이 스카이프에서 보낸 메시지가 한 달 만에 상대에게 전달되었다는 글이 올라온 적이 있다.

이것은 오프라인 상태를 '홀대'한 구체적인 사례다. 스카이프는 온라인 상태라야 이용 가능하지만 사람은 오프라인과 온라인의 두 세계에서 생활한다. 한데 컴퓨터 앞을 떠나 지하철을 타거나 길을 걷거나 식사할 때는 오프라인 상태라 스카이프를 이용할 수 없다. 스카이프가 온라인 상태의 유저에게만 서비스를 제공하는 것은 통화할 때 두 사람이 반드시 수화기를 들고 있어야 하는 것과 같다. 이것은 뭘 의미할까? 스카이프는 인터넷을 고작 전화 용도로만 쓰고 있다! 오프라인과 온라인을 엄격히 구분하는 한계를 극복하지 못하면 스카이프는 모바일인터넷 시대에 반드시 몰락할 것이다.

스카이프는 전 세계에 무료로 전화 서비스를 제공한다. 사람들은 전화국, 국적, 지역에 상관없이 인터넷으로 고품질의 통화를 하고 있다. 마이클 파월^{Michael Powell} 전 연방통신위원회^{FCC} 의장은 스카이프의 놀라운 서비스를 이렇게 묘사했다.

"스카이프를 다운로드한 뒤 하나의 사실을 알아차렸다. 아, 전통 통신 시대는 곧 저물겠구나!"

당시 파월은 통신의 가치를 알았다. 만약 그가 인터넷의 미래까지 알았다면 지금의 웨이신은 없을 것이다. 온라인과 오프라인이라는 두 세계의 분리는 스카이프뿐 아니라 QQ(텐센트의 인스턴트 메시지 소프트웨어-옮긴이)에도 존재한다.

중국의 국민 응용 소프트웨어 QQ는 1999년 출시 이후 지금까지 약 4억 명이 가입해 중국에서 이용자가 가장 많은 인스턴트 메신저다. 중국 네티즌은 QQ 덕에 온라인에 익숙해졌다고 해도 과언이 아니다. 예전에 가족에게 연락하거나 동료에게 파일을 보내거나 TV 프로그램을 보거나 컴퓨터 게임을 할 때, 가장 먼저 한 일은 컴퓨터를 켜고 QQ 아이콘을 클릭해 아이디와 비밀번호를 입력한 뒤 온라인 상태 표시줄을 초록색으로 바꾸는 것이었다. 중국의 3선, 4선 도시에 사는 사람들이 "나, QQ에 접속할 거야"라고 말하는 것은 곧 "나, 인터넷 할 거야"라는 말과 같았다. 이처럼 온라인은 인터넷의 대명사로 자리 잡았다.

2011년 초 웨이신이 등장했다. QQ와 마찬가지로 사람들은 텐센트의 인스턴트 메신저인 웨이신을 이용해 통신사나 운영체제와 관계없이 스마트폰으로 서로 소통한다. 3년 전에 출시된 스마트폰용 QQ와 달리 웨이신에는 별도의 온라인 상태 표시줄이 없다. 처음부터 24시간 내내 온라인 상태에 있도록 설계했기 때문이다. 웨이신의 회원 가입자는 출시 433일 만에 1억 명을 돌파했다. 이것은 QQ가 수년에 걸쳐 이룬 성과와 맞먹는 결과다. 그러자 QQ는 사용자의 빠른 변화를 적극 받아들여 '수고'롭게 온라인에 접속하는 절차를 단계적으로 줄이기 시작했다.

2013년 5월 QQ는 스마트폰용 최신 버전을 내놓았다. 이번에는 같은 회사 출신 '동생'의 설계를 철저히 학습해 웨이신과 비슷한 사용자 인터페이스를 선보였다. 가장 눈에 띄는 변화는 온라인 상태 표시줄을 아예 없애버린 일이다. 각종 IT 매체는 '텐센트의 QQ는 자기 복제 중'이라는 제목의 글로 아리송하게 바뀐 QQ의 개정판에 불만을 쏟아냈다.

사용자의 반응은 더 차가웠다. QQ2013v4.0을 출시하고 나서 나흘 동안 애플의 앱스토어에는 네티즌의 불만이 무수히 접수되었다. 언론 보도에 따르면 약 3만 8,000명의 네티즌 중 90% 이상이 최신 버전 QQ를 제2의 웨이신이라 부르며 '별로'라고 평가했다. 사용자의 불만 포인트는 대개 온라인 상태 표시줄을 왜 없앴느냐에 있었다.

나는 QQ의 개선이 단순 모방이 아니라 필연적인 결과라고 생각한다. 모바일인터넷 발전으로 인터넷에 접속하는 전통적인 행동은 점차 사라지고 있다. 일상생활 곳곳에 온라인이 깊숙이 스며들면 인터넷에 일일이 접속할 필요가 없다. 24시간 내내 온라인 상태에 있도록 개선한 QQ의 관점은 크게 잘못되지 않았다. 많은 사람이 일일이 인터넷에 접속하지 않아도 늘 인터넷에 접속된 상태를 꿈꾸지 않았는가.

그러나 오프라인 상태로 전환할 수 있는 기능을 없앤 것은 10여 년 동안 온라인과 오프라인 상태를 오가며 QQ를 이용해온 이용자들의 습관을 고려하지 않은 처사다. 웨이신 이용자는 늘 온라인 상태인 것을 문제 삼지 않는다. 한 번도 오프라인 상태인 적이 없었기 때문이다. QQ가 뛰어넘어야 하는 대상은 웨이신이 아니라 웨이신보다 더 강력한 오프라인 세상이었다. 나중에 스마트폰용 QQ는 결국 오프라인 기능을 되살렸다.

QQ 개정판과 스카이프의 고집, 오프라인 상태 없애기와 오프라인 상태 유지하기, 상반된 방법과 상반된 결과 등에서 나는 미래의 그림자를 봤다. 2015년 중국의 인터넷 전문가들은 인터넷의 미래를 놓고 격렬하게 토론을 했다. 그런데 놀랍게도 사람들은 미래를 다룬 그 중요한 토론에 별로 관심을 보이지 않았다.

QQ와 웨이신의 변화, 인터넷의 미래를 주제로 한 토론을 보며 나는 새로운 세계가 코앞에 닥쳤음을 강하게 느꼈다.

약 40만 년 전 베이징 원인猿人은 불을 사용했다. 불은 이들에게 따뜻함과 빛을 선사했고 어두운 동굴을 환하게 밝혀주었다. 세상은 빛과 어둠으로 나뉘는데 빛은 생존의 근원이지만 어둠은 두려움의 원천이다. 1980년대에 아프리카에서 유적지를 발견한 이후 원시 인류가 불을 사용하고 통제한 시기는 기원전 142만 년 전으로 앞당겨졌다. 빛이 어둠을 몰아낸 뒤 사람들이 사는 곳은 빛의 세계로 바뀌었다.

디지털 기술이 처음 등장한 것은 1950년대다. 그 후 디지털 컴퓨터는 아날로그 컴퓨터를 대체하기 시작했고, 전기 시대는 디지털 시대로 서서히 넘어갔으며, 컴퓨터는 사회 구조와 가치를 새롭게 바꿨다. 현대인은 디지털을 이용해 글을 쓰고 책을 읽고 사진을 찍는다. 디지털화는 현대인의 유전자에 스며들어 거의 생존 본능으로 자리 잡았다. 디지털이 아날로그를 집어삼킨 뒤 사람들이 사는 곳은 디지털 세계로 바뀌었다.

오늘날 인터넷은 매우 빠른 속도로 발전하고 있다. 각종 미디어·토론회·전시회에는 하루가 멀다 하고 빅데이터, 클라우드 컴퓨팅, 모바일인터넷, 인공지능, 웨어러블 디바이스, 로봇, 가상현실, 사물인터넷, 관심 그래프, 사회적 접촉 같은 각양각색의 신조어가 등장한다. 인터넷 시대는 마치 하루하루가 과학 혁신의 날인 듯 날마다 새로운 것을 쏟아낸다. 과학기술은 통제할 수 없는 야생마와 같다. 그런 탓에 콘크리트 빌딩 숲을 미친 듯이 달리다가 잘못된 방향으로 들어서면 모든 사람이 피해를 볼 수 있다.

나는 과학기술의 빠른 발전을 부추기는 무한한 에너지와 보이지 않는 손이 무엇인지 안다. 그것은 이 시대에 가장 중요한 단어이자 사람들에게 익숙하면서도 낯선 단어인 '온라인'이다. 나는 날마다 다양한 분야의 창업가를 만난다. 또한 일선에서 과학기술 변화를 체감하는 연구개발자로서 어떤 근본적인 힘이 이 변화를 일으키는지 줄곧 생각한다. 인터넷의 발전 궤적을 이해하는 유일한 방법은 보이지 않는 곳에서 근본적인 힘이 일으키는 변화의 규칙을 알아내는 것이다. 이제 온라인은 상식이자 내 머릿속의 핵심 생각이다.

온라인은 새로운 세계의 상식이다. 온라인을 관찰하고 온라인 중심의 사고를 하면 머릿속의 충동과 막막함이 사라진다. 모든 문명의 마디에는 저마다 독특한 키워드가 존재한다. 이 시대의 핫 키워드는 온라인이다. 온라인 세상은 개선한 구시대가 아니라 깊이 탐색해야 하는 신대륙이다.

Chapter 2

무엇을
연결할
것인가?

연결이 이뤄져야 진짜 온라인이다.
본질적으로 인터넷에 연결된다는 것은
개인이 전 세계 서버와 연결된다는 것을
의미한다. 한 대의 컴퓨터에 연결되는 것과
전 세계 서버, 전 세계인과 연결되는 것은
그 의미가 다르다.

몇 년 전 나는 중국의 신장과 시짱 지역을 여행하다가 온라인 시대가 지척에 성큼 다가왔음을 체감했다.

신장 웨이우얼자치구의 처쿠현은 톈산의 중남부 기슭, 다리무분지의 북쪽 끝에 위치한 작은 마을이다. 이곳의 구이츠라는 별칭 때문에 처쿠현의 공항은 구이츠공항으로 불린다. 3012국도를 따라 남쪽으로 이동하다가 들른 처쿠현은 사람의 흔적은커녕 풀 한 포기조차 없는 갈색 돌 천지의 광활한 대지였다. 화성의 모습이 이럴까? 처쿠현은 원시 상태처럼 마냥 황폐했다.

길은 또 얼마나 가파른지 걷기도 불편하고 차를 타도 1시간에 5km를 채 이동하지 못했다. 느릿느릿 처쿠현을 지나가던 중에 갑자기 전봇대가 시야에 들어왔다. 일정한 간격을 두고 우뚝 솟은 전봇대가 끝없이 길게 늘어서 있었는데 각종 서비스를 파생하는 전기는 그렇게 줄줄이 이어진 전선을 따라 유유히 흘렀다. 그 넓은 대지에서 전봇대는 유일하게 사람과 관계가 있는 사물이었다.

그 황량한 곳에서 전봇대를 보니 왠지 감동이 밀려왔다. 사람들은 일정 공간에 모여 살 때 가장 먼저 전기를 끌어온다. 전기가 있는 곳에는 사람이 있고, 사람이 있는 곳에는 전기가 있다. 전기는 얼마나 위대한가. 전봇대가 전기 시대의 상징이라면 줄지어 들어선 전봇대는 산업 문명의 상징이다. 전봇대 덕분에 사람은 문명의 혜택을 받는다.

신장을 다녀온 뒤 나는 더 멀리 시짱으로 떠났다. 시짱으로 향하는 길도 똑같이 인적이 드물었다. 더구나 그곳은 전력망을 설치하지 않아 전봇대마저 없었다. 그런데 나는 전봇대가 없는 그곳에서 '5km 이후 스마트폰, 인터넷 사용 가능'이라고 적힌 표지판을 발견했다. 알고 보니 5km 떨어진 곳에 통신기지국이 있어서 휴대전화로 인터넷을 할 수 있었다. 인터넷이 가능하다는 것은 내가 온라인 세상과 다시 연결될 수 있음을 의미한다. 전봇대가 없어도 온라인 문명을 누리는 것은 순전히 태양열 에너지 덕분인데, 전봇대보다 네트워크 신호가 더 중요하다는 사실에 나는 다시 한 번 충격을 받았다. 전통적인 전력망이 없어도 인터넷망에 접속이 가능하면 미래 사회 문명은 오직 온라인에만 존재할 것이다.

30년 전만 해도 '온라인'은 과학자들 사이에서 유행한 말이었으나 지금은 모두에게 익숙하다.

1978년 빌 폰 마이스터 Bill von Meister는 더소스 The Source를 설립해 초기 형태의 온라인 서비스인 전자게시판 시스템 BBS을 제공했다. 당시 더소스의 고객은 전화망을 이용해 300~1,200보 baud의 속도로 인터넷에 접속했다. 더소스는 하드웨어도, 소프트웨어도 아니지만 PC를 세상 곳곳과 연결했다. 훗날 빌은 컨트롤비디오코퍼레이션 CVC, Control Video Corporation을 설립해 콘솔 게임기 아타리 2600을 위한 온라인 게임 서비스를 제공했다. 얼마 전 나는 언제 꽂아놓았는지 기억도 나지 않는 아메리카온라인 AOL의 CD를 발견했는데, AOL의 전신이 바로 CVC다. AOL은 세계 최초로 인터넷에서 뉴스, 주식, 날씨, 쇼핑, 이미지, 검색, 전자우편, 인스턴트 메시지 등의 서비스를 제공했고 1998년에는 넷스케이프를 인수했다. 그 무렵 미국의 광대역 인터넷 보급률은 1%도 채 되지 않았다.

훗날 AOL과 타임워너의 합병은 특별한 기적을 일으키지 못했다. 그러나 2007년《유에스에이투데이》는 지난 25년 동안 인터넷 영역에서 발생한 25대 사건 중 AOL 설립을 월드와이드웹, 전자우편, 그래픽 사용자 인터페이스(GUI, 컴퓨터에서 마우스로 그래픽 아이콘을 클릭하면 프로그램을 실행하게 만든 시스템으로 PC 대중화에 기여했다 – 옮긴이)에 이어 4위에 올렸다. 5위와 6위는 각각 광대역과 구글이 차지했다.

AOL이 사회에 준 영향은 지금도 각종 사건을 통해 느낄 수 있다. 2010년 미군 정보분석가 브래들리 매닝^{Bradley Manning}은 위키리크스에 수십만 건에 달하는 미 국방부와 행정부의 비밀문서를 폭로했다. 특히 2007년 7월에 촬영한 것으로 미군 아파치 헬기가 이라크 민간인에게 발포하는 영상은 아프가니스탄과 이라크 전쟁의 잔혹한 실상을 전 세계에 알려 큰 파장을 불러일으켰다. 매닝이 비밀문서를 갖고 있다고 처음 대외적으로 알릴 때 이용한 수단이 AOL의 인스턴트 메신저다.

이것은 단순히 AOL의 영향력이 아니라 온라인 전체가 일으킨 기적이자 영향력이다. 한때 중국도 중관촌온라인^{中關村在線}, 저장온라인^{浙江在線}처럼 홈페이지 이름에 '온라인'을 붙이는 붐이 일었다. 무엇이 유행하든 또 본인이 원하든 원치 않든 온라인은 사람들의 일상생활에 스며들어 인터넷 기적을 만들었다.

온라인이 당신의 일상을 빨아들인다

내가 온라인을 처음 진지하게 생각한 것은 마이크로소프트에서 일할 때로 거슬러 올라간다. 소프트웨어 공급업체인 마이크로소프트는 윈도

부터 오피스까지 모든 소프트웨어를 출시하기 전에 사용성 평가 Usability Testing를 한다. 이것은 고객이 마이크로소프트의 소프트웨어 상품을 쉽게 사용할 수 있는지 미리 알아보기 위해 대표성 있는 고객들에게 사용자 경험을 테스트하는 일이다. 이때 마이크로소프트는 출시 예정인 소프트웨어가 평가자들의 니즈에 맞고 사용하기에 편리한지 점검해 만족스럽지 못한 점을 개선한다.

인터넷 시대에 사용자 경험은 더욱더 중요해졌다. 마이크로소프트는 소프트웨어를 CD에 담아 판매하던 시절부터 사용자 경험에 주목했고 팀을 꾸려 모든 소프트웨어 상품을 관리했다. 가장 대표적인 사용성 평가 방법은 평범한 고객들이 마이크로소프트의 소프트웨어를 사용하는 모습을 원웨이 글라스(One-Way Glass, 한쪽 방향에서만 투명하게 보이는 유리 – 옮긴이)를 설치한 전문적인 실험실에서 관찰하거나 영상으로 기록하는 것이다. 때로 마이크로소프트의 사용성평가팀은 고객의 사무실로 찾아가 현장에서 소프트웨어의 사용 과정을 지켜보며 성능을 확인했다. 이렇게 현장 평가까지 마친 소프트웨어는 마지막으로 데이터를 통계 분석하고 설계상의 결함을 개선한 뒤 세상의 빛을 본다.

사용자 경험 테스트는 과거에 소프트웨어업계에 보편적인 방식이자 오프라인 시대에 유일하게 이용 가능한 방법이었다. 하지만 이 방법은 평가자가 제한적이라 일부 고객의 사용자 경험만 알 수 있고, 각 가정에서 고객이 소프트웨어를 어떻게 사용하는지 관찰할 수 없다는 한계가 있다. 전통적인 소프트웨어 시대 때 마이크로소프트의 고객은 무수히 많았지만 인터넷이 없어서 몹시 불편했다. 고객이 실제 현장에서 마이크로소프트의 소프트웨어를 어떻게 사용하는지 알 수 없으니 말이다.

만약 고객을 더 많이 이해하는 기업이 나타나면 사용자 경험이 제한적인 마이크로소프트는 인터넷 시대에 치명적인 상처를 입을 것이 분명했다.

21세기 초 마이크로소프트는 한 가지 혁신을 이뤘다. 윈도 95를 전 세계에 보급하면서 사람들이 서서히 인터넷을 시작한 것이다. 마이크로소프트는 오피스 2003에 고객의 소프트웨어 사용 경험 데이터가 인터넷으로 마이크로소프트에 자동 전송되는 기술을 적용했는데, 이를 SQM 프로젝트라고 불렀다. 마이크로소프트의 소프트웨어 설계자들은 문제점을 이해하고 코드를 짜면 오피스 소프트웨어가 수집한 관련 데이터를 인터넷으로 전송받을 수 있을 것이라고 생각했다. 특이하게도 이 방법은 데이터 피드백을 일상적인 일로 만들었다. MSN 상품부는 SQM을 이용해 MSN 클라이언트의 성능과 사용 상황을 분석하는 업무를 맡았다. 윈도 비스타는 SQM을 적용한 최초의 운영체제다.

젠슨 해리스^{Jensen Harris}는 msdn.com의 블로그에 올린 글에서 오피스 2003은 출시 이후 총 13억 개의 세션을 수집했다고 밝혔다. 각각의 세션에는 일정 시간 동안의 모든 SQM 데이터가 들어 있는데 워드는 최근 90일 동안 3억 5,000번 이상의 명령 행을 클릭한 것으로 나타났다. 마이크로소프트는 수집한 데이터로 워드 2003에서 가장 많이 사용하는 5대 명령이 붙여넣기, 저장하기, 복사하기, 실행 취소하기, 글씨 진하게 만들기라는 것을 처음 알았다. 이 5대 명령은 워드 2003에서 사용하는 모든 명령의 32%를 차지했다. 무수한 고객이 실시간으로 제공하는 데이터는 실제 현장에서 오는 진실한 것이었다. 이런 데이터를 수집하는 것은 인터넷 시대 이전에는 꿈도 꿀 수 없는 일이었다.

나는 마이크로소프트가 '절반의 인터넷화'를 이뤘다고 생각한다. 지금도 마이크로소프트 고객은 소프트웨어를 다운로드할 때 기능 개선을 위해 사용자 정보를 제공하는 것에 동의하느냐는 질문을 받는다. 이것은 마이크로소프트가 고객에게 데이터를 수집해도 되느냐고 허락을 구하는 것과 같다. 고객이 전통 소프트웨어를 사용해도 마이크로소프트가 인터넷 시스템으로 더 많은 데이터를 수집하게 된 것은 커다란 발전이다. 이제 마이크로소프트는 예전보다 수천 배 혹은 수만 배 더 많은 데이터, 그것도 고객이 실제 현장에서 사용하는 데이터를 얻는다. 이것은 실로 대단한 발전이다.

처음에 나는 데이터 전송에 왜 고객의 동의가 필요한지 궁금했다. 그러나 고객이 마우스를 클릭할 때마다 마이크로소프트에 전송되는 데이터의 양을 보고 깜짝 놀랐다. 그 양이 어찌나 많은지 세계적인 기업 마이크로소프트도 백엔드Back-End 시비가 부족해 모든 데이터를 다 처리하지 못하고 일정 기준에 따라 많은 양을 폐기했다. 상상해보라. 날마다 전 세계에서 얼마나 많은 양의 데이터가 마이크로소프트에 전송될까?

지금은 스마트폰에서 앱을 다운로드할 때도 사용자 정보 제공에 동의하느냐는 알림창이 뜬다. 만약 고객이 동의를 터치하면 고객의 데이터는 고스란히 앱 개발업체로 전송된다. 이제 당연시하는 이 방법은 세계에서 마이크로소프트가 최초로 사용했고 나머지 업체들이 따라 하면서 '표준'이 되었다. 심지어 '정보 제공에 동의하십니까?'라는 문구도 인터넷 기업이 아니라 마이크로소프트가 '발명'했다.

그런데 좀 더 자세히 살펴보면 SQM이 지나치게 복잡하고 방대하다는 것을 발견할 수 있다. 먼저 온라인에서 원하는 데이터를 수집하려면 어떤 데이터를 얻을지 사전에 설계해 복잡한 코드를 짜야 한다. 이 과정은 결코 쉽지 않으며 많은 대가를 필요로 한다. 어떤 의미에서 전통 소프트웨어 기업은 큰 대가를 치르고 고객 데이터를 얻는 셈이다. 소프트웨어 클릭은 고객이 필요로 하는 기능을 실현하는 동시에 고객의 데이터를 소프트웨어 기업에 전송한다. 그렇다고 데이터가 무조건 전송되는 것은 아니다. 소프트웨어 기업이 원하는 데이터를 전송받으려면 연구 개발로 사전에 많은 코드를 짜야 한다.

다행히 온라인을 위해 인터넷 기업이 탄생했다. 인터넷 기업은 탄생하는 순간부터 줄곧 온라인 상태다. 과거에 소프트웨어는 온전히 오프라인 상품이었으나 인터넷 출현으로 약간 온라인화가 이뤄졌다. 이것도 대단한 발전이라 할 수 있지만 아직 완전한 수준은 아니다. 마이크로소프트와 인터넷 기업 사이에는 거대한 전환점이 존재한다. 데이터가 바로 그것이다.

데이터를 얻기 위해 인터넷 기업이 치러야 하는 대가는 거의 없다. 웹사이트와 홈페이지를 본질적으로 고객 데이터가 쌓이도록 설계했기 때문에 이들은 쿠키[Cookie, 고객 컴퓨터에 저장된 데이터]를 중요시한다. 고객이 홈페이지를 클릭할 경우 고객 데이터는 인터넷 기업에 전송되며 그렇지 않으면 웹페이지가 바뀌지 않는다. 고객이 유일하게 결정할 수 있는 것은 이들 데이터를 얼마나 오랫동안 보관하느냐다. 뜨거운 물을 쏟으면 무의식적으로 몸을 피하는 것처럼 인터넷 기업은 본능적으로 데이터를 모은다.

중국 격언 중에 "화산華山을 오르는 길은 하나밖에 없다"라는 말이 있다. 데이터는 오직 온라인이라는 길을 걸을 때 질적으로 변화한다.

구글은 미국 스탠퍼드대학교 기숙사에서 탄생한 대표적인 인터넷 기업이다. 1998년부터 끊임없이 놀라운 기술을 선보인 결과 현재 구글은 전 세계에서 가장 큰 검색엔진 기업으로 성장했다. 지금까지 구글은 정보 처리, 광고 시스템의 최적화를 등에 업고 성공한 것으로 알려졌다. 그러나 그 성공의 이면에는 사람들이 잘 모르는 근본적인 것이 있다. 바로 셀 수 없을 정도로 많은 마우스 클릭이다.

온라인 시대가 오기도 전에 세계인은 하루에도 수십억 번씩 마우스를 클릭했지만 이것을 사소한 일로 치부했다. 대부분의 소프트웨어 기업이 클릭에 무관심한 상황에서 마이크로소프트만 이것을 SQM에 이용했다. 인터넷 기업이 탄생하기 전에는 아무도 클릭으로 부를 창출하지 못했고 당시 모든 클릭은 오프라인 상태에서 이뤄졌다.

하지만 인터넷이 등장하면서 클릭은 온라인 상태에서 이뤄졌다. 온라인 세상에 클릭하는 순간 컴퓨터는 사용자가 무엇을 찾고 무엇을 보고 싶어 하는지 사용자보다 더 잘 안다. 구글은 신문에 게재하는 오프라인 광고의 핵심 키워드를 온라인 광고문구로 바꿔놓았다. 이것을 가능하게 만든 것은 바로 클릭이다. 요즘은 네티즌의 클릭이 수천 달러의 가치를 낳기도 하며 클릭은 구글이 부를 쌓아올리는 원천이다. 이제 클릭은 완전히 새로운 가치와 형태를 지니고 있고 벌써 가장 영향력 있는 인터넷 기업을 낳았다.

지금은 클릭뿐 아니라 모든 일상생활이 온라인에서 이뤄진다. 개인은 컴퓨터와 스마트폰으로 온라인 세상에 접속한다. 마우스를 클릭할 때, 인터넷 쇼핑을 할 때, 웹페이지를 열람할 때, 검색어를 입력할 때 개개인은 모두 온라인 상태에 있다. 스마트폰의 GPS 장치는 매 순간 개인의 위치를 최신 온라인 데이터로 변환하고, 운동 감응센서는 스마트폰이 위아래로 흔들리는 모든 움직임을 온라인에 기록한다.

개인의 눈도 온라인화가 가능하다. 2012년 구글이 출시한 글라스는 개인이 보는 모든 화면이 온라인 세상의 근원이 될 수 있음을 의미한다. 거꾸로 생각하면 온라인 세상에서는 개인마다 눈으로 서로 다른 화면을 볼 수 있다. 예전에 나는 구글 글라스가 유행하면 세상에 새로운 사교 법칙이 생길 것이라는 글을 읽은 적이 있는데 여기에 크게 공감한다.

자동차의 온라인화도 주목을 받고 있다. 테슬라, BMW, 애플 등은 이미 스마트 자동차를 개발 중이다. 다음에 시쨩에 갈 땐 일부러 인터넷 신호를 찾지 않아도 자동차에 장착한 장치로 온종일 네트워크에 연결되어 전 세계 곳곳에 있는 동료들과 업무 얘기를 할 수 있기를 기대한다.

각 가정의 거실에 있는 TV도 온라인 상태일 수 있다. 한때 TV는 볼 만한 프로그램이 없어 박물관의 골동품 신세로 전락할 뻔했다. 그런데 스마트TV가 등장한 이후 사람들은 다시 TV 앞에 몰려들었다. 개인이 거실 소파에 누워 고화질의 스마트TV가 선사하는 즐거움을 누릴 때 개인의 모든 표정, 안구의 초점은 TV에 설치한 카메라 렌즈를 통해 고스란히 광고주에게 전송된다.

에어컨과 팔목에 두른 스마트 밴드도 온라인 상태에 놓여 개개인의 데이터를 전송할 수 있다. 그 밖에도 온라인 상태가 가능한 것은 부지기수다. 인터넷 기술 발달은 주변에서 일상적으로 일어나는 많은 일에 새로운 매력을 더해주었다. 앞으로 깨어 있든 잠들어 있든 우리가 24시간 내내 온라인 상태에 있는 시대가 열릴 것이다. 이제 온라인은 시대의 새로운 본능이다.

클릭, 터치, 웨어러블 경제

정보 혁명은 원자를 비트화했고, 인터넷의 등장은 비트를 온라인화했다.

온라인은 뭘까? 생각과 기술 발전의 관점에서 온라인에는 연결하는 속성이 있다. '온라인'이라는 일이 일어나려면 반드시 연결되어야 한다. 그 연결은 산업과 생활을 바꾼다는 시각에서 온라인의 결과다. 인터넷에 접속한 뒤 사회의 각 방면이 서로 연결되기 때문이다.

마우스, 클릭, 월드와이드웹 그리고 온라인

온라인으로 연결되기 이전 마우스, 하이퍼링크, 컴퓨터 네트워크화 등은 사소하게 여겨졌으나 훗날 이것은 상상할 수 없는 결과를 낳은 몇몇 기술 발달과 완전히 밀착했다. 또한 이들 기술은 모두 더글러스 엥겔바트 Douglas Engelbart 와 관계가 있다.

2차 세계대전이 끝난 1945년 엥겔바트는 필리핀에서 해군 레이더 기사로 군 복무를 했다. 그러던 어느 날 필리핀섬의 녹십자 도서관에서 배너바 부시 Vannevar Bush 가 쓴 유명한 기고문 〈우리가 생각하는 대로 As We May Think〉를 읽고 깊은 감명을 받았다. 그 감명은 나중에 엥겔바트의 작업에서 사상적 토대가 되었다. 배너바 부시의 기고문은 정보과학과 월드와이드웹에 큰 영향을 주었을 뿐더러 부시가 직접 설계한 맨해튼 프로젝트(2차 세계대전 때 미국이 주도한 원자폭탄 개발 프로그램 – 옮긴이)보다 사회적으로 더 큰 가치가 있다.

캘리포니아주립대 UC버클리를 졸업한 엥겔바트는 1957년 스탠퍼드연구소에 들어가 독립적인 연구팀인 ARC를 조직했고 1963년 마우스를 발명했다. 조잡한 나무상자의 오른쪽 구석에 빨간 버튼을 단 마우스는 두 개의 바퀴가 달린 전위차계로 변위 신호를 만들었다. 나무상자의 뒷면에는 쥐의 꼬리를 닮은 하나의 케이블선이 있어서 지금처럼 '마우스'라는 대중적 이름을 얻었다.

엥겔바트는 1967년 특허를 신청했는데 그 명칭은 고상하게도 '디스플레이 시스템의 X-Y 위치 지시기'였다. 그는 1968년 샌프란시스코에서 처음 마우스를 외부에 선보인 뒤 1970년 특허를 취득했다. 아쉽게도 당시 이 장치의 가치를 알아보는 사람이 없어서 엥겔바트는 별로 큰 돈을 벌지 못했고, 몇 년 뒤 스탠퍼드연구소는 이 기술을 약 4만 달러에 애플에 팔아넘겼다.

1972년 제록스사의 팰로앨토연구센터는 그래픽 인터페이스를 적용한 마이크로컴퓨터 알토Alto를 개발하는 데 성공했다. 팰로앨토연구센터에는 엥겔바트의 제자들이 있었고 이들은 마우스를 이용해 마이크로컴퓨터를 쉽게 조작하도록 만들었다. 1983년 애플도 팰로앨토연구센터의 방법을 모방해 개량한 마우스를 마이크로컴퓨터 리사Lisa에 장착했다. 이후 네트워크 붐이 일어나면서 마우스는 전 세계에 널리 보급되었다.

많은 사람이 기껏해야 10여 년, 길게는 20여 년 전에 마우스를 발명했을 거라고 잘못 알고 있다. 사실 마우스는 사람의 나이로 치면 불혹을 넘겼다. 지난 반세기 동안의 과학기술 발전사를 돌아보면 사람들에게 별로 주목받지 못한 사소한 발명이 과학기술 발전에 크게 공헌했음을 알 수 있다. 마우스는 키보드의 뒤를 이어 컴퓨터를 편리하게 조작하도록 돕는 새로운 입력 도구로 자리 잡았다. 국제전기전자기술자협회IEEE는 마우스 발명을 컴퓨터 발명 이후 50년 동안 일어난 중대한 사건 중 하나로 꼽았다. 사람들이 마우스 발명 이야기를 잘 모르는 것처럼 전 세계에서 사용하는 거의 모든 마우스를 중국에서 제조한다는 사실을 아는 사람도 많지 않다. 이 두 가지 일은 더 깊은 차원에서 혁신과 추종의 거대한 차이를 보여준다. 1960년대에 미국에서 만든 어떤 나무상자는 1990년대에 중국에서 거대한 마우스 제조 붐을 일으켰다. 엥겔바트 박사가 컴퓨터와 인터넷 발전에 공헌한 것에 비하면 마우스 발명은 작은 부분에 지나지 않는다.

1968년 12월 9일 미국 샌프란시스코에서 열린 추계 연합 컴퓨터 컨퍼런스[미국 컴퓨터 컨퍼런스 전신]에서 엥겔바트는 전 세계 죄조로 마우스를 공개했다. 마우스를 시연하는 90분 동안 그는 관객 앞에서 마우스로 프레젠테이션 화면의 크기를 조절하고 스크린의 텍스트를 제어했다[스크린상의 작은 검은색 점은 훗날 마우스 포인터가 되었다]. 또한 단지 모뎀에 연결하는 동작만으로 약 48km 밖 멘로파크Menlo Park에 있는 동료와 전 세계 최초로 원격 화상통화를 하는가 하면 밑줄이 그어진 텍스트를 클릭해 또 다른 웹페이지와 연결되었다. 이것은 세계 최초로 공개적인 장소에서 이뤄진 클릭이다. 공교롭게도 하이퍼링크와 마우스는 같은 인물이 같은 해에 선보였다.

스티븐 레비Steven Levy 기자는 1994년 출간한 자신의 저서에서 이날의 시연을 '시연의 어머니'라고 불렀다. 엥겔바트의 시연은 1970년대

제록스의 알토 컴퓨터, 1980년대 애플의 매킨토시, 1990년대 마이크로소프트의 윈도 등 여러 기업의 제품 탄생에 커다란 영향을 주었다. 스탠퍼드대학교는 1988년과 2008년에 각각 엥겔바트 시연 30주년 기념 컨퍼런스와 40주년 기념 컨퍼런스를 열었다. 아마 개인을 위한 기념 컨퍼런스는 이것이 유일할 것이다. 흥미롭게도 스탠퍼드연구소는 아르파넷(ARPA Network, 미 국방부 방위고등연구계획국DARPA이 개발한 컴퓨터 네트워크로 인터넷의 시초다 – 옮긴이)에 처음 연결된 네 노드 중 하나고, 엥겔바트는 초기 13명의 아르파넷 주요 연구원 중 1명이다. 아르파넷은 훗날 지금의 인터넷이 되었다.

마우스 발명은 디지털 시대에 일어난 가장 중요한 혁명이다. 지금은 마우스를 클릭하는 대신 손으로 터치하는 경우가 많지만 클릭은 여전히 존재한다. 만약 마우스로 클릭하는 일이 없었다면, 만약 하이퍼링크로 웹페이지에 연결되는 일이 없었다면 인터넷 발전은 이뤄지지 않았을 것이다.

초기에 사람들은 어떤 문자를 클릭했을 때 다른 웹페이지로 '점프'하는 것을 보고 굉장히 신기해했다. 이제 사람들은 몇 번의 클릭으로 웹페이지를 마구 점프하는 것을 대수롭지 않은 일로 받아들인다. 가령 인터넷에서 '보이차'를 검색해 어떤 온라인 상점의 웹사이트를 클릭했을 때 보이차 가격이나 종류를 알려주는 웹페이지가 뜨지 않으면 사람들은 어떻게 생각할까? 대개는 더 이상 영업하지 않는 곳이라고 생각한다. 지금은 4살짜리 아이도 아이패드를 아무렇지도 않게 터치해 인터넷으로 애니메이션을 보는 시대다.

처음에 온라인은 사람이 컴퓨터와 연결된 것을 의미했다. 프린터를 사용하다 보면 흥미로운 점을 발견할 수 있는데, 프린터는 어떻게 설정하느냐에 따라 온라인일 수도 있고 오프라인일 수도 있다. 이때 온라인은 컴퓨터와 연결된 상태, 오프라인은 컴퓨터와 연결되지 않은 상태다.

일찍이 '24시간 온라인', '언제 어디서나 온라인' 등 온라인을 말하는 사람은 많았다. 그러나 온라인을 인터넷상에서 실현해야 한다고 명확히 말한 사람은 없다.

이 책을 집필할 때 나는 노트북을 27인치 대형 모니터에 연결해 원고를 편집하고 브라우저로 자료를 검색했다. 이때 대형 모니터는 물리적으로 노트북에 연결되어 있긴 해도 진정한 온라인 상태가 아니다. 브라우저를 이용하려면 인터넷이 필요하지만 대형 모니터는 인터넷 없이도 이용할 수 있지 않은가. 노트북의 브라우저는 온라인 상태고 대형 모니터는 단지 물리적으로 노트북에 연결된 것뿐이다. 연결과 온라인은 서로 뗄 수 없는 관계지만 여기에는 본질적으로 차이가 있다.

온라인을 두고 처음 토론을 벌일 때 사람들은 광케이블 등을 이용해 물리적으로 연결하는 것만 생각했다. 이 경우 물리적 연결을 온라인이라고 생각하는 오류에 빠지기 쉽지만 연결과 온라인은 같은 개념이 아니다. 사람들이 흔히 말하는 인터넷은 사실 인터넷과 월드와이드웹이 결합한 개념이다. 인터넷은 물리적 연결을 가리키고, 간단히 웹이라 불리는 월드와이드웹은 정보를 찾을 수 있는 온라인망을 말한다. 그런데 웹이 전통 인터넷망의 90% 이상을 차지하다 보니 사람들은 웹과 인터넷을 크게 구분해서 사용하지 않는다.

인터넷의 참된 효용은 과거에 오프라인에 존재한 디지털 정보를 온라인에 존재하도록 플랫폼을 만든 데 있다. 웹에서 가장 중요한 것은 뭘까? 사람들이 줄곧 홀대한 클릭과 밑줄이 그어진 텍스트를 클릭하면 관련 사이트로 이동하는 하이퍼링크다. 인터넷이 단순히 컴퓨터를 연결하는 것이라면 하이퍼링크는 정보를 연결한다는 점에서 혁명적이다. 그렇지만 이것은 인터넷의 첫걸음에 불과하다. 인터넷의 더 큰 의미는 많은 것이 온라인에 존재하도록 만드는 것인데, 요즘 크게 관심을 받는 사물인터넷도 사실은 더 많은 사물을 온라인화하는 일이다.

연결과 온라인은 본질적으로 서로 다르다. 예를 들어 어떤 도로가 있고 그 위를 사람, 마차, 자전거, 자동차가 모두 지나다닌다고 해보자. 한 곳에서 다른 곳으로 이어져 있는 도로는 그 위에 무엇이 지나다니느냐에 따라 연결 상태가 달라진다. 만약 사람이 걸어갈 경우 도로의 포장 상태는 중요치 않다. 잡초가 무성한 도로든 잘 포장한 도로든 걷는 속도, 즉 연결 속도에는 큰 차이가 없고 중간에 만날 수 있는 행인도 제한적이다. 어쩌면 전 세계 사람들과 접촉할 기회가 영영 없을 수도 있다.

반면 자동차를 타고 지나가면 도로는 굉장히 중요해진다. 이때 운전자는 자신이 변두리에 산다는 것을 새삼 깨닫는데, 자동차와 도로가 없으면 도심과 변두리라는 개념이 아예 생기지 않는다. 또 운전자는 걷는 사람보다 다른 사람들을 만날 기회가 더 많다. 6단계 분리 이론에 따르면 모든 사람은 6명만 거치면 서로서로 연결되는데 이것은 온라인과 크게 관계가 없다.

지금은 인터넷에서 만물을 접할 수 있고 페이스북으로 전 세계에 사는 사람들을 사귈 수도 있다. 이렇게 연결이 이뤄져야 진짜 온라인이다. 본질적으로 인터넷에 연결된다는 것은 개인이 전 세계 서버와 연결된다는 것을 의미한다. 한 대의 컴퓨터에 연결되는 것과 전 세계 서버, 전 세계인과 연결되는 것은 그 의미가 다르다. 그러므로 연결과 온라인을 서로 같은 것이라고 혼동하면 안 된다.

과거에 인류는 오프라인 세상에 살았다. 그때는 장치도 사물도 사람도 모두 오프라인 상태였다. 전통 컴퓨팅 기술은 물리적인 오프라인 세상을 디지털화한 오프라인 세상으로 만들었다. 인터넷 기술은 오프라인을 온라인으로 바꿔놓았고, 온라인은 인류 사회에 인류가 처음 불을 사용하던 시절보다 더 큰 변화를 일으켰다.

단순한 사례로 가상인물을 키우는 게임을 보자. 가상인물을 키우려면 서버의 컴퓨팅 능력이 필요한데 이때 전기 소모가 일어나면서 이산화탄소가 발생한다. 누군가가 계산한 것을 보니 인터넷에서 가상인물을 키울 때 생기는 이산화탄소량과 사람이 진짜로 내뱉는 이산화탄소량이 거의 비슷했다.

온라인 세상이 오프라인 세상에 미치는 영향은 이런 것뿐이 아니다. 현재 온라인과 오프라인의 경계는 점점 모호해지고 있다. 이대로 오프라인이 서서히 사라지면 세상은 온라인으로 진화할 것이다.

온라인을 한마디로 정의하기는 어렵다. 그렇다고 지금과 같은 정의를 인정하고 싶지는 않다. 예를 들어 '디지털'을 중국어로 표기할 때 상황에 따라 슈마^{數碼} 혹은 슈쯔^{數字}를 적절히 사용하는 것처럼 이는 다른 사물도 마찬가지다. 물론 명칭이 다르면 또 다른 편견이 생길 수 있지만 말이다. 온라인이 세상의 모든 서버를 연결한 뒤 개인은 전 세계의 모든 링크, 모든 사람과 연결되었다.

초기에 인터넷 포털사이트는 내용을 출력하기만 하고 입력할 수는 없었다. 온라인 뉴스를 보여주거나 일방적으로 정보를 출력하는 것이 기능의 전부였다. 이후 웹사이트는 사용자의 열람 습관, 열람 데이터, 정보 상호 작용을 근거로 지능형 추천을 하는 빅데이터 응용 시대를 앞당기기 위해 노력하기 시작했다. 아직 이것만으로는 부족하다. 2014년 나는 진르터우탸오今日頭條라는 뉴스 앱을 접했다. '당신의 관심사를 파악하기까지 걸리는 시간 단 5초', '관심사에 근거한 지능형 추천'을 내세운 이 앱은 양방향 온라인 개념을 바탕으로 사용자가 관심사나 취미를 입력하면 그에 맞는 뉴스를 출력한다. 이런 방식으로 진르터우탸오는 기자 없이 인기 있는 뉴스 검색엔진으로 부상했다. 자체적으로 기사를 쓰지 않는 진르터우탸오는 2년 만에 1억 2,000만 명이 넘는 고객을 확보했는데, 한 달 동안 이 엔진의 서비스를 이용한 순수 이용자는 무려 4,000만 명에 달한다. 2014년 6월 진르터우탸오의 시가총액은 중국의 전통 신문사를 제치고 5억 달러를 넘어섰다. 물론 배후에서 마술을 부린 것은 온라인 애플리케이션과 데이터에 근거한 머신러닝이다.

데이터 누적도, 내용 출력도 온라인에서 이뤄져야 한다. 빅데이터의 본질은 온라인, 구체적으로 양방향 온라인이다. 앞서 설명했듯 온라인상의 클릭이 지금의 구글을 만들었다. 이것은 입력의 근원이 온라인에 존재하는 것으로 이해할 수 있다. 다시 말해 개인의 행동, 즉 입력의 근원도 온라인화했다.

유튜브, 훌루 그리고 온라인 데이터

전 세계에서 가장 큰 동영상 사이트인 유튜브는 다른 동영상 사이트와 달리 게시물 출처도 온라인에 있고 게시물 공유도 온라인에서 이뤄진다. 유튜브에 게시물을 업로드하는 사람은 대부분 평범한 개인이다. 물론 CBS, BBC 그리고 음악 서비스 웹사이트 VEVO 같은 미디어 기업을 비롯해 유튜브와 협력 파트너 관계인 기타 그룹도 자사가 제작한 영상물을 업로드한다.

홀루Hulu는 NBC유니버설과 폭스가 2007년 3월 공동 설립한 미국의 동영상 사이트다. 홀루와 유튜브를 비교하기 좋아하는 사람들은 저작권 유무로 둘의 차이점을 설명한다.

내가 볼 때 저작권이 있는 홀루는 오프라인 내용으로 게시물을 만들지만 저작권이 없는 유튜브는 온라인 내용으로 게시물을 만든다. 유튜브가 없었어도 사람들은 영상을 찍어 컴퓨터에 저장하고 여러 번의 편집 작업을 거친 뒤 인터넷에 올렸을 것이다. 그렇지만 이 경우에는 접근도가 낮아 동영상 플랫폼에 올렸을 때보다 영상물의 사회적 가치와 영향력이 크게 떨어질 수밖에 없다.

2009년 4월 29일 잉글랜드의 어느 임신부가 집에서 갑자기 진통을 느꼈다. 곧 아기가 태어날 것을 직감한 남편은 긴급 상황이지만 침착하게 유튜브에서 출산과 아기를 받는 과정에 관한 교육 동영상을 검색했다. 4시간 뒤 임신부는 무사히 아기를 낳았고 그녀의 남편은 유튜브의 관련 동영상을 참고한 덕에 순조롭게 아기를 받았다고 했다.

유튜브와 홀루를 비교할 때 어느 것이 더 사회적 가치가 클까? 당연히 유튜브다. 홀루는 단지 전통 미디어가 남은 목숨을 겨우 부지하는 것에 불과하다.

인터넷업계에는 '사용자 경험'이라는 말이 유행처럼 돌고 있다. 다소 지나칠 정도로 말이다. 내가 수차례 참석한 인터넷 관련 회의에서도 참석자들은 마치 사용자 경험만 중요하고 나머지는 아무래도 상관없는 것처럼 모두들 사용자 경험을 입에 올렸다. 참석자들의 말대로라면 소프트웨어를 잘 설계하고 사용자 경험을 개선할 경우 모든 문제가 사라져야 한다. 현실은 그렇지 않다. 사실 이것은 표면적인 현상에 지나지 않는다.

비非인터넷업계도 사용자 경험을 중시한다. 미국 자동차업계의 흥미로운 사례를 참고해보자. 미국 자동차업계는 제조기업 사이에 벌어지는 치열한 경쟁과 동질화 현상, 다시 말해 디자인과 성능의 차별화가 사라지는 현상 때문에 심각하게 고민했다. 이때 어느 제조업체가 자동차에 컵홀더를 설치하는 기발한 아이디어를 생각해냈다. 컵홀더를 설치하는 데는 큰 비용이 들지 않았지만 컵홀더는 소비자가 구매를 결정하는 데 중요한 요인으로 작용했다. 소비자의 입장에서 자동차 성능이 대동소이할 때 차에 컵홀더가 있으면 없는 것보다 더 편리하지 않겠는가.

인터넷의 사용자 경험은 본질적으로 오프라인의 사용자 경험과 달라야 한다. 즉, 인터넷은 좋은 사용자 경험이 아니라 전통 업종의 한계를 뛰어넘는 것으로 차별화해야 한다. 결코 본말을 전도해서는 안 된다.

그렇다고 사용자 경험을 '정확하지만 쓸데없는 말'로 치부하지는 말자. 인터넷이 처음 등장했을 때 사용자 경험은 얼마나 형편없었는가? 마우스는 또 얼마나 불편했는가? 사용자 경험은 결코 인터넷의 전유물이 아니다. 이것은 시대와 함께 발전해야 한다. 사람들이 사용자 경험을 중시하고 마우스와 마우스 포인터를 당대 최고의 경험으로 꼽는 데는 다 이유가 있다.

다양한 도구는 사람이 많은 일을 하도록 돕지만 다른 한편으로는 일부 활동의 통제력을 떨어뜨린다. 가령 두 개의 점을 찍고 손가락으로 두 점 사이를 연속적으로 왔다 갔다 해보자. 아마 정확하고 빠르게 두 점 사이를 왔다 갔다 할 수 있을 것이다. 도구를 쓰지 않고 직접 손가락으로 두 점 사이를 왔다 갔다 했기 때문이다. 만약 젓가락으로 두 점 사이를 연속적으로 왔다 갔다 하면 어떨까? 놀랍게도 속도와 정확도가 떨어진다. 즉, 사람은 도구보다 맨손을 이용할 때 일을 더 빠르고 정확하게 처리한다.

그러면 마우스와 마우스 포인터는 왜 '한 세트'가 되었을까? 마우스는 컴퓨터에 연결해서 쓰는 물리적인 장치고 마우스를 움직이면 모니터에서 마우스 포인터가 움직인다. 이때 마우스 포인터의 움직임은 마치 맨손을 쓰는 것처럼 자연스럽고 정확하다. 이것이 마우스 설계의 대단한 점이다. 마우스는 두 목표물 사이를 이동할 때의 정확도와 거리의 연관성을 설명하는 피츠의 법칙 Fitts's Law 에 부합하는 장치다. 두 목표물 사이를 정확히 이동하는 정도는 어떤 도구가 개입한다고 해서 낮아지지 않는다. 마우스를 사용하든 맨손을 쓰든 별 차이가 없는 이유가 여기에 있다. 마우스를 대체할 도구는 많지만 마우스만큼 정확도를 보이는 도구는 없다. 구체적으로 설명하면 마우스는 외부로 연장한 컴퓨터의 '팔'이다. 지금까지 나는 마우스 같은 성능을 발휘하는 인공장치를 본 적이 없다.

마우스 등장으로 사람들은 간편하게 클릭을 했다. 터치스크린이 등장하기 전까지 인터넷 경제는 기본적으로 클릭 경제였다. 인터넷이 등장하기 전에는 클릭으로 빅데이터의 자료를 얻는 것이 어려웠다. 하지만 인터넷이 등장한 뒤 모든 것이 변했다. 웨어러블 디바이스는 기존에 얻지 못한 데이터를 온라인화하는 동시에 모바일 컴퓨팅을 온라인화했다. 예전부터 활발하게 연구가 이뤄진 웨어러블 컴퓨팅은 본질적으로 모바일 컴퓨팅을 몸에 입는 것이다. 현재 웨어러블 디바이스는 컴퓨팅이 아니라 감응센서 문제를 해결해야 한다. 스마트 밴드가 심박수를 측정할 수 있는 것은 감응센서가 디지털 문제를 해결해서다.

지금은 모든 클릭이 빅데이터 자료로 연결되지만 과거에 오프라인 데이터는 취합하기 어려웠다. 웨어러블 디바이스는 기존에 얻지 못하던 데이터를 쉽게 온라인화한다. 이 점에서 웨어러블 디바이스 등장은 거의 혁명이라 할 수 있다. 디지털화한 데이터는 매우 중요한데 일단 디지털화하면 혁명은 조용히 일어난다.

2013년 8월 IT 블로그 올싱스D ALL Things D에 〈심판에게 구글 글라스 착용을 건의한 NBA 농구팀〉이라는 뉴스가 실렸다.

휴스턴 로케츠의 대릴 모레이 Daryl Morey 단장은 소셜 뉴스 웹사이트 레딧 Reddit의 네티즌과 질의응답 시간을 가졌다. 어느 네티즌이 "구글 글라스로 NBA를 생중계하면 어떨까요? 관중이나 시청자가 심판의 시야로 농구를 관람하도록 심판에게 구글 글라스를 쓰게 하는 건 어때요?"라고 물었다. 그러자 모레이는 "그거 정말 좋은 아이디어인데요? 실버에게 한번 물어볼게요"라고 대답했다. 애덤 실버 Adam Silver는 은퇴한 데이비드 스턴의 뒤를 이은 NBA 총재다.

모레이는 농구계에 몸담고 있지만 원래 IT 분야 출신이다. 그는 대학에서 컴퓨터를 전공하고 MIT에서 석사 과정을 밟았다. 나중에 언론이 그날 대답이 농담이냐고 묻자 모레이는 구글 글라스를 쓴 NBA 심판이라는 발상은 "절대적으로 흥미로운 생각"이고 시도해볼 가치가 있다고 대답했다. 이것은 웨어러블 디바이스를 바라보는 인식이 달라졌음을 보여주는 전형적인 사례다. 웨어러블 디바이스는 단순한 감응 신호 장치가 아니다. 만약 심판이 정말로 구글 글라스를 착용하면 심판이 보는 모든 것이 온라인화하고, 웨어러블 디바이스의 사회적 영향력은 완전히 달라질 것이다. 또한 심판이 무엇을 보는지 모두가 지켜보기 때문에 판정의 정확성 여부를 금방 알 수 있다. 만약 심판뿐 아니라 모든 NBA 선수가 구글 글라스를 착용해 온라인화하면 어떨까? 아마 경기를 관람하는 재미가 배가되리라. 이것은 구글 글라스의 승리가 아니라 온라인의 승리다.

요즘 많은 사람이 가상현실, 증강현실, 혼합현실을 말한다. 이 분야의 스타 매직 리프Magic Leap는 이것을 '영화적 현실Cinematic Reality'이라고 부른다. 가상현실, 증강현실, 혼합현실에서 가장 중요한 것은 현실감이다. 언젠가 나는 매직 리프의 창업가이자 CEO인 로니 아보비츠Rony Abovitz를 만나 "눈에 보이는 모든 것이 현실이다. 다만 가상현실, 증강현실, 혼합현실은 온라인 현실Online Reality이라는 차이가 있을 뿐이다"라고 농담처럼 말한 적이 있다. 과거에 현실은 온라인에 있지 않았다.

새로운 영향력을 가진 콘텐츠의 탄생

지도는 전 세계에서 사용 빈도가 가장 높은 데이터다. 어떤 사람은 "인류는 정보 전파 방면에서 언어, 음악, 지도라는 세 가지 중대한 발명을 했다. 이 중 가장 오래된 것은 지도다"라고 말했다. 중국에는 지도와 관련해 아주 오래된 전설이 있다.《좌전左傳》에 하나라의 구정도九鼎圖 이 야기가 기록되어 있는데 구정도는 아홉 개의 큰 솥에 새겨 넣은 아홉 개 주의 산천초목, 날짐승, 길짐승의 그림을 가리킨다. 구정도는 훗날 진秦 나라가 주나라를 공격한 뒤 행방이 묘연해졌지만 구정도에서 파생한 《산해경》은 지금까지 전해진다.

서양에서 발견된 가장 오래된 지도는 4,500여 년 전 고대 바빌로니 아에서 도자기 조각에 새긴 지도다. 손바닥 크기의 이 지도는 티그리스 강과 유프라테스강의 발원지인 북쪽 산지, 남쪽의 늪지대, 그 사이에 위 치한 고대 바빌로니아를 묘사했다.

지도는 인류 문명의 진화 과정에서 줄곧 중요한 위치를 차지했다.

기원전 228년 진秦나라는 한단을 침략하고 조趙나라를 무너뜨렸다. 그러자 진나라의 침략을 두려워한 연나라 태자 단丹은 독항[지금의 허베이 성 구안 지역] 일대의 지도와 진나라의 반역 장군 번오기의 목을 진나라 왕 에게 바친다는 명목으로 자객 형가를 보내 진나라 왕을 암살하려 했다. 이처럼 지도는 옛 사람에게 중요한 물건이었다.《주례·지관·토훈周禮· 地官·土訓》에 "지도는 구주九州의 형세와 산천을 파악하기에 알맞다"라는 대목이 나오는데, 중국 문헌에 '지도'라는 말이 등장한 것은 이때가 처 음이다. 또한《주례》의 "땅 싸움은 지도로 바르게 해야 한다"라는 문장 도 지도의 경제적 작용을 보여준다.

지도는 사회의 지혜를 재는 수단이기도 하다. 서양에서는 종교가 사회 를 지배한 초기 중세시대를 야만의 시대로 부른다. 종교가 '지구는 둥글 다'라는 개념을 배척한 후 지도는 지리적 지식을 담은 표현물이 아니라 신학 저서의 삽화로 쓰이거나 경위도선과 축척이 없는 천편일률적인 원반 모양으로 변질되었다. 하지만 서기 1000년 지도학과 지리학을 비롯해 다른 영역에까지 계몽사상이 스며들면서 상황이 조금씩 달라졌다.

신대륙과 구대륙의 소통은 철저히 지도에 의존해서 이뤄졌다. 1538년 네덜란드의 측지학자 게르하르두스 메르카토르Gerhardus Mercator는 북극에서 대륙을 내려다보는 각도에서 한 장의 세계지도를 그린 다음, 특별히 '미지의 남쪽 대륙'이라는 라틴어를 써놓았다. 새로운 지리적 사실을 속속 발견하던 초기에 그린 메르카토르의 세계지도는 당시 인류가 세계를 어떻게 인식했는지 잘 보여준다. 정확히 설명하면 메르카토르의 세계지도는 마젤란이 최초로 세계 일주에 성공하고 나서 얼마 뒤에 제작되었다.

구글은 왜 지도를 만드는가?

'원자' 상태의 지도는 지구 문명 발전에 커다란 영향을 주었다. 그리고 '비트' 상태의 지도는 여전히 가장 환영받는 데이터다. 항공 원격 탐사 기술, GPS 기술, 내비게이션 시스템 등은 디지털 지도를 빠르게 바꿔놓았다.

예전에 CD에 담긴 디지털 지도는 평범한 종이지도와 비교할 수 없을 정도로 정보량이 많았다. 전문가만 이해할 수 있는 데이터를 직관적 이미지로 변환한 디지털 지도는 자유자재로 잘라 붙이는 것은 물론 축척에 관계없이 모든 지형 구조를 자세히 살펴볼 수 있었다. 한때 마이크로소프트의 중요한 업무 중 하나는 디지털 지도 제작이었는데, 그 지도는 천문학적인 판매량을 기록했다. 몇 년 전까지만 해도 중국의 컴퓨터 상가에서 최신판 CD 지도는 고객을 유인하는 수단이었다. 그러나 2005년 구글이 '구글 맵스'라는 온라인 지도를 출시한 뒤 CD 지도는 자취를 감추었다.

이제는 아무도 CD 지도를 추억하지 않는다. 사람들의 기억 속에서 디지털 지도 기업이 잊힌 지도 오래다. 지금도 마이크로소프트가 아마존에서 299.95달러에 CD 지도^{MapPoint}를 판매한다는 것을 아는 사람은 많지 않다.

구글 맵스가 CD 지도보다 더 정밀하고 데이터가 정확해 CD 지도가 실패한 것일까? 그렇지 않다. 구글은 지도의 데이터와 서비스를 온라인화했다. 엄격히 말해 구글이 지도 데이터를 온라인화한 이후 지도는 이전과 완전히 달라졌다.

2008년 화제로 떠오른 뉴스가 하나 있다. 그것은 구글이 위성을 발사해 지구를 찍은 사진으로 지도를 제작한다는 것이었다. 많은 사람이 구글의 위성지도를 통해 위성에서 찍은 지구의 사진을 처음 봤다.

이 뉴스가 완전히 정확한 것은 아니다. 구글의 위성은 사실 위성 영상 서비스를 제공하는 회사 디지털글로브^{Digital Globe}가 쏘아 올렸다. 구글 지도에 사용하는 고화질 지도 영상 데이터도 전적으로 구글의 것이 아니라 디지털글로브와 지형 공간 정보를 제공하는 회사 지오아이^{Geo Eye}의 것이다. 두 회사는 2012년 합병한 뒤에도 계속해서 구글에 위성사진을 포함해 많은 데이터를 제공했다. 구글이 한 일은 모두가 이용하도록 지도 데이터를 온라인 서비스로 변환한 것뿐이다. 여기서 흥미로운 점은 디지털글로브가 단 4억 5,300만 달러에 지오아이를 인수했다는 사실이다. 이는 데이터를 보유했다고 해서 그 회사의 가치가 반드시 높은 것은 아님을 보여준다.

　그러면 온라인 지도의 가치와 영향력은 어디에서 생길까? 2009년 《타임》은 구글 지도를 10대 발견으로 선정했다. 전설 속으로 사라진 아틀란티스의 고대 유적지, 순항 미사일 발사 훈련, 불에 탄 B-52와 스텔스기의 무덤 등이 10대 발견에 속한다. 인터넷에 접속한 사람은 누구나 온라인에 있는 고화질 위성사진으로 전 세계를 샅샅이 훑어볼 수 있다. 관심사별로 뭉친 다양한 온라인 커뮤니티는 이전에 결코 발견할 수 없던 새로운 사실을 찾아내며 지도의 가치를 재발견하고 있다. 사실 디지털글로브가 날마다 수집하는 60만km²의 사진을 전통 연구기관이 일일이 살펴보는 것은 거의 불가능하다.

　구글 따라 하기에 나선 노키아는 2008년 시카고 지도 서비스 회사 나브텍NAVTEQ을 81억 달러에 인수했다. 노키아의 논리는 단순했는데 그것은 스마트폰에 반드시 지도가 필요하다는 것이었다. 아이디어는 좋았지만 결과적으로 노키아는 실패했다. 왜일까? 지도를 온라인화하지 않고 스마트폰에 담기만 했기 때문이다. 다시 말해 오프라인 지도를 스마트폰에 담은 다음 보행자 내비게이션을 포함해 모바일 내비게이션을 탑재했다고 홍보했다. 물론 2G 시대 때는 스마트폰 지도를 온라인화하는 것이 어려워 내비게이션 기능으로밖에 쓸 수 없었다. 노키아는 인터넷의 대세가 온라인화라는 것을 이해하지 못했다. 내비게이션은 오프라인 기반으로 지도 서비스에서 차지하는 비중이 아주 낮다. 2012년 11월 노키아가 새로 발표한 지도 서비스 히어HERE에서는 81억 달러에 사들인 나브텍의 흔적을 전혀 찾아볼 수 없었다. 한데 이 책에서 언급하지 않았다면 히얼이 있었는지조차 모르는 사람도 많을 것이다.

구글은 자사 소유가 아닌 데이터를 여러 사람이 쓰도록 온라인화해 새로운 데이터로 바꿔놓음으로써 성과를 올렸다. 새 지도가 옛 지도를 이긴 것이 아니라 온라인이 오프라인을 이긴 셈이다. 이것은 시대 변화를 보여주는 상징이다. 오프라인 데이터는 최대 경제적 가치를 창출하지 못하지만 온라인은 가능하다. 오프라인 데이터는 최대 사회적 경쟁력을 창출하지 못하지만 온라인은 가능하다. 오프라인 데이터는 커다란 영향력을 행사하지 못하지만 온라인은 할 수 있다. 이 차이를 만들어내는 것이 온라인이다. 어떤 사소한 것도 온라인화하면 거대한 혁명적 효과를 낸다.

내가 초등학생일 때만 해도 교통신호는 그리 체계적이지 않았다. 교통경찰이 그때그때 도로 사정을 봐가며 사거리에서 수신호로 직접 교통질서를 지휘하는 일이 많았다. 하지만 기술이 발전하면서 교통신호에 교통 정보용 CCTV 카메라, 스피드건 등의 디지털 자동화 시스템을 도입했고 도시는 데이터로 돌아가고 있다. 예전에 어느 시장을 만났을 때 나는 "저는 스마트도시라는 말보다 데이터도시라는 표현을 더 좋아합니다. 스마트하다는 것은 기준이 너무 주관적이에요"라고 말한 적이 있다. 물론 모든 데이터가 온라인화하지 않았다는 점에서 데이터도시라는 말도 썩 마음에 들진 않는다. 만약 도시의 교통규칙을 새로 손볼 계획이라면 지난 1년 동안의 모든 데이터를 조사한 뒤 규칙을 정하는 것이 좋다. 단, 이들 데이터는 통계 분석 작업에 일회용으로 사용해야 한다. 과거의 데이터이므로 아무 때나 교통 상황 개선 작업에 사용하면 안 된다.

누구나 상점에 가봐서 알겠지만 계산대 옆에 위치한 진열대에는 고도의 계산을 거친 상품들을 진열한다. 상품 진열 상태에 따라 매출이 달라지기 때문이다. 따라서 경험이 풍부한 사람에게 상품 진열을 맡기는 것은 매우 중요하다. 10억 개가 넘는 상품을 파는 타오바오에서는 상품 진열 방법을 아는 기술자를 어떻게 찾을까? 데이터 활용이 유일한 방법이다. 사실 타오바오 사이트는 매일 모습이 바뀐다. 이들은 날마다 지금까지 누적된 데이터에 하루 전의 데이터를 합산해 다음 날 사이트 대문을 어떻게 꾸밀지 결정한다. 여기에다 특수한 상황이 발생했을 때 임시로 상품 가격과 위치를 바꾸는데, 이것은 데이터 탐색이 용이하기에 가능한 일이다.

그런데 타오바오의 규모가 커지고 고객이 늘어나자 입점 쇼핑몰이 고객에게 제공하는 정보를 실시간으로 바꾸고 싶어 했다. 이처럼 데이터 구동에 대한 수요가 늘어날 때가 온라인화하기에 석합한 시기다.

온라인과 단순한 데이터 구동에는 차이가 있다. 그렇다고 디지털화가 중요하지 않다는 말은 아니다. 디지털화는 온라인의 기초다. 전 세계적으로 미디어와 관련이 있는 것은 모두 디지털화가 잘 이루어졌다. 그 대표적인 예가 신문이다. 과거에 신문은 활판 인쇄로 발행했지만 조판 기술이 디지털화하면서 활판 인쇄는 컴퓨터 조판 인쇄로 바뀌었다. 인쇄 기술이 철저하게 디지털화한 뒤 활판 인쇄가 사라지자 활판 인쇄 산업 전체가 사라졌다. 그렇지만 신문은 최종적으로 종이로 출력한다.

모든 것이 진작 디지털화했으나 종이는 여전히 아날로그로 남아 있다. 디지털 방식으로 만든 신문과 아날로그 방식으로 만든 신문은 종이에 인쇄한다는 점에서 큰 차이가 없다. 그러나 종이에 인쇄하기 전 단계까지 디지털화한다는 점에서 온라인화한 새로운 미디어를 만드는 일은 그리 어렵지 않을 것이다. 디지털화가 이뤄지기 이전의 활판 인쇄 시대에는 온라인 단계에 접어드는 것이 근본적으로 불가능했다. 디지털화와 온라인화는 모두 컴퓨터와 관계가 있지만 팡정(方正, 1986년 베이징대학교가 투자하고 설립한 중국 최대 산학협력기업 – 옮긴이)과 구글의 차이처럼 완전히 서로 다른 경지다.

코닥의 방심, 소니의 착각

디지털 혁명과 온라인화로 전통 산업의 숨통을 바짝 조이고 진정한 가치를 만들어낸 것은 디지털카메라다.

1975년 12월 뉴욕 주 로체스터에 있는 코닥에서 스티븐 새슨Steven Sasson은 전 세계 최초로 디지털카메라를 들고[엄격히 말하면 디지털카메라를 받치고] 디지털 사진을 찍었다. 1970년대에 코닥이 화학과 기계 공학 분야 전문가를 채용할 때부터 코닥에서 근무한 그는 전기엔지니어답게 필름 없이 사진을 찍고 인화지 없이 사진을 보는 것을 꿈꿨고, 마침내 1978년 디지털카메라의 특허권을 획득했다. 그의 특허권이 만료된 1995년 세 가지 스타일의 디지털카메라 가격은 1,000달러 이하로 떨어졌다.

지금은 필름카메라를 구경하기가 하늘의 별을 따는 것만큼 어렵다. 카메라 애호가들이 수집한 필름카메라는 어디까지나 예술품일 뿐 진정한 의미의 소비가 아니다. 시중에서는 필름카메라를 아예 판매하지 않는다. 한때 코닥은 자사의 디지털카메라에 와이파이 기능을 탑재해 디지털카메라 수준을 한 단계 높였다. 그러나 컴퓨터에 사진을 쉽게 다운받는 것을 제외하면 와이파이의 매력은 그리 크지 않다. 진짜 혁명을 일으킨 것은 언제 어디서나 인터넷에 연결이 가능한 스마트폰 카메라다. 온라인 상태의 카메라는 사진 촬영 형태를 완전히 바꿔놓았다. 요즘은 식당에서 음식이 나왔을 때 초등학교에 갓 입학한 학생이든 40~50대 중년이든 모두 습관적으로 음식 사진을 찍어 SNS에 올린다. 온라인 카메라는 평범한 사람들의 창의력과 공유하고 싶은 욕망을 불러일으켰다. 전 세계적으로 인스타그램 같은 소프트웨어가 인기를 끄는 이유가 여기에 있다.

필름카메라를 사용하던 시절 평범한 소비자가 1년에 수십 통의 필름을 쓰면 친구들에게 "너는 매일 놀러 다니며 사진만 찍니?"라는 말을 들었다. 그만큼 사진을 많이 찍는 것은 대단한 일이었다. 그러나 디지털카메라 시대가 열리면서 1년에 10만 번 넘게 셔터를 누르는 것이 지극히 정상일 정도로 그 횟수가 순식간에 수백 배 늘어났다. 스마트폰 카메라, 다시 말해 온라인 카메라를 사용하고부터 해마다 컴퓨터에 저장하는 사진의 용량은 폭발적으로 늘어났고 무수한 사람과 사진을 동시에 공유하고 있다. 반면 출력해서 침대 맡 액자에 꽂아놓는 사진은 몇 장 되지 않는다.

2012년 1월 131년의 역사를 자랑하던 코닥은 파산 신청을 했다. 최초로 디지털 사진을 찍은 때부터 파산을 신청하기까지는 40년이 채 걸리지 않았다. 스티븐 새슨은 꿈을 실현했지만 코닥은 사라졌는데, 이것이 코닥과 인스타그램의 차이다.

음악도 비슷한 역사를 겪었다. 자기 테이프에서 CD, MP3까지 음악을 듣는 방식은 점점 편리해졌다. 이것이 가능해진 이유는 원자에서 비트, 비트에서 다시 온라인으로 나아가는 과정을 거쳤기 때문이다. 세상의 많은 기술이 더 성숙한 수준으로 발전하기도 전에 사라진다. 한 시대를 풍미한 휴대용 카세트플레이어 워크맨도 진화를 마치기도 전에 도태되었다.

2012년 11월 일본의 세르칸 토토Serkan Toto 박사는 트위터에 "마침내 소니가 아이튠즈에 일본 음악을 제공하는군요. 저는 이런 날이 올 줄 몰랐어요"라고 말했다. 8년 전 아이팟과 워크맨이 경쟁관계일 때 소니뮤직은 애플의 아이튠즈에 일본 가수의 음악을 제공하지 않았다. 결국 소니가 음악 목록을 개방한 것은 워크맨과 아이튠즈, 디지털과 온라인 나아가 소니와 애플의 차이를 드러내준다.

적응한 것만 살아남는다고 했던가! 인류의 발전 과정에서 많은 것이 진화했지만 지금까지 전해오는 것은 소수에 불과하다. 예를 들어 안경, 시계, 팔찌는 지금도 널리 쓰이는데 이것은 앞으로도 환경 변화에 적응하는 한편 더 많이 발전할 것이라고 나는 믿는다. 온라인도 마찬가지다.

당신이 가진 지식에 속도를 더하라

2006년 저명한 수학자 치우청퉁丘成桐 교수는 푸앵카레 추측이 일으킨 풍파에 한바탕 휘말렸다. 프랑스의 수학자 앙리 푸앵카레Henri Poincare는 여러 개의 창의적인 수학 문제를 제시한 것으로 유명하다. 가장 대표적인 문제는 1904년 제시한 푸앵카레 추측인데, 이것은 닫힌 3차원의 입체 공간에서 모든 폐곡선이 수축해 하나의 점이 될 수 있으면 이 공간은 반드시 원구라는 내용이다. 2000년 5월 미국 클레이수학연구소는 푸앵카레 추측을 '세계 7대 밀레니엄 문제'로 선정했다. 클레이수학연구소의 규칙에 따라 푸앵카레 추측을 푸는 사람은 2년의 검증 과정을 거친 뒤 100만 달러의 상금을 받게 되었다. 클레이수학연구소는 모든 문제의 해답을 구하기 위해 문제마다 100만 달러의 현상금을 걸고 있다.

페렐만이 우회적으로 보여준 인터넷의 힘

2006년 6월 초 신화통신은 다음과 같은 소식을 전했다.

"하버드대학교 교수로 저명한 수학자이자 필즈상 수상자인 지우정퉁은 중산대학교 주시핑朱熹平 교수, 재미 수학자이자 칭화대학교 겸임교수인 차오화이둥曹懷東과 함께 중국과학원 진흥수학연구소에서 미국·러시아 등의 과학자들이 작업한 내용을 토대로 푸앵카레 추측을 완전히 증명했다고 발표했다. (…) 미국에서 출간하는 《아시안저널오브매스매틱스The Asian Journal of Mathematics》에 〈푸앵카레 추측 및 기하화 추측의 완전 증명: 해밀턴-페렐만 이론의 응용〉이라는 제목으로 300여 쪽 분량의 논문이 실렸다."

2006년 6월 말 베이징에서 열린 국제 끈이론 회의에서 치우청퉁은 공개적으로 푸앵카레 추측을 철저히 증명했다. 현장에 모인 1,000명이 넘는 청중 중에는 저명한 물리학자 스티븐 호킹도 있었다.

2006년 7월 말 《월스트리트저널》은 샤론 베글리^{Sharon Begley}의 글을 실었다. 글에서 샤론 베글리는 1962년 필즈상을 수상한 존 밀너^{John Milnor}의 말을 인용해 '완전한 증명'이라는 표현을 쓰는 것은 누가 푸앵카레 추측을 풀었는가에 관한 문제에 멍키스패너를 던지는 꼴이라고 말해 혼란을 일으켰다.

실비아 네이사^{Sylvia Nasar} 컬럼비아대학교 신문학과 교수와 데이비드 그루버^{David Gruber}도 2006년 8월 28일 미국 《뉴요커》에 공동 발표한 〈매니폴드 데스티니^{Manifold Destiny}〉에서 비슷한 문제를 다뤘다. 네이사는 천재 수학자 존 내시^{John Nash}의 이야기를 다룬 《뷰티풀 마인드^{A Beautiful Mind}》의 저자로 이 책은 훗날 같은 제목의 영화로 제작되었다. 이런 배경 때문에 네이사와 그루버가 공동 발표한 글은 더 큰 영향을 미쳤다.

2006년 9월 1일 중국과학원 원사이자 베이징대학교 수학연구소 소장인 딩웨이위에^{丁偉岳}는 블로그에 올린 〈푸앵카레의 곤혹〉이라는 제목의 글에서 이런 의문을 제기했다.

"당시 전 세계의 무수한 수학자가 이미 러시아의 수학자 페렐만이 푸앵카레 추측을 증명했음을 알았다. 기하학의 세계적 권위자인 치우청통 교수가 이 사실을 모를 리 있을까? 그의 선언은 다수의 생각에 역행하는 일이다."

논란의 주인공 페렐만은 미국 클레이수학연구소가 요구하는 대로 학술지에 푸앵카레 추측을 증명하는 논문을 발표한 적이 없다. 그는 역사상 가장 어려운 수학 문제를 8년 동안 연구한 뒤 2002년 11월부터 2003년 7월까지 세 번에 걸쳐 아카이브^{arXiv.org}에 자신의 논문을 발표했다. 아카이브는 코넬대학교 도서관이 운영하는 수학과 물리학 논문

전문 웹사이트로 동료 학자들의 평가 없이 논문을 발표할 수 있다.

2006년 5월 미시간대학교 브루스 클라이너Bruce Kleiner와 존 로트John Lott는 아카이브에 〈페렐만 이론의 주석Notes on Perelman's Papers〉이라는 제목의 글을 발표했다. 같은 달 9명의 수학자로 구성된 위원회는 페렐만이 푸앵카레 추측을 증명한 공로를 기리기 위해 투표를 통해 수학계의 노벨상이라 불리는 필즈상을 수여하기로 결정했다.

2006년 6월 초 국제수학연맹IMU 회장 존 볼John Ball은 직접 상트페테르부르크로 찾아가 페렐만에게 필즈상을 받을 것을 설득했지만 페렐만은 끝내 거부했다.

2006년 6월 말 〈매니폴드 데스티니〉를 공동 발표한 네이사와 그루버가 상트페테르부르크로 페렐만을 찾아갔을 때, 페렐만은 "나는 수학계의 영웅이 아니다. 모두가 내 수학적 증명을 옳게 생각하는 것만으로 충분하다. 다른 형식적인 인정은 필요하지 않다"라고 말했다.

2006년 7월 존 모건John Morgan과 티엔강田剛도 아카이브에 473쪽 분량의 〈리치 흐름과 푸앵카레 추측Ricci Flow and the Poincare conjecture〉이라는 제목의 글을 발표했다. 2006년 5월 모건은 인터뷰에서 푸앵카레 추측을 증명한 페렐만이 필즈상을 받는 것이 마땅하다고 말했다.

2006년 8월 스페인의 마드리드에서 열린 세계수학자대회는 페렐만에게 필즈상을 수여했지만 페렐만은 그곳에 참석하지 않았다. 그는 최초이자 유일하게 필즈상을 거부한 사람이었다.

2006년 9월 미국수학학회AMS 학회지 부편집장 알린 잭슨Allyn Jackson은 《노티스오브더AMS Notices of the AMS》에 그간의 사건을 돌아보는 장문의 글을 실었다. 알린 잭슨은 글에서 클레이수학연구소 제임스 칼슨

James Carlson의 말을 인용해 다음과 같이 말했다.

"연구 결과를 반드시 공개적으로 발표하지 않아도 100만 달러 상금 수령자가 될 수 있다는 게 클레이수학연구소의 규칙인 것 같다. 사실 페렐만은 자신의 연구 결과를 공개적인 간행물에 보내지 않고 아카이브에 올렸다."

이것은 페렐만의 공헌뿐 아니라 인터넷을 인정한다는 의미다. 과거라면 이런 일은 결코 일어나지 않았을 것이다. '같은 분야 전문가의 평가'가 필요하다는 학계 규정 때문에 동료 학자들에게 평가받지도 못하고 간행물에도 실리지 않은 페렐만의 논문은 학계에서 어떠한 관심도 받지 못했으리라. 페렐만은 논문을 온라인에 발표했고 그가 어떤 성과를 이뤘는지 전 세계가 알아차리는 바람에 더 이상 평가나 심사는 필요치 않았다. 사실 다른 수학자들이 한 일은 페렐만의 연구 결과를 좀 더 깊이 파고든 것에 지나지 않는다.

2006년 12월 주시핑과 차오화이둥은 《아시안저널오브매스매틱스》에 수정한 논문 〈푸앵카레 추측 및 기하화 추측의 해밀턴-페렐만 증명〉을 발표하고, 이것이 클라이너와 로트가 2003년 6월 인터넷에 발표한 증명과 같은 내용임을 인정했다.

2010년 3월 그레고리 페렐만은 푸앵카레 추측을 증명한 공로로 밀레니엄상 수상자로 선정되었지만 6월 파리에서 열린 시상식에 나타나지 않았다. 같은 해 7월 페렐만은 클레이수학연구소가 주는 100만 달러 상금도 거절했는데 그에게 상금은 아무 의미가 없다는 게 그 이유였다. 위키피디아의 설명에 따르면 아카이브는 과학 출판업에 오픈 액세스 운동Open Access Motion[모든 연구자들이 학술 정보에 자유롭게 접근해 이용하자는 개념. 저작권에 위배되지 않는 범위 내에서 누구나 인터넷으로 원문을 보고 활용하도록 공개하는 활동이다.]을 일으켰다. 요즘 수학자와 과학자는 아카이브에도 논문을 업로드하고 전문 학술지에도 발표하는 것에 익숙하다.

나는 수학을 잘 모르지만 푸앵카레 추측을 두고 일어난 논란에서 인터넷의 힘을 봤다.

지식의 재구성

온라인 등장으로 사물과 사고, 가치 창출 규모가 변화하고 있다. 과거에 사람들이 생각한 가장 큰 규모의 책은 대영 백과사전이었다. 브리태니커 백과사전이라고도 불리는 대영 백과사전은 세계적으로 권위 있는 백과사전이자 아메리카나 백과사전, 콜리어스 백과사전과 함께 세계 3대 백과사전으로 꼽힌다. 대영 백과사전은 18세기 잉글랜드의 계몽운동과 함께 탄생했다. 1768년 첫 집필에 들어가 3년 뒤인 1771년 완성할 때만 해도 3권이 전부였다. 하지만 1788~1797년 출간한 3판은 본편 18권에 보충편 2권을 더해 모두 1만 6,000여 쪽으로 늘어났다. 이것은 평범한 사람이 죽을 때까지 읽어도 다 못 읽을 정도로 어마어마한 분량이다.

한데 지금은 대영 백과사전보다 더 방대한 규모를 자랑하는 것이 많다. 단순히 정보량만 놓고 비교하면 위키피디아는 대영 백과사전보다 38배 많은 380만 개의 표제어를 수록하고 있다. 더 중요한 점은 위키피디아는 공짜 열람이 가능한 개방형 온라인 백과사전이자 전 세계에서

다섯 번째로 큰 웹사이트라는 사실이다. 표제어는 전 세계 각지에서 수록한다. 위키피디아는 위키를 이용하는데 이것은 국가와 배경에 관계없이 누구든 위키피디아의 내용이나 표제어를 편집할 수 있음을 의미한다. 오프라인 백과사전은 온라인 백과사전을 이길 재간이 없다. 이른바 상식은 개인의 사고와 함께 재구성되고 있으며 온라인의 일상화로 그 재구성 속도가 더 빨라졌다.

클라우드 컴퓨팅을 잘 활용하는 회사는 직원이 단 1명뿐이어도 1만 명의 직원을 둔 회사와 같은 컴퓨팅 능력을 발휘할 수 있다. 인터넷은 회사가 감당할 수 있는 고객 범위, 자본, 속도를 모두 바꿔놓았다. 속도로 가치를 만드는 것이 인터넷 혁신의 근본이다. 《페이스북 이펙트》가 소개하는 사례처럼 개인의 호소력은 전 세계에 영향을 줄 수 있다. 콜롬비아의 도시공학자 오스카 모랄레스 게바라Oscar Morales Guevara는 콜롬비아에서 마약 밀매가 성행하고 치안이 열악해 국민이 힘들게 사는 것이 늘 가슴 아팠다. 당시 콜롬비아의 무장혁명조직FARC은 700명의 민간인을 인질로 붙잡았는데, 콜롬비아 국민은 마치 온 나라가 인질로 잡힌 듯 큰 충격을 받았다. 페이스북에 FARC와 관련된 모임, 활동, 글이 없는 것을 발견한 모랄레스는 직접 FARC에 반대하는 조직을 만들었다. 이 조직의 이름은 'FARC에 반대하는 100만 명의 외침'이었고 구호는 "납치를 중단하라, 거짓말을 멈춰라, 살인을 멈춰라, FARC를 타도하자"였다.

사람들이 속속 가입하자 모랄레스는 전국적으로 FARC에 반대하는 집회를 열었다. 여기에 많은 사람이 감동해 마이애미, 부에노스아이레스, 마드리드, 로스앤젤레스, 파리, 기타 지역 콜롬비아 이민자도 집회에 동참했다. 결국 이 집회는 인터넷 세계가 주도한 전례 없는 전 세계적인 운동으로 번져갔다. 통계에 따르면 2008년 2월 4일 콜롬비아의 100개 지역에서 1,000만 명이 FARC 반대 집회에 참가했고 전 세계 여러 지역에서도 약 200만 명이 집회에 참가했다.

혼란스러운 모국의 상황을 보고 슬픔에 빠진 어느 젊은이가 거실에서 페이스북에 올린 절절한 글이 거대한 시위로 번질 것이라곤 아무도 예상치 못했다. 이처럼 하룻밤 새에 전 세계를 놀라게 할 수 있는 것이 온라인 세상의 속도다. 속도는 혁신의 기초다. 속도는 개인에게 새로운 생각을 안겨주지도 않고 물질화할 수도 없다. 그렇지만 일단 개인이 새로운 생각을 떠올리면 속도는 그것을 곧장 서비스로 변환한다. 실제로 콜롬비아의 1,000만 명은 거대한 가치를 창출했다.

누군가는 5,000만 명이 신기술을 받아들이는 속도로 기술 침투성을 알 수 있다고 말한다. 전기 사용자가 1명에서 5,000만 명까지 늘어나는 데 50~60년이 걸렸다. 지금은 신기술을 발표하고 사용자 1억 명을 확보하는 데 2년이면 충분하다. 이것이 온라인의 힘이다.

사람들은 더 이상 대영 백과사전을 중요하게 여기지 않는다. 현대인에게 증기기관차가 중요치 않은 것처럼 《네이처》와 《사이언스》 같은 잡지의 권위가 더 이상 중요하지 않을 때, 연구원을 넘어 모든 사람이 데이터를 공유할 때, 세계는 한층 더 아름답게 발전할 것이다.

Chapter 3

버려지는
데이터,
가치를 낳는
데이터

오프라인에 쌓여 있는 데이터는
진실로 가치 있는 데이터가 아니다.
오프라인 시대 때는
버려진 데이터를 복구할 방법이 없었다.
이것은 학교식당 아주머니가
하루에 몇 장의 식권을 받았는지만 알고
학생들의 다른 정보는
전혀 모르는 것과 같다.

포드자동차의 생산라인은 산업혁명 시대를 상징하는 대표적인 산물이다. 과거에 자동차 제조업체에서는 일일이 사람 손으로 자동차를 조립했다. 그런 탓에 자동차 한 대를 만들기까지 인건비와 시간이 많이 들었고 결국 비쌀 수밖에 없는 자동차는 부의 상징이었다. 그러던 중 포드의 창립자 헨리 포드는 도축장의 작업라인에서 영감을 얻어 세계 최초로 자동차 생산라인에 컨베이어 벨트를 도입했고, 이는 직원들의 노동 부담을 줄이는 동시에 자동차 가격을 크게 낮췄다. 포드를 '전 세계에 바퀴를 단 사람'으로 부르는 이유가 여기에 있다. 물론 포드자동차의 발전은 성숙한 철강 산업과 발전 산업의 뒷받침 덕분이다.

데이터는 흐를수록 가치가 커진다

온라인 세상과 클라우드 컴퓨팅이 발전 산업이고 클라우드 저장소가 철강 산업이라면 빅데이터는 포드자동차의 생산라인이다. 강철과 전기가 없었으면 대규모 산업화 생산은 일어나지 않았을 것이다. 같은 원리로 클라우드 컴퓨팅이 없으면 클라우드 저장소도 없고, 클라우드 컴퓨팅과 클라우드 저장소가 없으면 빅데이터도 없다.

온라인에서 데이터를 활용하는 법

빅데이터를 다루기 전에 '빅데이터'라는 명칭을 먼저 검토해볼 필요가 있다.

2012년 12월 베이징 이좡의 클라우드 기지에서 2012 클라우드 세계대회가 열렸다. 나는 빅데이터에 관한 '구름 낀 밤의 대화'라는 심포지엄에 참석해 이렇게 말했다.

"사실 빅데이터라는 명칭은 가장 본질적인 면을 반영하지 않았다는 점에서 잘못되었다. 지금의 데이터와 과거 데이터의 커다란 차이는 온라인화했느냐 아니냐에 있다."

당시 현장에는 《빅 데이터가 만드는 세상》의 저자 빅토르 마이어 쇤버거Viktor Mayer Schonberger도 있었다. 빅데이터라는 명칭은 사람들에게 데이터보다 '빅'이 더 중요하다는 인상을 준다. 물론 빅데이터의 규모는 매우 방대하지만 지나치게 규모를 강조할 필요는 없다.

서양 문화에서는 데이터를 그냥 '빅데이터'로 불러도 전혀 이상하지 않다. 그러나 중국 문화에서는 그것을 잘못 이해할 수 있다. 니컬러스 크리스태키스Nicholas Christakis와 제임스 파울러James Fowler가 공저한《행복은 전염된다》(원제 'Connected' – 옮긴이)는 소셜 네트워크의 영향력을 다루고 있다. 이 책은 중국에서 출간할 때 제목을 '대★연결'로 번역했다.

빅을 지나치게 강조하는 것은 말장난에 가깝다. 극단적인 사람은 전적으로 '빅'만 추구할 수 있는데, 문제의 본질을 외면하고 빅만 보는 것은 위험하다.

빅데이터는 오래전부터 존재했다. 내 추측이지만 전 세계에서 가장

'큰' 데이터는 인터넷과 조금도 관계가 없다. 유럽입자물리연구소^{CERN}의 대형 강입자 충돌기^{LHC, Large Hadron Collider}에서 입자가 한 번 맞부딪힐 때 생성되는 데이터는 가장 크고 빠른 컴퓨터를 사용해도 사람이 평생 다 분석하지 못할 정도로 많다. 이것이 세계에서 가장 큰 데이터다. 이때 실험실에선 인류의 상상을 뛰어넘을 정도로 많은 양의 데이터를 수집한다. 실험실에 있는 1억 화소 카메라는 소립자가 충돌하는 사진을 초당 4,000만 장씩 찍는데, 이는 1초에 1페타바이트[10^{15}바이트]의 데이터를 분석해야 하는 어마어마한 양이다.

유럽입자물리연구소의 팀 벨^{Tim Bell} 인프라스트럭처 매니저가 제공한 정보에 따르면 해마다 실험실에서는 35페타바이트의 데이터를 기록한다. 그런데 대형 강입자 충돌기를 업그레이드한 후 데이터의 양은 2배로 늘었다. 데이터는 장기 보관을 위해 4만 5,000개의 테이프 드라이브에 백업하는데 온라인화하지 않아 사실상 죽은 데이터나 다름없다. 이것은 쇤버거의 베스트셀러《빅 데이터가 만드는 세상》에서도 미처 주목하지 못한 부분이다. 유럽입자물리연구소 실험실은 확실히 많은 데이터를 생성하지만 이들 데이터는 빅데이터와 거리가 있다.

쇤버거는《잊혀질 권리》(원제 'Delete'-옮긴이)라는 책도 출간했다. 중국에서는 원제의 의미를 그대로 살려 '삭제'라는 제목으로 출간했다. 한데 부제목이 가관이다. '빅데이터 시대에 취할 것과 버릴 것에 관한 도리.' 이 책은 본래 사람의 가장 위대한 점은 기록하는 것이 아니라 기억하는 데 있다는 단순한 이치를 설명한다. 기억하고 삭제하는 작업으로 조각처럼 쓸데없는 부분을 깎아내면 남기고 싶은 부분이 도드라진다. 그런데 전체적으로 이런 내용을 설명하는 이 책의 부제목을 무리하게 빅데이터와 엮은 것이다. 그 외에 《예측 분석Predictive Analytics》이라는 책은 엉뚱하게도 중국에서 '빅데이터 예측'이라는 제목으로 출간했다.

그만큼 우리는 빅데이터라는 말을 남용하고 있다. 이것이 마치 이 시대의 보물이라도 되는 양 너도나도 '빅데이터'와 연결을 짓는다. 누가 데이터센터를 더 크게 짓는지, 누가 컴퓨터를 더 많이 구비했는지 비교하기 시작하면 컴퓨터 5만 대가 있는 회사보다 10만 대를 갖춘 회사를 더 대단하게 여기기 십상이다. 또 언론매체는 어느 회사가 세계 건축사에 기록될 만큼 커다란 전산실을 건설했다고 요란하게 보도할 것이다. 빅데이터의 본질을 흐리는 현상은 다양하게 돌출할 수 있다. 잘못된 관념을 바로잡기 위해 다시 한 번 강조한다. 데이터는 규모가 아니라 온라인화하는 것이 중요하다!

진정한 변화는 데이터의 규모 확장이 아니라 온라인화가 일으킨다. 온라인화는 인터넷의 최대 특징이다. 온라인화는 가치 창출의 전제 조건이며 온라인화한 데이터는 반드시 확장된다. 따라서 데이터는 오프라인 상태일 때보다 24시간 온라인 상태일 때 더 효용이 있다. 절대적 관점에서 설명하면 단순히 디지털화한 데이터는 근본적으로 빅데이터가 아니다.

예를 들어 약품의 바코드 데이터는 예전부터 데이터 저장소에 보관했다. 이것은 데이터가 디지털화했음을 의미한다. 그런데 이들 데이터를 도매상, 소매상, 병원은 이용할 수 없다. 왜일까? 그 이유는 모든 데이터를 디지털화한 뒤 한 가지 작업을 빼놓았기 때문이다. 바로 인터넷과 연결하지 않았다! 다시 말해 온라인화하지 않았다.

데이터를 이용해 가치를 창출하려면 반드시 공유해야 한다. 어떻게 하면 데이터를 공유할 수 있을까? 하드 드라이브를 들고 동에 번쩍 서에 번쩍 옮겨 다녀야 할까? 사실 데이터를 공유하려면 많은 자본이 드는 작업이 필요하다. 만약 인터넷이라는 시스템이 없었다면 대규모 공유는 일어나지 않았을 것이다.

언젠가 어느 교장선생님과 데이터의 온라인화를 놓고 대화한 적이 있다. 그는 내게 학생들이 식권을 내고 식사하는 것과 카드를 긁고 식사하는 것의 본질적 차이를 설명했다. 식권을 사용하는 학교는 기껏해야 어느 학생이 얼마짜리 식권을 몇 장 구입했는지 알 수 있을 뿐이다. 반면 카드를 사용하는 학교는 어느 학생의 하루 소비량, 이용하는 식당, 이용하는 시간, 사 먹는 반찬 등을 알 수 있다. 단지 학생들이 카드만 사용해도 학교 측은 뜻밖의 정보를 많이 얻는다. 나를 더 놀라게 한 점은 이 교장선생님이 데이터만 수집한 것이 아니라, 이것을 분석해 부잣집 자녀들이 학교식당을 이용하지 않는 것을 발견하고 '학교식당에서 점심 먹기' 캠페인을 벌였다는 사실이다.

데이터는 온라인화할 때 비로소 가치를 창출한다. 오프라인에 쌓여 있는 데이터는 진실로 가치 있는 데이터가 아니다. 오프라인 시대 때는 버려진 데이터를 복구할 방법이 없었다. 이것은 학교식당 아주머니가 하루에 몇 장의 식권을 받았는지만 알고 학생들의 다른 정보는 전혀 모르는 것과 같다.

온라인은 다른 세상이다. 만약 데이터를 온라인화하지 않았다면 많은 새로운 사실을 발견하지 못했을 것이다. 이것이 온라인과 오프라인의 차이다. 온라인 세상이 데이터를 취급하는 방법은 확실히 과거와 다르다. 규모가 큰 것은 중요하지 않다.

핵심은 실시간 피드백이다

최근 인터넷에 진입하는 기술의 문턱은 낮아졌지만 질 좋은 데이터를 만드는 것은 더 어려워졌다.

요즘 타오바오와 똑같은 웹사이트를 만드는 것은 어려운 일이 아니다. 인터넷에서 '타오바오 웹사이트 템플릿'을 검색하면 몇백만 개의 검색 결과가 나온다. 대부분 무료로 레이아웃 형판과 소스코드를 얻을 수 있고 유료일지라도 몇백 위안을 넘지 않는다. 다시 말해 아주 저렴하게 타오바오와 유사한 웹사이트를 만들 수 있다.

문제는 어떻게 하면 타오바오처럼 10억 개에 육박하는 상품과 수천만 명의 판매자를 끌어 모으는가에 있다. 상품과 판매자는 모두 데이터다. 소비자가 타오바오에 로그인하는 것은 상품 검색, 상품 추천, 안전 결제 등의 기능 때문이 아니라 소비하기 위해서다. 중국에서 유행하는 옷, 뉴질랜드의 신선한 키위, 각양각색의 조명기구 등이 소비자가 타오바오를 방문하는 이유다.

사람들이 타오바오에서 소비하는 것은 다른 무엇도 아닌 타오바오의 각종 데이터다. 본질적으로 데이터는 기능보다 더 중요하다.

이것이 인터넷의 달라진 풍경이다. 컴퓨터로 문서만 처리하던 시절 사람들은 각종 소프트웨어 기능을 소비했다. 이 기능을 얻기 위해 그들은 기꺼이 지갑을 열었다. 문서 프로그램은 단순히 하나의 문서만 편집하던 것에서 동시에 여러 개의 문서를 편집하는 것으로 발전했고, 문자만 편집하던 것에서 이미지 편집과 맞춤법 검사도 가능해졌다. 지금까지 소프트웨어의 발전은 기능 확장이나 업그레이드와 관련이 있었다.

그러나 문서 프로그램을 만들 줄 아는 사람이 많은 요즘 기능은 더 이상 소프트웨어의 경쟁 무기가 아니다. 기능만 보고 소프트웨어를 구매하는 사람도 많지 않은데 이는 선택 가능한 오픈소스 소프트웨어가 너무 많기 때문이다. 아마 PC사업은 더 이상 "돈이 되지 않는다"라는 말을 들어봤을 것이다. 이제는 소프트웨어 산업도 돈이 되지 않는다. 돈을 주고 구매하기에는 공짜로 이용 가능한 대체품이 아주 많다.

사람들은 왜 소프트웨어를 이용할까? 택시 앱으로 예를 들면 택시를 부를 수 있어서다. 이때 택시 앱 회사가 관리하는 택시 수량은 이용자에게 곧 데이터다. 사람들은 왜 웨이신을 이용할까? 친구들과 연락할 수 있어서다. 여기서 친구의 소식은 이용자에게 데이터다.

물론 탁월한 기능에 힘입어 승승장구하는 소프트웨어도 있다. 스마트폰 앱 중에서 도구적 성격이 강한 앱은 여전히 가치를 인정받으며 유용하게 쓰인다. 그렇지만 지금은 데이터 자체를 더 중요시하는 경향이 강하기 때문에 데이터의 뒷받침이 없으면 도구적 성격을 띠는 소프트웨어도 다른 소프트웨어로 대체될 가능성이 크다.

당신이라면 소프트웨어 기능을 얻기 위해 돈을 지불하겠는가, 아니면 데이터를 얻기 위해 돈을 지불하겠는가? 아마 후자일 것이다. 인터넷 서비스 시대에 데이터는 대체할 수 없는 사회적 가치를 지닌다. 사회에서 데이터는 어떤 의미가 있을까? 데이터를 이용해 기존 문제를 해결하는 것이 데이터의 최대 가치는 아니다. 그것은 그저 여러 가능성 중 하나를 실현한 것뿐이다. 데이터는 사람들이 모르는 문제를 인식하게 해주는 동시에 그 문제를 해결하도록 돕는다.

데이터 관련 토론에서 별로 주목받지 못하는 두 개의 단어가 있다. 그것은 'analysis [분석]'와 'analytics [분석학]'다. analysis는 흔히 말하는 데이터 분석이고 analytics는 최근 구글 애널리틱스 Google Analytics에 등장했다. 두 단어의 의미는 조금 다르다.

토마스 데이븐포트 Thomas H. Davenport와 잔느 해리스 Jeanne G. Harris가 공저한 《분석으로 경쟁하라 Competing on Analytics》의 제목이 'Competing on Analysis'가 아닌 이유는 데이터를 단순하게 분석하는 것은 의미가 없기 때문이다. analytics는 분석학을 가리키며 이것은 사실상 데이터를 얻고 분석하고 이용하는 전 과정을 아우르는 분석 방법이다. 가령 인터넷 뉴스 사이트는 이용자가 어떤 시각적 효과를 좋아하는지 분석한 결과를 바탕으로 웹사이트 화면을 바꾼다. 이것은 전통적인 데이터 분석이다. 데이터 시대에는 이용자가 뉴스 페이지를 열었을 때 추천 뉴스 리스트를 보여준다. 이용자의 관심사에 따라 열람할 뉴스를 실시간으로 배치하는 셈이다.

analysis는 이용자의 피드백을 웹사이트에 반영하기 위해 데이터를 이용한다. analytics는 여기서 한 단계 더 나아가 이용자에게 피드백하기 위해 데이터를 이용한다. 이것은 온라인에서만 가능한 일이다. 뉴스 배열 방식을 바꾸는 가장 편하고 빠른 방법은 독자에게 직접 물어보는 것이다. 이것은 데이터를 분석하든 하지 않든 큰 차이가 없다. 반면 실시간 뉴스 추천은 전통적인 신문이 할 수 없는 일이다. 오직 온라인의 analytics만 가능하다. 뉴스 배열 방식을 바꾸는 것과 비교할 때 실시간 뉴스 추천은 정확한 채널로 정확한 뉴스를 정확한 인물에게 보여준다는 점에서 큰 의미가 있다.

온라인은 실시간 시스템이다. 데이터를 실시간으로 분석하는 것은 이 시스템의 일부에 불과하다. 10년 전 온라인에서 무언가를 추천하는 것은 거의 혁명에 가까운 일이었다. 그만큼 어렵고 까다로운 작업이었다. 그러나 온라인 앱이 널리 보급되고 온라인화가 많이 이뤄진 지금 온라인 추천은 거의 표준이다. 이제는 인터넷에서 진실로 사람들의 행동을 분석하고 이해할 수 있다. 구글 애널리틱스가 데이터가 아니라 사람들의 검색 이용 방식을 대상으로 삼은 것은 본질적으로 사람들의 온라인 행동을 이해하기 위해서다.

앞으로 어떤 새로운 기술이 나올지는 나도 잘 모른다. 그렇지만 온라인이 미래의 발전 방향이라는 것만은 확실하다. 빅데이터의 핵심이 왜 온라인인지 간단한 예를 들어 설명하겠다.

데이터는 흘러 다닐 때 가치가 생긴다. 데이터 사회에서는 데이터가 온라인화해 인터넷에서 흘러 다닌다. 이것이 정보 사회와 데이터 사회의 본질적 차이다. 과거에는 데이터가 흐르지 않고 기업 내부에 갇혀 있었다. 반면 지금은 인터넷에서 개방적으로 흐른다. 정말로 커진 것은 데이터의 흐름이고 덩달아 데이터의 가치도 커졌다.

슈퍼리치의 인프라는 무엇인가?

빅데이터를 주제로 토론할 때 사람들은 빅데이터를 금맥이라 여기고 금을 캐고 싶어 한다. 내가 생각하는 빅데이터의 강점은 모래를 실리콘으로 만드는 일이다.

실리콘은 비금속 원소로 반도체 소자와 집적회로를 만드는 재료다.

오늘날 첨단기술 단지로 명성이 자자한 실리콘밸리는 초기에 반도체 전기공업단지로 유명세를 떨쳤다. 사람들이 별 생각 없이 밟고 다니는 모래의 주성분은 실리콘이다. 컴퓨터 칩을 만들고 정보 시대 발전을 가능케 한 실리콘이 주변에서 흔히 볼 수 있는 모래에 들어 있다는 사실이 놀랍지 않은가? 실리콘이 지각에서 차지하는 총 질량이 27%에 이른다는 사실을 아는 사람은 많지 않다. 이것은 산소[약 49%] 다음으로 많은 양이다. 그 범위를 우주까지 확대하면 실리콘은 여덟 번째로 많은 매장량을 자랑한다. 생명에 산소가 꼭 필요한 것처럼 컴퓨터는 실리콘과 떼려야 뗄 수 없는 관계다.

인텔은 모래를 실리콘으로 만든 주인공이다. 1968년 전 세계에서 가장 큰 반도체 칩 제조업체였던 인텔은 모래에서 새로운 가치를 발견했다. 그리고 실리콘으로 만든 마이크로칩은 컴퓨터와 인터넷 혁명을 불러와 세계를 바꿔놓았다.

금은 한 국가의 경쟁력이 될 수 없다. 금은 대부분 남아프리카공화국에서 채굴하지만 남아프리카공화국은 세계에서 가장 경쟁력 있는 국가가 아니다. 진정한 경쟁력은 거의 모든 사람이 가질 수 있는 것을 수익화하는 데 있다. 이를테면 모래를 실리콘으로 만드는 것이 핵심이다. 사람들은 빅데이터를 말할 때 자신의 데이터가 얼마나 중요하고 독특하며 희소성이 있는지 말한다. 이런 말은 적절하지 않다. 물론 틀린 말은 아니지만 이것은 금을 파는 사람의 사고방식에 가깝다. 금을 파는 사람은 결코 슈퍼리치가 될 수 없다. 진실로 더 큰 가치를 창조하는 쪽은 실리콘 제품을 판매하는 인텔이다.

단순한 클릭은 돈이 되지 않는다. 클릭을 온라인화해야 돈이 된다. 금이 돈이 되지 않고 실리콘 제품이 돈이 되는 것도 같은 원리다.

인터넷 정보는 모래처럼 양이 많고 누구나 공짜로 이용할 수 있다. 또한 누구도 독점할 수 없다. 이처럼 인터넷에 널린 '모래'는 돈이 되지 않는다. 적어도 구글의 검색엔진이 등장하기 전까지는 그랬다. 구글의 검색엔진이 등장한 뒤 인터넷의 모래는 마침내 실리콘이 되었고 희귀한 데이터를 보유했다고 자랑하던 사람들은 자기만의 핵심 경쟁력을 유지하기가 어려워졌다.

나는 '데이터는 핵심 경쟁력'이라는 말을 두 가지 의미로 이해한다.

"데이터는 그 자체로 핵심 경쟁력이다. 그리고 데이터 처리 능력도 핵심 경쟁력이다."

모두가 똑같은 플랫폼에 있을 때 데이터는 흘러 다닌다. 600만 명에 달하는 알리바바 판매자의 뒤를 봐주는 '세력'은 무엇일까? 신장 혹은 광둥에 있는 전산실이다. 알리바바 판매자의 데이터는 '이들' 덕에 유유히 흘러 다닌다. 모두가 클라우드를 이용할 경우 데이터를 유통하고 운용하는 비용이 크게 낮아진다. 클라우드가 없던 시절에는 데이터 교환으로 더 큰 가치를 창출하는 것이 불가능했다. 월마트의 성공은 물건의 개성과 싼 가격을 맞바꾼 결과다. 월마트의 성공에는 대량 생산과 우수한 인프라, 즉 전력망의 지원이 필요하다. 인터넷 경제 시대에 제조업은 분명 활기를 되찾을 것이다. 단, 클라우드 컴퓨팅과 빅데이터에 기반을 둬야 한다는 전제 조건을 충족해야 한다. 다른 신흥 경제도 마찬가지다. 모두가 클라우드를 이용할 경우 클라우드는 인프라로 작용한다.

한 국가의 경제력을 판단할 때 과거에는 전기를 얼마나 쓰는가를 봤다. 우주에서 지구를 찍은 위성사진을 보면 북미대륙은 유난히 밝다. 전기를 어마어마하게 쓰는 선진국이 있기 때문이다. 이제 한 국가의 경쟁력을 판단할 때 한 가지 기준을 더 추가해야 한다. 바로 컴퓨팅 능력을 얼마나 사용하느냐다.

중국은 전 세계에서 데이터를 가장 많이 생성하는 국가이자 서버가 가장 많은 국가다. 다시 말해 컴퓨터 대국이다. 하지만 아직까지 전 세계 인터넷에 존재하는 정보를 처리할 수 있는 중국 기업은 없다. 여기에 거대한 처리 능력이 필요한 탓이다.

컴퓨터가 있다고 해서 컴퓨팅 능력이 있는 것은 아니다. 앞으로 컴퓨팅 능력은 국제무역의 일부가 될 것이다. 현재 중국은 컴퓨터 대국이지만 컴퓨팅 대국은 아니다. 중국은 컴퓨팅과 데이터를 결합하고 빅데이터와 클라우드 컴퓨팅을 이용해 가치를 만들어야 한다. 그래야 핵심 경쟁력이 생기고 컴퓨팅 강국이 될 수 있다.

지난 30년이 컴퓨터와 소프트웨어의 시대였다면 앞으로 30년은 컴퓨팅과 데이터의 시대다.

클라우드 컴퓨팅은 조금도 신비하지 않다. 신비함을 주는 것은 데이터다. 동시에 데이터는 사람들에게 더 많은 데이터를 얻을 기회를 준다. 나는 내가 죽기 전에 세상에서 가장 중요한 두 개의 '컴퓨팅 장치'인 인터넷과 대뇌가 서로 연결될 것이라고 확신한다. 즉, 대뇌는 인터넷의 일부가 될 것이다. 내가 인터넷에 아직 30~50년의 시간이 있고 그때까지 새로운 기술을 탐구해야 한다고 말하는 이유도 여기에 있다. 이것이 내가 이해하는 클라우드 컴퓨팅이다.

보이지 않는 것을 보이게 하는 힘

데이터의 가치를 잘 묘사하려면 과거 3대 발명품을 살펴볼 필요가 있다.

첫 번째는 갈릴레오 갈릴레이가 발명한 망원경이다.

망원경은 과학기술 발전에 커다란 영향을 주었다. 망원경이 등장하고 나서야 인류는 비로소 세계가 어떤 모습인지 알게 되었다. 인류가 처음부터 태양계의 존재를 알고 망원경을 발명해 태양계를 관찰한 것이 아니다. 태양계의 존재를 모르는 상태에서 망원경을 발명한 뒤, 우주의 이곳저곳을 관찰하다가 지구 밖의 또 다른 세계를 발견한 것이다. 나는 근본적으로 볼 수 없던 세계를 보도록 돕는 것이 빅데이터라고 생각한다. 이것은 상당히 중요한 일이다. 그런데 안타깝게도 여전히 많은 사람이 빅데이터를 원시적인 수준에서 이해한다.

두 번째 발명품은 현미경이다. 현미경은 예전에 볼 수 없던 미시적인 사물을 보게 해주었다. 현미경 발전사에서 중요한 것은 인류가 처음 세포를 관찰할 기회를 얻은 일이다. 현미경의 재물대 위에 놓인 것은 모두 살아 있다. 한자리에 서 있는 나무도 내부를 들여다보면 세포들이 활동한다. 인류는 생생하게 살아 있지만 육안으로 볼 수 없던 세계를 현미경으로 들여다보게 되었다.

많은 인터넷 사용자가 중요시하지 않는 것이 몇 개 있다. 그중 하나가 클릭이다. 인터넷이 있기 전까지 사람들은 클릭이 돈이 된다고 생각하지 않았고 특별히 의미가 있다고 여기지도 않았다. 이제는 많은 사람이 하루에 수천, 수만 번씩 일어나는 클릭으로 온라인 세상이 더 활발해지고 의미가 더해진다는 것을 안다. 단일 세포는 의미가 없으나 세포가 많이 모이면 생물이 되는 것과 같은 이치다. 인터넷에서 가장 활력 있는 단일 '세포'는 클릭이지만 이것은 결코 사소하지 않다. 보이지 않는 세계를 한번 믿어보시라.

세 번째 발명품은 데이터와 닮은 레이더다.

2차 세계대전이 끝나고 1945년 8월 20일에 출간한 《타임》은 원래 표지에 레이더 사진을 싣고 동맹국의 중요한 레이더 기술을 소개할 예정이었다. 그런데 출간 전에 미국이 일본에 두 개의 원자탄을 투하하자 표지를 엑스표가 크게 쳐진 일본 국기로 바꾸고 주요 지면도 원자탄 이야기와 인물로 채워 전 세계 사람들에게 강렬한 인상을 남겼다. 이때 레이더에 관한 내용은 단 세 쪽에 불과했다. 원자탄을 개발한 인물 중 하나이자 노벨상 수상자인 물리학자 한스 베테Hans Bethe는 MIT의 레이더 실험실에서 2년 동안 근무하기도 했다. 훗날 그는 원자탄이 2차 세계대전을 끝냈고 레이더가 2차 세계대전에서 승리했다고 말했다.

1940년대 초 영국 공군은 상대적으로 전력이 약했으나 선진적인 레이더를 보유한 덕에 독일 공군과 싸워 이겼다. 영국 공군의 레이더는 독일 전투기가 어느 방향에서 날아오는지, 어느 위치에 몇 대의 전투기가 있는지 미리 탐색했다. 이에 따라 영국 전투기는 독일 전투기가 영공에 접근할 때 출격해서 공격했지만 공중에 머무는 시간이 영국해협 건너편에서 날아오는 독일 전투기보다 길었다. 이것이 전쟁 초기에 영국이 적은 수의 전투기로 독일 공군을 무너뜨릴 수 있던 이유다. 브리튼 공중전을 승리로 장식한 주역은 장파 레이더다. 장파 레이더는 1940년 여름부터 수천 대의 영국 전투기가 독일 전투기를 요격하도록 이끌었다.

만약 레이더가 없었다면 영국 공군은 수만 대의 전투기를 동원해야 했을 것이다. 당시 영국에는 그럴 여력이 없었으니 어쩌면 전쟁에서 졌을지도 모른다.

1940년 9월 헨리 티저드Henry Tizard는 대표단을 통솔해 캐나다 국적의 '리치먼드 공작부인호' 유람선을 탔다. 이것은 영국 과학기술의 희망인 공동 자전관 기술, 즉 레이더 기술을 캐나다를 거쳐 미국에 전수한 일을 상징한다. 이후 미군은 MIT 역사상 가장 큰 레이더연구센터를 건설했다. 미국과 일본이 싸운 태평양 전쟁에서 일본의 레이더 기술은 미국에 한참 뒤처졌다.

태평양 전쟁 때 일본은 레이더를 한낱 방어 장치로만 생각했다. 선진적인 영국 레이더와 달리 일본의 레이더는 심전도처럼 적기가 없을 땐 일직선을 그리다가 적기가 나타나면 불안정하게 움직였다. 레이더는 일본 해군의 주요 장비가 아니었다. 망원경을 든 관측원의 경비에 의존한 일본이 육안으로 적기를 발견했을 때는 이미 공격 시점을 놓친 뒤였다. 반면 미국 항모에 탑재한 레이더는 약 160km 밖에 있는 일본 전투기도 관측했다.

1942년 일본 연합함대는 미드웨이섬에서 장파 레이더를 사용하는 미군에게 참패를 당했다. 솔로몬 제도, 마리아나, 사보섬 해전에서도 레이더는 중요한 역할을 했다. 1944년 일본 해군은 모든 군함에 현대적인 의미의 레이더를 장착했다. 그러나 가장 중요한 항모를 잃은 뒤라 전투기의 지원을 전혀 받지 못했다.

태평양 전쟁이 끝나갈 무렵 일본은 당시 전 세계에서 가장 큰 전함인 '대화大和호'를 앞세워 미국 항모에 대항했다. 대화호는 항공모함을 건조할 때보다 더 많은 강재를 써서 건조한 전함이다. 대화호가 쏘는 포탄의 중량은 거의 자동차 한 대 무게에 육박했고 어느 포탄보다 멀리 날아가 파괴력이 어마어마했다. 일본은 빼앗긴 항모를 되찾고 결사 항전하기 위해 비장한 각오로 대화호를 출격했다. 한데 엄청난 규모를 자랑한 대화호는 비참하게도 항모를 되찾기 전에 발각되었고 미군은 200여 대의 전투기로 집중 포격했다. 대화호가 옆으로 기울었을 때 포탑은 너무 무거운 나머지 대화호에서 떨어져 나갔다. 이것이 전쟁사에서 일본이 가장 유명하게 패배한 사례다.

만약 일본이 10분 전에 미국 전투기가 어디에 있는지 알았다면 결과는 달랐을 것이다. 레이더의 힘은 이렇게 위대하다. 데이터도 마찬가지다. 과거에 안티 바이러스 프로그램은 PC에 바이러스가 침입하면 뒤늦게 방어에 나섰다. 그러나 바이러스가 PC에 퍼진 뒤 프로그램이 작동하는 것은 시스템에 구멍이 있음을 의미한다.

바이러스를 연구한 마이크로소프트는 세계적으로 어떤 컴퓨터 바이러스가 유행하면 적어도 6개월이나 12개월 전에 지구의 어느 곳에서 반드시 누군가가 어떤 코드를 짠 적이 있다는 사실을 발견했다. 이 코드는 PC의 문제점과 허점을 이용해 바이러스를 만들 수 있지만 그 자체가 바이러스는 아니다. 이는 코드를 일찍 발견할 경우 12개월 전부터 바이러스 출현을 예측할 수 있음을 의미한다.

인터넷 인프라를 잘 구축한 뒤 사람들이 인터넷에서 할 수 있는 일이 많아졌다. 요즘에는 소통과 교류도 거의 인터넷에서 이뤄진다. 누군가가 인터넷을 이용하면 인터넷의 어느 부분에 흔적이 남게 마련인데 바이러스도 예외는 아니다.

여기서 말하는 인터넷은 기본적인 하드웨어와 네트워크 연결 장치 외에 BBS, 블로그, 인스턴트 메신저, 이메일, 페이스북 등의 각종 소통 방식을 가리킨다. 인터넷에서 많은 양의 데이터를 처리하는 사람은 자신의 흔적을 찾아 바이러스에 감염되는 상황을 미리 막을 수 있다. 과거에는 바이러스를 발견하고 치료하기에 급급했지만 지금은 전 세계 데이터를 한 번 쓱 분석하면 12개월 전에 바이러스를 장악할 수 있다. 그렇게 할 수 있는 것이 바로 경쟁력이다.

과거에 국가가 수출입 무역 상황을 파악하려면 세관의 데이터를 살펴봐야 했다. 이때 세관의 모든 데이터를 취합하기까지는 꽤 많은 시간이 걸렸다. 알리바바의 국제무역 데이터는 다르다. 바이어가 문의하는 첫날부터 앞으로 어떤 일이 발생할지 예측하는데 어느 순간 문의 횟수가 줄어들면 이후 12개월 동안 수출도 줄어든다. 이는 일개 보고서보다 데이터가 훨씬 더 가치가 크다는 것을 보여준다.

다른 사람보다 먼저 아는 사람을 당해낼 자는 없다. 몇 분만 빨리 알아도 더 많은 기회를 얻고 승리할 수 있는데, 데이터는 그 몇 분을 선점하도록 돕는다.

개방과 공유에 대한 두려움을 버려라

클라우드 컴퓨팅과 빅데이터는 보급 과정에서 큰 어려움을 겪었으나 지금은 기술과 상식의 한계를 뛰어넘어 인간의 본성과도 밀접한 관계를 맺고 있다.

은행이 가장 두려워하는 것은 사람들이 더 이상 은행을 안전한 기관으로 신뢰하지 않고 너도나도 맡긴 돈을 찾아가는 상황이다. 혼란스러운 옛 상하이의 모습을 담은 영화에서 은행이 연쇄 파산하는 장면이 나오면 그 뒤에는 어김없이 사회질서가 무너지는 장면이 그려진다. 국민이 돈을 자국 은행에 맡기지 않고 외국 은행에 맡기는 것은 부의 관리 문제가 아니라 신뢰 문제다.

신뢰가 무너지는 것은 무서운 일이다. 클라우드 컴퓨팅과 빅데이터도 예외는 아니다. 대기업이든 소기업이든 클라우드 컴퓨팅을 이용하는 기업은 반드시 플랫폼을 믿어야 한다. 물론 이것만으로는 부족하다. 이보다 더 중요한 것은 클라우드 컴퓨팅 기업이 고객에게 신뢰를 주는 것이다.

신용카드는 지폐의 단순 대체물이 아니다

중국은 신용이 좋은 국가다. 예로부터 귀금속은 상품 교환의 매개체였고 결과적으로 귀금속의 무게는 자연스레 가치 척도로 쓰였다. 파운드, 리라, 루블은 모두 무게를 재는 단위에서 유래한 명칭이다. 지폐 출현은 화폐 발전 과정에서 가장 중요한 이정표였다. 지폐는 무게가 아니라 신용에 가치를 부여한 화폐다. 따라서 지폐가 등장한 뒤 진정한 부富로 자리 잡은 것은 신용이었다.

중국의 교자交子*는 유럽과 미국의 지폐보다 700년 앞서 사용한 세계 최초의 지폐다. 한무제 시대 때[기원전 140~87년] 흰 사슴 가죽으로 만든 화폐가 처음 등장했다. 지폐의 시초 격인 이 화폐는 장당 가죽 본연의 가치보다 훨씬 높은 40만 전의 가치를 지녔다. 당헌종 원화 초년인 800년에는 비전飛錢이라는 종이 증서가 등장해 상인들이 외출할 때 다량의 동전을 들고 다녀야 하는 불편을 해소해주었다. 최초의 지폐인 교자는 북송 진종의 함평연간[998~1003년]에 쓰촨 지역에서 처음 사용했다. 교자는 표나 증서를 의미하는 고대 쓰촨 지역의 비속어다.

정부의 법정 화폐인 교자는 쓰촨 지역에서 80년 가까이 쓰였다.《북송·식화지하삼北宋·食貨志下三》에 보면 교자는 당나라의 '비전'을 계승했고 진종 때 장영이 촉 땅에 주둔할 때 그곳 철전이 너무 무겁고 무역하는 데 불편해서 교자라는 계권을 만들어 사용했다는 내용이 나온다. 상업 신용증서에서 정부의 법정 화폐가 되기까지 교자는 수십 년 동안 철저한 변화를 거쳐 현대적인 화폐의 기본 요소를 갖췄다. 옛 사람들은 교자를 신뢰했다. 종이에 찍힌 도장이 부를 상징하고 그것으로 물건을 살 수 있음을 믿었다. 이것은 커다란 용기와 신뢰를 필요로 하는 일이다.

당나라 사람들은 처음 등장한 지폐를 믿고 사용했다. 그런데 요즘 중

• 교자에 관한 짧은 설명: 사실 최초의 교자는 예금증서였다. 북송 초년 쓰촨성의 청두에 큰돈을 휴대하고 다니기 어려운 상인들을 위해 현금을 보관해주는 '교자포'가 등장했다. 예금자가 교자포에 현금을 맡기면 교자포는 닥나무로 만든 두루마리에 맡긴 금액을 적어 예금자에게 주고 일정한 수수료를 받았다. 이때 예금 액수를 적은 두루마리가 이른바 '교자'다. 교자가 광범위하게 쓰이자 상인들은 힘을 합쳐 교자를 전문적으로 교환하는 교자포를 설립하고 전국 각지에 분점을 개설했다. 언제 어디서나 교자포에 돈을 맡기고 찾게 되자 교자의 신용은 더 높아졌다. 상인들은 큰 거래를 할 때 불편하게 다량의 동전을 운반하는 대신 간편하게 교자를 주고받았다. 훗날 교자포는 예금의 일부를 유용해도 교자의 신용에 영향이 없는 것을 발견하고 새로운 유통수단으로 동일한 액수와 격식을 갖춘 교자를 발행했다. 교자는 점진적인 발전 과정을 거쳐 신용화폐의 특성을 띤 지폐가 되었다.

국인은 신용카드가 개인의 신용을 대표할 수 있음을 믿지 않고 신용카드를 직불카드처럼 사용한다. 이 점에서 현대 중국인은 오히려 당나라 사람보다 퇴보했고, 금융 신뢰도도 심각하게 낮다고 할 수 있다. 미래의 성공을 다른 사람에게 맡길 수 있는가? 이것은 클라우드 컴퓨팅뿐 아니라 시스템 구조, 책임의식, 사회 환경 등에 관한 문제다. 나는 이들 문제를 낙관적으로 바라본다. 데이터에 관한 자신감도 충분하고 역사는 바뀔 것이라고 믿는다.

선식사 후계산의 법칙

2014년 5월 필립스차이나와 알리바바는 알리윈이 필립스차이나에 클라우드 컴퓨팅 서비스를 제공하는 한편 양사가 스마트 시티, 스마트 의료, 모바일인터넷 등의 영역에서 서로 협력하는 내용의 양해각서를 체결했다. 필립스는 2014년 프랑크푸르트 조명 전시회에서 시티터치 CityTouch라는 인공지능 조명 관리 시스템을 집중 전시했다. 시티터치는 기존 도시 조명보다 70%의 에너지 절감 효과가 있어 큰 반향을 일으켰다. 필립스[차이나]는 1891년 창립한 전 세계 500대 기업 중 하나다. 양사의 협력은 120년 이상의 역사를 자랑하는 기업과 앞으로 100여 년을 더 발전하고 싶어 하는 기업의 협력이라는 점에서 의미가 깊다. 필립스와 알리바바의 협력은 서로 간의 신뢰를 기반으로 이뤄진 것이다.

2014년부터 메이디그룹Midea Group, 美的과 알리바바는 알리윈 기반의 사물인터넷 플랫폼을 공동 구축하기로 약속했다. 우선 메이디는 신형 에어컨에 알리윈 기반의 사물인터넷 기술을 도입해 에어컨을 지능형 단말 장치로 바꾼다. 이를 위해 메이디는 3년 내에 두 대당 한 대꼴로 클라우드 컴퓨팅 기반의 에어컨을 생산하기로 했다. 클라우드 컴퓨팅은 스마트 가전 산업, 나아가 중국의 모든 제조업에 커다란 영향을 주었다. 이 사례는 단지 산업 변화뿐 아니라 제조업체가 인터넷 기업을 신뢰한다는 것을 보여준다. 겉보기엔 단순히 기업 간의 협력일 뿐이지만 그 이면에는 클라우드와 인터넷 시대의 신뢰관계가 반영되어 있다.

클라우드 컴퓨팅을 구축하면 돈을 은행에 예금하듯 자신의 중요한 전략적 자원인 데이터를 다른 사람의 플랫폼에 올려놓을 수 있다. 이 경우 많은 사람이 접근할 수 있는 범위로 데이터가 빠르게 모여드는데, 모든 사회는 이런 미래를 맞이할 충분한 가능성과 자신감이 있다.

왜 클라우드 컴퓨팅이 있어야 빅데이터가 존재할 수 있을까? 그것은 클라우드 컴퓨팅을 신뢰하지 않으면 빅데이터를 형성할 수 없기 때문이다. 과거에 사람들은 인터넷을 잘 모르는 상태에서 그냥저냥 인터넷을 이용했다. 그 결과 인터넷이 생각보다 안전하지 않고 인터넷에서 낯선 사람들에게 공격을 당해도 피할 수 없다는 사실을 발견했다. 이제 사람들은 그 트라우마를 클라우드 컴퓨팅에 전이해 온라인화한 데이터가 자신에게 예측할 수 없는 피해를 줄까 두려워한다.

세상이 발전할수록 그간의 발전 궤적은 고스란히 데이터로 남는다. 걸어서 누군가를 방문하면 발자국이 남는다. 그렇지만 발자국은 바람이 불면 사라져버려 본인이 누군가를 방문한 적이 없다고 하면 확인할 방법이 없다. 반면 차를 타고 누군가를 방문하면 차표가 남기 때문에 걸어갈 때와 달리 방문한 적이 없다고 잡아떼기가 어렵다.

자신이 남긴 흔적이 많을수록 여기저기 흩뿌려지는 데이터도 많다. 사회가 발전하면 많은 것이 사라지지만 그렇다고 발전을 되돌릴 수는 없다. 용기를 내 미래를 받아들여야 진보하고 발전한다. 교자를 사용하던 시절 중국은 지폐를 사용하지 않는 국가보다 선진적이었다. 그러나 신용카드가 보편적인 오늘날 신용카드를 신뢰하지 않는 중국은 신뢰하는 국가보다 후진적이다. 내가 어렸을 때 식당에서 식사를 하려면 먼저 돈을 내야 밥이 나왔다. 지금은 먼저 식사를 하고 나중에 돈을 낸다. 비록 음식을 먹고 몰래 도망치는 사람도 있지만 많은 사람이 선식사 후계산의 규칙을 믿고 지킨다. 이것이 신용이고 자신감이다.

나는 인터넷이 사람들의 신뢰도를 한 단계 높였다고 생각한다. 지금은 질서 있게 줄을 잘 서면 원하는 것을 얻는다고 믿기에 사람들이 열심히 줄을 선다. 만약 줄을 서도 원하는 것을 얻지 못하는 날이 많으면 다시는 줄을 서지 않을 것이다. 은행에서 기껏 몇십 분 동안 줄을 서서 기다렸는데 자기 순서 앞에서 은행 직원이 갑자기 "오늘 영업이 끝났습니다. 죄송하지만 내일 다시 방문해주세요"라고 말하면 다음에 은행을 방문할 때 새치기할 가능성이 높다.

1986년 중국은 베이징대학교를 포함한 몇 개 대학에서만 외국 유학생을 받았다. 당시 베이징동물원은 가장 큰 버스 환승 정류장이었는데 워낙 이용하는 사람이 많아 얌전히 줄을 서면 버스를 타기가 어려웠다. 나는 외국 유학생은 무조건 교양 있게 줄을 설 줄 알았다. 그런데 놀랍게도 그들은 중국인보다 더 필사적으로 새치기를 했다. 자원이 부족한 환경에서는 질서가 파괴되고, 질서가 파괴되면 신뢰는 사라진다.

내가 신뢰를 바탕으로 행동해 상대에게 원하는 것을 얻으면 상대를 더욱 신뢰하게 된다. 반대로 원하는 것을 얻지 못하면 상대를 향한 신뢰도는 떨어진다.

온라인 세상에는 원칙적으로 충족하고자 하는 수요가 있다. 그리고 온라인 세상에서는 자원을 공유한다. 개인이 개설한 블로그는 열 사람이 봐도 열한 번째 사람이 또 볼 수 있다. 이것이 온라인과 신문의 차이인데 온라인에서는 자신이 찾는 것이 갑자기 사라질까 걱정할 필요가 없다. 희귀한 것도 온라인화하면 더 이상 희귀하지 않다. 타오바오에서 판매자는 소비자를 신뢰하고 소비자는 판매자를 신뢰한다. 신용은 사회가 문명화한 정도와 밀접하게 관련이 있고 문명화할수록 신용도가 높아진다.

네티즌들은 개방과 공유를 주제로 자주 토론을 한다. 나는 이 둘의 개념을 나중에야 파악했다. 개방은 곧 무료가 아니다. 개방의 핵심은 원칙적으로 모두가 동등한 관계라는 것이다. 인터넷에서 얻을 수 있는 자원의 양은 사회적 지위에 따라 다르면 안 되고 모두에게 평등해야 한다. 인터넷 자원을 다 같이 나눠 쓰는 것도 중요하다. 사실 인터넷 자원은 독점하는 것도, 몇몇만 나눠 갖는 것도 거의 불가능하다.

예를 들어 교육 자원은 가장 불평등하고 독점이 쉽다. 산촌에 컴퓨터 보내주기 캠페인을 벌인 니콜라스 네그로폰테Nicholas Negroponte는 산촌 사람들이 아예 컴퓨터를 사용할 수 없는 상태라는 것을 알았다. 전기가 들어오지 않았기 때문이다. 그러자 그는 수동식 발전기가 딸린 노트북을 개발했다. 이 사례는 교육 자원이 얼마나 불평등한지 보여준다. 중국의 많은 학교에서 진행하는 멀티미디어 수업에서 학생들은 사실 근거리 통신망에 접속한 컴퓨터 앞에 앉아 선생님의 설명을 듣는다. 학생들이 실제로 컴퓨터를 조작하지 않고 형식만 바꿔 교사에게 똑같은 내용의 수업을 듣는 것은 큰 의미가 없다. 의미가 있으려면 교육을 온라인화해야 한다. 전 세계의 교육 창고를 개방하면 모두가 자원을 나눠 쓸 수 있다.

일단 교육이 온라인화하면 중국의 산간지역 아이들도 베이징대학교의 좋은 교육을 받을 수 있다. 이 얼마나 큰 의미가 있는 일인가? 온라인상의 공유와 개방은 한낱 구호로 끝나면 안 된다.

온라인상의 공유와 개방은 다른 사람의 밥그릇을 빼앗으려 할 때가 아니라 서로 다른 사람과 협력할 때 이뤄진다. 그리고 이렇게 할 때 서로 신뢰가 쌓인다. 어느 날 클라우드 컴퓨팅이 사라져도 사람들 간의 신뢰는 중요한 사회적 자산으로 남는다.

Chapter 4.

클라우드
컴퓨팅의
미래

클라우드 컴퓨팅의 가장 큰 위기는
시장 수요만큼 서비스 규모를 키우지 못해
시장을 잃는 일이다. 서비스 규모를 키울 때
클라우드 컴퓨팅은 폭발적으로 성장해
공공 서비스가 될 것이다.

온라인의 최신 화젯거리는 컴퓨팅의 온라인화다. 사람들에게는 '클라우드 컴퓨팅'이란 말이 더 익숙할지도 모른다. 왜 지금 컴퓨팅보다 클라우드 컴퓨팅이라는 말을 더 많이 쓸까? 왜 나는 클라우드 컴퓨팅을 범용 컴퓨팅이라고 부를까? 이 둘의 차이점은 뭘까?

클라우드 컴퓨팅은 공공 서비스다

오늘날에는 구글처럼 컴퓨팅 능력 수요를 자체적으로 충족하는 기업이 있는가 하면, 전기 같은 공공 서비스를 이용하듯 클라우드 컴퓨팅 서비스로 충족하는 기업도 있다. 전통 기업처럼 사내에 여러 대의 컴퓨터를 들여놓거나 외부기관에 위탁하는 것은 잘못된 방법이다. 이 경우 컴퓨팅 능력 수요가 일정 정도에 도달했을 때 구글 같은 초대형 기업이 아닌 이상 만족감을 느끼기 어렵다. 기업이 국가 전력망의 전기를 사용하지 않는 상황은 크게 두 가지다. 기업이 커서 자체적으로 큰 발전소를 건설했거나 기업이 작아 디젤기관 발전장치만 돌려도 전기를 충분히 얻을 수 있는 경우다.

1980년대 중반 선전에서 본 두 모습이 지금까지 기억에 남는다. 하나는 홍콩의 TV 신호를 받기 위해 도심 여기저기에 설치한 VHF/UHF 안테나다. 다른 하나는 선전 구도심의 모든 상점 입구에 설치한 디젤기관 발전장치다. 구도심 쇼핑 골목은 이 장치가 내뿜는 소음으로 몹시 시끄러웠다. 왜 상인들은 디젤기관 발전장치를 설치했을까? 당시 중국의 전력 인프라는 당의 계획에 따라 건설했고 별도로 TV와 냉장고를 사용할 수 없었다. 만약 컴퓨터를 한 대씩 더 설치할 때마다 컴퓨팅 능력을 재조정해야 한다면 어떨까? 이것은 과거에 전력 인프라가 부족할 때 스스로 디젤기관 발전장치를 설치해 전기를 만들어 쓰는 것과 같다.

클라우드 컴퓨팅에는 두 가지 중요한 속성이 있다. 그것은 컴퓨팅의 범용성과 컴퓨팅을 일종의 공공 서비스로 전환하는 것이다. 범용 컴퓨팅은 전기처럼 에어컨, 헤어드라이어에 두루두루 쓰이는 것을 가리킨다. 컴퓨팅이 공공 서비스화하면 새로운 세상이 펼쳐진다. 현재 많은 중국인이 이 관점에 동의하지 않지만 나는 시간이 많이 걸려도 그런 세상을 만들 생각이다.

2020년 세계 박람회는 두바이에서 열린다. 2015년 나는 두바이를 방문했는데 주변이 모두 사막인 것도 신기했지만 '세계 최초', '세계 최고'의 타이틀을 좋아하는 그곳 사람들도 흥미로웠다. 그곳에서 만난 어떤 사람은 내게 두바이 세계 박람회를 역사상 최고의 세계 박람회로 만들 것이라고 말했다. 과거에 세계 박람회처럼 큰 행사의 IT 설비는 대개 IBM 같은 초대형 기업, 다시 말해 전통 제조업체가 제공했다. 나는 두바이 세계 박람회가 모든 컴퓨팅 문제를 공공 서비스로 해결할 계획이라는 점에서 역사적인 박람회가 되리라고 예상한다. 이것이 실제로 가능할지는 아직 지켜봐야겠지만 두바이 사람들의 흥미로운 도전을 응원하고 싶다. 두바이 세계 박람회의 도전에 담긴 의미는 뭘까? 전기가 공공 서비스가 아니었던 19세기 말 시카고 세계 박람회는 전 세계 최초로 전류가 흐르는 조명을 사용했다. 사람들은 당시 박람회에 무엇을 전시했는지는 까맣게 잊었지만 시카고 세계 박람회의 특별함은 여전히 기억한다. 인류 역사상 처음 전등을 사용하면서 새로운 시대의 막을 올렸기 때문이다.

클라우드 컴퓨팅의 짧고 간단한 역사

1950년대에 존 매카시John McCarthy는 언젠가 컴퓨팅이 조직을 위한 공공사업이 될 것이라고 가정했다. 컴퓨팅을 공공 서비스로 만드는 것은 클라우드 컴퓨팅의 핵심 사상이다. 존은 이미 50여 년 전에 인공지능이라는 말을 사용한 학자로도 유명하다. 현재의 상황을 보면 클라우드 컴퓨팅과 데이터는 확실히 인공지능의 기초다.

1997년 10월 텍사스대학교 람나스 첼라파Ramnath Chellappa 박사는 국제 오퍼레이션리서치 및 경영과학학회 모임에서 컴퓨팅은 이미 대형 컴퓨터 기반 구조에서 네트워크 기반 구조로 진화했다고 설명했다. 그는 이 새로운 컴퓨팅 모델을 클라우드 컴퓨팅이라고 불렀다. 이때 처음 학계에 클라우드 컴퓨팅이라는 용어가 등장했다. 지금도 람나스 박사는 에모리대학교 경영대학원에서 부교수로 지내며 관련 연구를 지속하고 있다.

1983년 미국 기업 선마이크로시스템은 "네트워크가 곧 컴퓨터다"라는 의견을 제시했다. 이 말은 클라우드 컴퓨팅의 '전신'에 가깝다.

2006년 8월 9일 구글의 CEO 에릭 슈미트는 캘리포니아 산호세에서 열린 검색엔진 컨퍼런스에서 전 세계 최초로 클라우드와 클라우드 컴퓨팅 개념으로 구글이 제공하는 인터넷 서비스를 설명했다. 에릭은 자사 서비스와 경쟁하는 오라클은 C/S ^Client Server를 주도하는 전통 모델이라고 지적했다.

같은 해 8월 25일 아마존은 EC2 ^Elastic Compute Cloud 베타 버전을 발표했다. EC2는 아마존의 클라우드 컴퓨팅 서비스 플랫폼인 아마존웹서비스 ^AWS에서 가장 중요한 부분이다.

같은 해 9월 27일 제프 베조스는 MIT 주최로 열린 신기술 컨퍼런스에서 EC2, S3 ^Simple·Storage·Service, 메커니컬 터크 ^Mechanical Turk를 아마존이 11년 동안 공들여 만든 대규모 웹 컴퓨팅 방면의 결정체라고 설명했다. 강연에서 그는 구글의 에릭처럼 클라우드 컴퓨팅을 전문적으로 언급하지 않았지만 컴퓨팅 서비스의 중요성을 계속 강조했다.

2007년 12월 《비즈니스위크》는 〈구글과 클라우드의 지혜〉라는 제복의 표지 글에서 구글의 새로운 선략을 '놀라운 컴퓨팅 능력을 내중의 손에 쥐어주는 것'이라고 소개했다. 《비즈니스위크》는 놀라운 컴퓨팅 능력을 구글의 호칭을 따라 클라우드라고 불렀다. 이후 클라우드는 맵리듀스(MapReduce, 대용량 데이터를 빠르고 안전하게 처리하기 위한 분산 프로그래밍 모델의 일종 – 옮긴이)와 함께 주류 비즈니스 잡지에 등장하기 시작했고 2008년부터 구글에서 정식 서비스했다.

오라클의 래리 앨리슨 ^Larry Ellison 회장은 대표적인 안티 클라우드 컴퓨팅론자지만 2008년부터 지금까지 오라클이 해온 모든 작업은 클라우드 컴퓨팅에 관한 것이었고, 그는 컴퓨터 산업은 패션 산업처럼 유행이 빠르다고 말했다.

2010년 11월 아마존은 자사 쇼핑몰을 EC2와 AWS로 전환하는 동시에 넷플릭스, 핀터레스트 등의 인터넷 서비스를 아마존의 AWS로 옮겨 클라우드와 클라우드 컴퓨팅 사업을 본격적으로 시작했다.

인터넷 경제 시대의 전기

클라우드 컴퓨팅과 비非클라우드 컴퓨팅을 어떻게 구분해야 할까? 먼저 클라우드 컴퓨팅의 핵심인 인터넷으로 컴퓨팅이 이뤄지는지 살펴야 한다. 다시 말해 컴퓨팅이 온라인화해야 한다. 그러면 전기나 물 같이 공공 서비스의 특성을 갖춘다. 컴퓨팅 규모를 키우기 위해서는 온라인상에 거대한 데이터센터도 필요하다. 알리바바에서 클라우드 컴퓨팅을 설계하던 첫날 나는 '클라우드 컴퓨팅은 전기처럼 사회의 가장 기초적인 공공 서비스가 되어야 한다'라고 생각했다.

바오강그룹 발전소에서 생산하는 전기와 국가 전력망에 흐르는 전기는 똑같은 전기지만 여기에는 큰 차이점이 있다. 바오강그룹 발전소에서 생산하는 전기는 바오강그룹 내에서만 사용한다. 따라서 문제가 생겨도 바오강그룹의 철강 생산에만 차질이 빚어질 뿐이다. 반면 국가 전력망의 전기는 전국 각 가정에 공급하기 때문에 만에 하나 문제가 생기면 전 국민의 생활이 불편해진다. 국가 전력망이 공급하는 전기만 공공 서비스이고 사설 발전소에서 생산하는 전기는 공공 서비스가 아니다.

풍력발전소와 싼샤 수력발전소도 똑같이 전기를 만든다. 그러면 둘의 차이점은 뭘까? 풍력발전소에서 생산하는 전기는 기술적, 경제적 요인 때문에 국가 전력망에 공급하지 않는다. 풍력발전소 전기는 아직 공공 서비스의 일부가 아니다. 반면 싼샤 수력발전소는 가동 첫날부터 국가 전력망 서비스에 전기를 공급했다. 국가 전력망에 전기를 공급하는 것을 인터넷 산업 화법으로 표현하면 전기 에너지의 온라인화다.

때로 사물 간의 차이는 사물의 물리적 형태가 아니라 서비스 형식에 따라 결정된다. 같은 맥락에서 이른바 클라우드 컴퓨팅 역시 규모가 크고 컴퓨터 능력이 뛰어나도 온라인이나 공공 서비스 영역에 있지 않으면 클라우드 컴퓨팅이라 할 수 없다.

왜 클라우드 컴퓨팅은 반드시 공공 서비스가 되어야 할까? 이것이 전기처럼 인터넷 경제 시대의 가장 기초적인 사회적 수요이기 때문이다. 클라우드 컴퓨팅은 점점 사회적 인프라의 일부로써 경제와 사회 발전을 지탱할 것이다.

19세기 말과 20세기 초 미국 뉴욕에서는 자금, 노동자, 기계 설비, 원재료 등을 모두 갖춰도 방직 공장을 가동할 수 없었다. 공공 전력망이 없어서 방직기계 같은 거대한 기계를 돌리려면 사설 발전소를 지어야 했기 때문이다. 당시 발전기 한 대는 집 한 채나 한 골목의 조명을 밝힐 정도의 직류 전기를 생산해 '세입자' 발전기라고 불렸다.

일반적으로 발전소는 공장보다 건설비용이 비싸다. 또한 증기기관 동력을 이용하는 방직공장보다 쉽게 건설할 수 있지만 효율성이 낮고 리스크가 높다. 그도 그럴 것이 공장이 파산하면 발전소는 주워 담을 수 없는 쓰레기일 뿐이다.

인류의 피에는 비즈니스 유전자가 흐른다. 사람들은 각자 자기만의 발전소를 짓는 것이 얼마나 어리석은 일인지 알아차렸다. 전기를 많이 생산하는 사람은 어떻게 하면 다른 사람에게 남는 전기를 팔까 고민했고, 전기가 부족한 사람은 어떻게 하면 전기가 남는 사람에게 전기를 빌릴까 고민했다. 이 두 사람이 만나 적은 비용으로 전기를 함께 써보니 확실히 버려지는 발전소가 줄어들었다. 만약 열 사람이 함께 발전소를 운영하면 어떨까? 서로 발전소를 합치면 '규모의 경제' 효과가 생겨 전기를 보다 합리적으로 이용할 수 있다!

1882년 발명왕 토머스 에디슨은 미국 뉴욕의 펄 스트리트에 6대의 발전기를 설치한 발전소를 건설했다. 이곳에서 생산한 전기는 뉴욕 거리의 가로등을 겨우 밝히는 정도의 30킬로와트에 불과했지만 인류 최초로 전기를 공공 서비스에 이용했다는 점에서 의미가 깊다. 증기기관 발명에 힘입어 강대국으로 성장한 영국은 전기도 발명했다. 그러나 공공 서비스 영역에 미국보다 한참 늦게 전기를 공급하는 바람에 결국 미국 경제에 뒤처지고 말았다.

공공 전력망의 초기 형태를 갖춘 뒤 전력 기술 혁명이 일어났다. 전기의 편리함을 경험한 사람이 늘어나면서 전기 수요가 크게 증가하자 국가 전력망은 전기 공급 범위를 끊임없이 확대했다. 먼 곳의 발전소에서 생산한 전기는 에너지 손실을 줄이기 위해 고전압으로 이동하다가 마지막에 강압기로 전압을 낮춰 각 가정에 전달된다. 이때 직류 전류의 전압을 바꾸는 것은 매우 복잡하지만 교류 전류의 전압을 바꾸는 것은 간단하다. 따라서 범용으로 쓰기에는 교류 전류가 더 적합하다.

국가 전력망을 중심으로 교류 전류를 세계 범용의 전력 공급 표준으로 한 뒤 전력은 인류의 생활, 경제, 사회 발전을 위한 진정한 인프라로 자리 잡았다. 거실의 형광등을 켜고자 각 가정마다 발전기를 설치하는 모습, 무더위를 식히기 위해 에어컨을 장만하려다 전기 부족으로 에어컨 대신 발전기를 한 대 더 설치하는 모습, 냉장고를 구매하려다 방방마다 들어찬 발전기를 보고 포기하는 모습은 더 이상 찾아볼 수 없고 그렇게 살 수도 없다.

그런데 안타깝게도 클라우드 컴퓨팅 시대에 이처럼 비합리적인 상황이 재현되고 있다. 사람들은 클라우드 컴퓨팅 서비스를 이용하기보다 몇 대의 컴퓨터를 구매하는 것에 더 열성이다. 몇 대의 디젤기관 발전장치를 더 구매해 가정의 전기 부족 문제를 해결하려는 사고방식은 황당하고 비합리적이다. 그럼에도 불구하고 데이터센터 설립을 곧 클라우드 컴퓨팅을 구축하는 것이라고 생각하는 일이 지금도 주변에서 수시로 일어나고 있다.

클라우드에 접속할 때 창조력이 발휘된다

오늘날 컴퓨팅 능력 수요는 하늘 높은 줄 모르고 치솟고 있다. 디젤기관 발전장치가 아니라 국가 전력망을 이용해야 사회의 전기 문제를 해결하듯 클라우드 컴퓨팅만이 인터넷 시대에 컴퓨팅 수요를 해결할 수 있다. 인터넷 시대는 곧 온라인 컴퓨팅 시대다.

사실 클라우드는 전기처럼 오래전부터 무수한 사람들의 일상생활에 서비스를 해왔다. 그 대표적인 것이 검색이다. 검색창에 키워드를 입력하고 엔터키를 누르는 순간 약 8와트의 전구를 1시간 동안 밝힐 정도의 전기가 소모되고, 수만 대의 서버가 순식간에 컴퓨팅을 지원한다. 물론 복잡하고 어려운 이 컴퓨팅 과정은 사용자가 데이터센터의 위치를 몰라도 네트워크로 완성된다. 사람들은 날마다 인터넷에서 많은 일을 한다. 어떤 사람은 타오바오에 들어가 상품을 구경하고 또 어떤 사람은 웨이보에 글을 올린다. 다른 어떤 사람은 위챗으로 친구에게 연락하거나 포털사이트 뉴스를 확인하거나 짧은 동영상을 한 편 감상한다. 이 정도만으로도 이미 해당 지역 데이터 처리 설비가 감당할 수 없을 만큼 많은 양의 컴퓨팅이 일어난다. 단독으로 홍수처럼 쏟아지는 어마어마한 양의 데이터를 처리하는 동시에 각종 인터넷 서비스를 누리게 지원해주는 컴퓨터는 존재하지 않는다.

2012년 8월 중국에 강한 태풍이 상륙했다. 당시 사람들이 인터넷과 미디어에서 태풍 경로를 쉴 새 없이 검색하는 통에 관련 시스템이 끊임없이 다운되었다. 특히 푸젠성과 장쑤성 등지의 태풍 정보 시스템은 과부화가 일어나 아예 접속조차 할 수 없었다. 저장성 수리공사청의 태풍 정보 시스템은 전국 각지에서 접속한 수많은 사람들로 방문량이 급증했고 CCTV, 웨이보, 신문이 발표하는 각종 태풍 관련 소식은 모두 이곳의 정보를 참고했다. 평소 저장성 수리공사청의 태풍 정보 시스템에 방문하는 사람은 하루에 5만 명 정도로 대부분 내부 관계자가 이용한다. 하지만 태풍이 중국을 습격한 며칠 동안 일일 방문자 수는 350만 명이 넘었다. 이는 다른 성의 태풍 정보 시스템이 다운된 탓에 벌어진 일이다. 방문자 수가 폭증해도 저장성 수리공사청의 시스템이 다운되지 않은 것은 클라우드 컴퓨팅 서비스를 이용한 결과다. 오늘날 개인의 삶이 50년 전 천공기에 의존해 컴퓨팅을 하던 시절로 돌아가지 않으려면 클라우드 컴퓨팅을 이용해야 한다. 사람들이 클라우드 컴퓨팅을 잘 모르는 이유는 이것이 묵묵히 서비스하는 기초 설비이기 때문이다. 클라우드 컴퓨팅의 존재감은 서비스를 받을 때는 잘 모르지만 서비스가 중단되면 강하게 느껴진다.

유럽 축구선수권대회와 런던올림픽이 연이어 열린 2012년 6~8월은 전 세계 스포츠팬들에게 축제 기간이었다. 이 기간에 수억 명의 중국 네티즌이 인터넷TV인 CNTV의 스포츠 채널에서 전 세계 스포츠팬들과 함께 세계 최정상급 선수들의 경기를 관람했다. 과거에 인터넷으로 스포츠 대회를 중계할 때는 사전에 여러 대의 서버를 증설하고 많은 시간을 들여 기초 작업을 했다. 그러나 만반의 준비를 해도 대회 중반에 열기가 고조되면 늘 서버가 부족했고, 대회 중반이 넘어가 열기가 식으면 증설한 서버를 유지하는 데 많은 비용이 들어 문제였다. 2012년 런던올림픽 때 중국 중앙방송국CCTV의 스포츠 채널은 처음 클라우드 컴퓨팅을 도입했다. 덕분에 필요한 컴퓨팅 능력을 얻은 이들은 데이터 흐름을 안정적으로 유지하고 불필요한 지출을 줄였다. 나는 CCTV가 알리윈 서비스를 이용한 터라 직업적인 이유로 런던올림픽 개막식 생방송을 지켜봤다. 내 관심사는 개막식 내용이 아니라 영상의 품질과 속도에 있었다. 그로부터 2년 뒤 CCTV 스포츠 채널이 다시 한 번 알리윈 서비스를 이용해 2014년 브라질월드컵을 중계할 때는 안심하고 축구경기에 집중했다.

증기기관이 에너지원으로 널리 쓰이지 못한 이유는 뭘까? 증기기관은 근본적으로 이동성이 떨어진다는 문제를 안고 있다. 한번 상상해보자. 샤워를 끝내고 헤어드라이어로 머리를 말릴 때마다 증기기관을 옆에 끌어다놓고 써야 한다면 어떨까? 사람에게 필요한 것은 동력기가 아니라 당장 쓸 수 있는 에너지다. 전기는 이동성이 뛰어나 전선을 설치하면 언제 어디서든 얻을 수 있다. 그렇지만 반드시 전선을 설치해야 한다는 번거로움이 있다. 무선 전력 전송은 여전히 많은 발명가의 꿈이다. 2007년 7월 MIT의 마린 솔랴시치 Marin Soljacic 교수가 이끄는 연구팀은 2m 거리에서 무선으로 60와트짜리 전등에 전기를 공급하는 것에 성공했다. 와이트리시티[Wi-Tricity, 무선 충전]라고 불리는 이 시스템의 발견으로 무선 전력 전송의 꿈을 실현하는 데 한 걸음 더 가까워졌다. 한데 무선 전력 전송 시범을 최초로 선보인 사람은 따로 있다. 바로 니콜라 테슬라다. 그가 100년 전에 시작한 연구는 지금도 여전히 진행 중이다.

유선 전력 전송과 무선 전력 전송의 차이는 서버와 클라우드 컴퓨팅의 차이와 같다. 사람들에게 필요한 것은 이동 가능한 컴퓨팅 능력이지 굼뜬 컴퓨터가 아니다. 클라우드 컴퓨팅을 제대로 체험하는 방법은 클라우드 컴퓨팅을 온라인화해 전기처럼 큰 규모로 키우는 것이다. 규모를 키우는 데 꼭 거액의 자금을 투자해야 할까? 알리바바는 해마다 클라우드 컴퓨팅에 10억 위안을 투자한다. 중국에는 이렇게 할 수 있는 기업이 아주 많다. 클라우드 컴퓨팅의 규모를 키우는 것은 기업이 온라인을 신뢰하느냐, 온라인 컴퓨팅이 사회에 도움을 준다는 것을 신뢰하느냐에 달렸다.

최근 클라우드를 연구하는 기업이 늘어났다. 교육 클라우드, 헬스케어 클라우드, 전자상거래 클라우드, 게임 클라우드 등 하나같이 명칭은 그럴싸하다. 하지만 이들 기업은 클라우드 컴퓨팅 서비스 플랫폼에 투자하지 않고 클라우드 기술을 수직적으로 응용하기만 한다. 컴퓨팅 플랫폼의 관점에서 클라우드 컴퓨팅을 이용해 수직적 문제를 해결할 수는 있지만 수직적 클라우드는 존재할 수 없다. 마찬가지로 수직적 클라우드를 창조할 수도 없다. 컴퓨터로 문서를 처리하면 이 컴퓨터는 문서 처리용 컴퓨터인가? 컴퓨터로 게임을 하면 이 컴퓨터는 게임 컴퓨터인 가? 그렇지 않다. 게임도 하고 문서도 처리할 수 있는 컴퓨터다.

수직적인 컴퓨터도 없고 수직적인 클라우드도 없다. 사람들이 말하는 교육 클라우드과 헬스케어 클라우드는 클라우드 기반의 교육, 클라우드 기반의 헬스케어라고 부르는 것이 맞다.

언젠가 중화인민공화국 공업정보화부 회의에 참석했을 때 나는 "중국에 있는 99.9999%의 데이터센터에서 일어나는 일은 클라우드 컴퓨팅이 아니다"라고 말했다. 데이터센터는 물리적인 장소에 불과하다. 남에게 몇 대의 서버를 빌리는 것은 클라우드 컴퓨팅이 아니다. 클라우드 컴퓨팅은 온전한 컴퓨팅 플랫폼에서 운영해야 한다.

현재 많은 기업이 클라우드 컴퓨팅을 구축했다. 그러나 이들 기업의 클라우드 컴퓨팅 플랫폼은 대부분 자사 업무와 밀접하게 관계가 있거나 수직적 업무 플랫폼이어서 최대한 이용해도 인터넷 기업이 해결할 수 있는 문제만 해결한다. 예를 들어 클라우드 컴퓨팅의 기치를 내세운 일부 기업은 클라우드 컴퓨팅 서비스나 인프라가 아니라 고객 자원을 제공한다. 이들 기업은 발전소를 건설한 것이 아니며 발전기를 맞춤 제작한 것뿐이다. 진정 창조력을 발휘하고 싶어 하는 개인에게 필요한 것은 공평하고 개방적인 플랫폼이다.

사실 클라우드 기술을 수직적으로 응용하는 기업의 마인드는 이렇다. "아! 내가 무슨 일을 하고 싶어 하는지 마침내 알아냈어. 여러분, 여기로 모이세요. 제가 여러분이 뛰어놀 수 있도록 무대를 만들어드릴게요."

이제라도 마인드를 바꿔야 한다. 최초로 PC를 만든 사람은 제조업자들에게 그것으로 무엇을 할 수 있는지 알려주지 않았다. 이후 PC 산업은 줄기차게 발전했고 지금의 클라우드 컴퓨팅은 PC가 갓 등장했을 때와 같은 상태다.

진정한 클라우드 컴퓨팅은 두루 쓰이는 동시에 통합할 수 있는 플랫폼이 있을 때 가능하다. 알리윈을 설립했을 때 나는 그것이 알리윈 컴퓨팅이 아니라 '범용 컴퓨팅'으로 불리길 바랐다. 그만큼 클라우드 컴퓨팅을 이해했고 또 자신감도 있었다.

최초의 컴퓨터 네트워크는 지금 같은 인터넷이 아니라 랜^{LAN}이었다. 그때는 단순히 메시지 데이터만 주고받을 수 있고 네트워크상에 있는 다른 컴퓨터의 도움을 받지 못해 모든 컴퓨팅이 개인 컴퓨터에서 이뤄졌다. 당시 명령행 인터페이스에 일련의 명령을 입력하면 다른 컴퓨터에서 문자 부호가 전송되는 모습을 흔히 볼 수 있었다.

네트워크가 발전하자 '서버' 개념이 등장했다. 비록 서버의 본질은 데이터 교환에 있지만 이곳에서 많은 작업을 처리했다. 인터넷 시대에 주요 작업을 모두 인터넷에서 해내고 컴퓨팅 결과를 서비스 방식으로 인터넷을 통해 제공하자 서버는 자연스럽게 클라우드[무한 공간에서 제공하는 컴퓨팅 서비스]로 대체되었다. 사실 클라우드에 연결되는 것은 컴퓨팅 온라인화이자 컴퓨팅 결과 온라인화다. 클라우드에 접속하는 것은 전기를 이용하는 것과 다르다. 전기 에너지는 전력망을 통해 각 가정에 직접 전달되어 소비가 일어난다. 반면 클라우드 컴퓨팅은 사용자 요구를 클라우드 데이터센터에 전송한 다음 그 결과를 다시 사용자에게 돌려주고, 클라우드 데이터센터에서 컴퓨팅이 일어난다.

인터넷 검색은 클라우드 데이터센터에 검색어를 전송하는 것과 같다. 그러면 무수한 컴퓨터가 바다처럼 방대한 분량의 데이터 더미에서 관련 결과를 찾아내 사용자에게 출력한다. 이것은 과거에 어떤 파일이나 데이터를 원하면 해당 파일과 데이터를 전송하던 것과 다르다. 이를테면 개인이 타오바오에서 어떤 상품을 찾을 경우 클라우드 데이터센터에서는 대량의 컴퓨팅 능력이 작동한다. 이 과정을 온라인화하는 것은 데이터 전송이 아니라 온라인 컴퓨팅이라 부르는 것이 마땅하다. 나는 늘 온라인 컴퓨팅을 강조한다. 기회가 있을 때마다 나는 공개적인 장소에서 "클라우드 컴퓨팅은 전기와 같다"라고 말하는데, 사람들이 이 개념을 완전히 받아들이려면 시간이 필요할 것이다.

인터넷 사용자는 이미 클라우드 컴퓨팅에 빠르게 적응했으나 전통 기업은 한 박자 느리게 적응하는 중이다.

중국의 많은 창업가가 인터넷에서 프로젝트를 진행할 때 가장 먼저 하는 일은 서버를 빌리고 인터넷데이터센터IDC를 짓는 일이다. 인터넷 기반의 IDC는 집중 저장 처리와 데이터 발송 관련 설비에 운영 정비 서비스를 제공한다. 간단히 말해 IDC는 인터넷 시대의 발전소다. 모든 기업이 자사 IDC를 건설하는 것은 과거에 뉴욕 사람들이 공장을 설립할 때 발전소를 지은 것과 같다. 그만큼 어리석은 방법인데, 설령 IDC를 크게 건설해도 공공 전력망이 들어오지 않아 공장 옆에 대형 발전소를 지은 것에 불과하다.

예를 들어 자체적으로 IDC를 건설하고 아동복을 판매하는 쇼핑몰을 운영하다고 해보자. 이때 손님이 없어도 서버는 계속 돌아가므로 전기와 컴퓨팅 능력을 낭비하고 만다. 또 판촉 활동을 하면 쇼핑몰 서버가 다운되고 임시로 서버를 구하지 못할 경우 옷을 사고 싶어 하는 소비자가 구매하지 못하는 상황을 그냥 지켜봐야 한다. 인터넷의 가장 큰 특징은 폭발적인 성장이다. 성숙한 전통 기업, 예를 들어 중국석유천연가스그룹CNPC의 IT팀이 연간 계획을 세우는 것은 자유지만 안전을 추구하면 성장 기회를 잃을 수 있다. 지금은 시대가 달라졌다. 인터넷 시대에 기업 구조는 반드시 탄력적이어야 한다.

이 모든 어리석은 문제를 해결하려면 클라우드 컴퓨팅을 공공 서비스로 만들어야 한다.

2013년 중국 최대 최고기술경영자CIO 실명제 모임인 IT밸류IT Value는 하이난에서 CIO연구회를 개최했다. 그곳에서 나는 진장즈싱錦江之星의 CIO를 만났다. 1996년 설립된 진장즈싱은 약 1,000개의 호텔을 보유했으면서도 더 빠른 속도로 호텔 체인을 확장하고 싶어 했다. 진장즈싱의 CIO는 내게 첫 번째 대형 데이터센터를 건설하고 이어 두 번째 데이터센터를 건설하다 공사를 중단했다고 말했다. 그는 데이터센터 대신 클라우드 컴퓨팅을 이용할까 고민하는 중이었다.

진장즈싱의 CIO가 두 번째 데이터센터 건설을 중단했다는 말을 듣는 순간, 나는 무수한 클라우드 컴퓨팅 발전 사례 중 이것이 가장 용기 있는 결정일 것이라고 생각했다. 또한 그의 말에서 나는 클라우드 컴퓨팅이 전통 IT업계에 미치는 영향을 느꼈다. 지금쯤 진장즈싱은 클라우드 컴퓨팅을 이용하고 있을까?

공공 클라우드 정착을 위한 청사진

클라우드 컴퓨팅 설계를 처음 시작할 때, 나는 전 세계에서 알리윈의 본보기가 될 만한 기업은 한 개 반밖에 없다고 자주 말했다. 한 개의 기업은 아마존이고 반 개의 기업은 구글이다. 나는 알리윈이 또 다른 본보기 기업이 되길 바란다. 많은 기업이 클라우드 컴퓨팅을 선뜻 이용하지 못하는 이유는 철저하게 만들지 못했을까 봐 걱정하기 때문이다. 그러고 보면 클라우드 컴퓨팅을 이용하는 데도 용기가 필요하다.

컴퓨팅 규모를 비교하면 구글이 아마존보다 더 크다. 그러나 구글의 컴퓨팅 자원은 대부분 내부용이다. 진실로 클라우드 컴퓨팅을 공공 서비스로 만든 것은 아마존이다.

AWS는 2006년 탄생했다. 스트리밍미디어 넷플릭스, 사진공유 웹사이트 인스타그램 같은 대형 IT기업은 물론 미국항공우주국[NASA]도 AWS의 고객이다. 이들 기업은 주로 아마존이 제공하는 컴퓨팅 서비스를 이용해 업무에 접근하고 업무를 전달한다. 저명한 소셜 웹사이트 핀터레스트는 AWS를 이용하고 나서 9개월 만에 방문자 수가 5만 명에서 1,700만 명으로 빠르게 상승했고 지금은 4,800만 명까지 늘었다. 또한 아마존 플랫폼에 저장한 데이터가 400테라바이트를 넘는다.

사설 클라우드 같은 건 없다

인프라, 플랫폼, 기억 장치는 자연스럽게 결합해야 한다. 이것이 클라우드 컴퓨팅의 시조인 아마존이 클라우딩 컴퓨팅을 설계할 때 따른 사고 논리다. 내가 볼 때 아마존의 가장 큰 공헌은 컴퓨팅이 공공 서비스가 될 수 있음을 많은 사람에게 알린 일이다. 서버 판매가 곧 컴퓨팅 능력을 파는 것을 의미하진 않는다. 둘은 완전히 별개의 일이다. 서버를 구매하는 사람은 컴퓨팅 능력을 얻을 수도 있지만 많은 서버가 쓰이지 않고 그대로 창고에 버려진다.

사실 컴퓨팅 능력은 온라인 세상의 초석으로 각 분야의 보이지 않는 곳에 꼭꼭 숨어 있다. 찰스 펫졸드Charles Petzold가 쓴《Code》에는 저자가 거짓말이라고 부르는 흥미로운 이야기가 나온다. 지금은 어딜 가든 다양한 암호화 알고리즘을 이용해 암호를 설정한다. 암호화 알고리즘의 본질은 정해진 시간 안에 일정한 컴퓨팅 능력을 이용해 암호를 풀지 못하게 하는 데 있다. 대표적으로 뱅크오브아메리카의 암호화 알고리즘이 이 부류에 속한다. 암호화 알고리즘을 사용하려면 미국 국가안전보장국의 허가가 필요하다. 미국에서 보안등급이 가장 높은 이곳은 경비를 가장 많이 지출하고 직원도 가장 많은 슈퍼 정보기관이다. 미국 국가안전보장국이 암호화 정도를 판단하는 기준은 얼마나 빠른 컴퓨터로 암호를 풀 수 있느냐다. 사람들은 가장 빠른 컴퓨팅 능력을 갖춘 컴퓨터는 오직 미국 국가안전보장국에만 있어야 한다고 생각한다. 그도 그럴 것이 컴퓨팅 능력이 뛰어난 컴퓨터가 해커들의 수중에 있으면 큰일이다.

각종 기술과 온라인 상태라는 겹겹의 외투를 벗기고 나면 가장 안쪽에 컴퓨팅 능력이 남는다. 아마존이 대중에게 컴퓨팅 능력을 서비스하는 것은 모든 산업 발전에 큰 도움을 주므로 존중받을 만하다.

어떤 클라우드 컴퓨팅이 가장 좋은 공공 서비스일까? 전기에 비유하면 안심하고 저렴하게 충분히 쓸 수 있는 것이어야 한다. 즉, 콘센트에 전자기기를 꽂았을 때 곧바로 전기가 통하는 것은 기본이고 한 개든 열 개든 쓰고 싶은 만큼 전자기기를 쓸 수 있어야 한다. 이것이 충분히 쓰는 것이다. 1분만 사용해도 지갑이 텅 빌 정도로 전기가 비싼 것은 옳지 않다. 각 가정에서 전기세 부담을 느끼지 않아야 전기를 싸게 쓴다고 할 수 있다. 또 전기를 1분만 써도 누전이 일어나 사람이 감전되면 큰일이다. 안전은 모든 공공 서비스의 핵심이고 전기는 반드시 안심하고 쓸 수 있어야 한다.

전기를 안심하고 저렴하게 충분히 사용하는 것은 간단한 것처럼 보이지만 사실은 매우 어려운 일이다.

클라우드 컴퓨팅은 2006년부터 활발하게 논의가 일어나면서 광범위하게 쓰이기 시작했다. 그로부터 10년이 지난 지금 많은 사람이 습관적으로 클라우드 컴퓨팅이라는 용어를 사용한다. 그러나 그 숨은 뜻을 진지하게 생각하는 사람은 드물며 일부는 고의적으로 다른 사람에게 클라우드 컴퓨팅에 관해 잘못된 개념을 심어주고 있다.

클라우드 컴퓨팅을 얘기할 때 어떤 사람은 클라우드 컴퓨팅의 편리함과 그것을 이용하지 않는 것이 얼마나 어리석은 일인지 말하고 곧장 자신의 주제를 꺼낸다.

"클라우드 컴퓨팅을 이용하시려고요? 좋은 생각이에요. 그렇지만 공유 클라우드는 안전하지 않아요. 그럴 바에는 저희 서버를 구입하세요. 클라우드 컴퓨팅을 이용하는 것보다 데이터베이스 시스템과 저장장치 시스템을 구매해 사설 클라우드를 만드는 게 나아요."

사람들은 종종 공유 클라우드와 사설 클라우드를 어떻게 생각하는지 내게 묻는다. 내 대답은 이렇다.

"사설 클라우드요? 처음 들어 보는 말이에요."

나는 객관적인 입장에서 사설 클라우드는 존재하지 않는다는 것을 이렇게 우회적으로 말한다.

20년 전 인터넷 산업이 발전할 때 누가 가장 큰 목소리를 냈을까? 그 것은 사람들이 들으면 알 만한 인터넷 회사가 아니라 통신 회사다. 통신 회사는 전국 방방곡곡에 통신망을 깔고 자신들이 인터넷 경제를 다룬 다고 말한다. 그러나 인터넷과 통신망은 전혀 다른 개념이다. 통신망은 특정 기구에 제공하는 작은 범위의 서비스지만 인터넷 경제는 대규모 서비스를 제공한다. 사설 클라우드를 강력하게 추천하는 회사는 스스 로 클라우드 컴퓨팅 사업을 한다고 말하는데, 이것은 통신 회사가 자사 를 인터넷 기업이라 부르는 것과 같다.

클라우드 컴퓨팅은 공공 서비스다. 소프트웨어와 하드웨어 제품을 팔 면 혁명을 일으킬 수 없다. 기껏해야 전통 기술을 연장할 뿐이다. 소프트 웨어와 하드웨어 제품만 팔려고 하는 것은 운송업자가 물건을 운송하지 않고 고속도로를 건설하는 것과 같다. 얼마나 우스꽝스러운 일인가.

사람들이 사설 클라우드에 관심을 보이는 이유는 간단하다. 공유 클 라우드를 안전하지 않다고 생각하기 때문이다.

사설 클라우드 사업자는 보안을 걱정하는 사람들의 심리를 이용해 하 드웨어와 소프트웨어를 판매한다. 하지만 관련 장치를 인터넷에 연결하 면 사설 클라우드를 이용하든 공유 클라우드를 이용하든 모두 똑같이 보안 문제에 직면한다. 인터넷에 접속하지 않고 혼자만 쓸 수 있는 근거 리 통신망을 만들면 보안 문제에서 자유로울 수 있다. 사실 현대 사회에서 근거리 통신망은 필요하지 않다. 예를 들어 사람들은 은행은 안전하고 인터넷은 태생적으로 불안하다고 생각하지만 사실은 그 반대다.

공공 서비스를 위한 규모의 경제학

놀랍게도 역사는 반복된다. 나는 클라우드 컴퓨팅을 전기에 비유해 자주 설명한다. 기억하는 사람은 별로 없지만 전기는 공공 서비스가 되기까지 감탄스러운 과정을 거쳤다.

테슬라는 전설적인 발명 천재다. 그는 푼돈을 들고 유럽에서 미국으로 건너가 무일푼으로 삶을 마감했지만 사람들은 지금까지 그가 발명한 물건들의 편의를 누리고 있다. 세르비아의 엔지니어 테슬라는 에디슨을 동경한 나머지 1884년 뉴욕에 있는 에디슨의 조명기구 회사에 취직해 주급 18달러를 받고 일했다. 그 무렵 뉴욕은 지금의 실리콘밸리 같은 혁신의 성지였다. 직류 전류 옹호자인 에디슨은 뉴욕에 발전소를 짓고 최초로 직류 전류를 공공 서비스로 제공했다. 그러나 직류 전류는 최대 5km밖에 전송되지 않았다. 어느 날 에디슨은 테슬라에게 직류 전류 발전기의 문제점을 해결하면 5만 달러[지금으로 환산하면 100만 달러에 해당]를 주겠다고 제안했다. 몇 개월 만에 이 문제를 성공적으로 해결한 테슬라는 5만 달러를 요구했다. 에디슨이 "자네는 미국 유머도 모르는가?"라고 조롱하며 주급을 10달러 인상하는 것으로 일을 마무리하자 테슬라는 사직서를 내고 에디슨의 회사를 나왔다.

이후 개인 실험실을 차린 테슬라는 교류 전류를 연구해 전기를 만들고 전송하는 데 성공했다. 당시 직류 전기는 장거리 전송이 불가능해 몇 마일마다 발전소를 건설해야 하는 문제점이 있었다. 반면 교류 전류는 변압기로 전류의 압력을 바꾸면 먼 곳까지 전송이 가능하고 직류 전류보다 값이 싸면서도 효과적이었다. 1887년 테슬라는 테슬라일렉트릭을 창립했고 그의 가장 중요한 발명품인 브러시리스 모터로 특허를 취득했다. 그때 교류 전류의 전송비용은 직류 전류의 1,000분의 1 정도였다. 1888년 테슬라는 조지 웨스팅하우스George Westinghouse를 만났다. 조지는 웨스팅하우스일렉트릭의 창립자이자 기차의 에어브레이크를 최초로 만든 발명가다. 그가 1마력당 2.5달러의 허가비용을 내고 테슬라의 특허를 취득한 덕에 테슬라는 34세인 1890년 명실상부한 백만장자가 되었다.

직류 전류가 곤경에 처하자 에디슨은 테슬라를 공격하기 시작했다. 그 시절에 교류 전류냐 직류 전류냐를 놓고 가장 살벌하게 싸운 사람이 소비자가 아니라 발명가였다는 점은 뜻밖이다.

에디슨은 교류 전류의 치명적 단점을 널리 알리기 위해 뉴저지 주의 웨스트 오렌지에서 수십 마리의 포유동물을 끌고 대중 앞에 나타나 1,000볼트의 교류 전류 발전기로 감전시켜 죽였다. 교류 전류는 안전하지 않다는 게 그의 메시지였다. 언론은 사건 현장을 생중계했고 사람들은 이 사건을 '전기 사형Electrocution'이라 불렀다. 교류 전류와 직류 전류 관련 논쟁에서 빠지지 않고 등장하는 두 가지 특별한 일이 있다. 하나는 사형집행에 전기의자를 사용한 것이고, 다른 하나는 톱시Topsy라는 코끼리가 교류 전류에 감전되어 죽은 일이다.

1888년 6월 뉴욕 주 법원은 전기고문을 새로운 사형 수단으로 삼는 입법을 통과시켰다. 하지만 교류 전류를 이용할지 직류 전류를 이용할지는 결정하지 않았다. 에디슨은 발명가 해럴드 브라운Harold Brown을 초빙해 재빠르게 전기의자 설계에 들어갔다. 브라운은 그의 조수 프레드 피터슨Fred Peterson과 함께 전기의자를 공동 설계했는데, 피터슨은 전기의자 설계위원회의 책임자이자 에디슨 회사의 직원이었다. 그러니 그가 나쁜 이미지를 심어주기에 충분한 전기의자를 설계하면서 교류 전류를 채택한 것은 조금도 이상하지 않다. 1889년 1월 전기의자 사형을 정식 시행할 때 사실 조지는 사법당국에 교류 전류 발전기를 팔지 않았다. 최종적으로 교류 전류 발전기를 당국에 제공한 사람은 에디슨과 브라운이다. 그런데 아이러니하게도 사람들은 전기의자에 앉아 사형당하는 것을 '웨스팅되었다'라고 표현했다.

20세기 초반 뉴욕의 코니아일랜드는 흥미로운 테마파크 덕에 유명세를 탔다.

톱시는 아시아 암컷 코끼리로 테마파크의 서커스단에서 공연했다. 서커스단은 자신을 학대하는 조련사를 죽인 톱시를 위험한 동물로 여겨 사살할 계획이었으나 동물보호학회의 반대에 부딪혀 암암리에 다른 방법을 물색했다. 이때 에디슨은 교류 전류를 이용하는 방법을 제시했고 결국 톱시는 1,500명이 지켜보는 가운데 교류 전류에 감전당해 죽었다. 에디슨은 테슬라의 교류 전류가 얼마나 위험한지 세상에 알리기 위해 이 모든 과정을 영화로 찍어 미국에서 상영했다.

에디슨은 새로운 발명품을 경계하는 사람들의 공포심을 구체화하고 극대화했다. 인류 사회가 발전하는 과정에서 이런 비극은 수없이 일어났다.

한편 조지에게 투자를 받은 테슬라는 계속해서 교류 전류를 연구했다. 그리고 1893년 1월 마침내 시카고 세계 박람회 개막식에서 동시에 9만 개의 전등을 밝혀 사람들을 놀라게 했다. 비싼 직류 전류로는 결코할 수 없는 일이었다. 이후 나이아가라 수력발전소는 테슬라를 전력 책임자로 초빙했고, 교류 전류는 주류 전류가 되어 필요한 곳에 전기를 공급했다.

지금도 사람들은 테슬라를 혁신적인 발명가이자 우상으로 기억한다. 들려오는 얘기에 따르면 구글의 창립자 래리 페이지는 12세 때 테슬라의 전기문을 읽고 엔지니어가 되기로 결심했다. 페이팔의 억만장자 일론 머스크는 자신의 전기자동차 회사 이름을 '테슬라'로 짓고 교류 전류를 전기자동차의 동력원으로 선택했다.

역사는 끊임없이 반복된다. 지금은 클라우드 컴퓨팅의 발전을 비관하는 목소리와 낙관하는 목소리로 나누어져 있다. 이 상황이 마치 직류 전류와 교류 전류의 추악한 경쟁을 재현하는 것 같아 안타깝지만 언젠가 사람들이 클라우드 컴퓨팅과 온라인 컴퓨팅 능력을 어떻게 사용해야 하는지 이해할 거라는 점에서 한편으로는 희망적이다.

교류 전류와 직류 전류의 싸움은 사실 하나의 전력 인프라를 구축하기 위한 경쟁이었다. 통신 분야에 '전용망'이라는 개념이 있다. 이것은 큰 집단이나 기구의 보안을 위해 특수하게 설계한 폐쇄적인 네트워크 시스템을 가리킨다. 전용망은 인터넷과 연결되며 이 둘은 보안 수준만 다른 동일한 인프라다. 현재 사람들이 말하는 공유 클라우드와 사설 클라우드는 인프라가 서로 다르다. 전기처럼 하나의 인프라를 구축하기 위해 공유 클라우드가 사용하는 인프라를 보안성이 뛰어난 전용 클라우드로 만들 수도 있지만 동일한 인프라를 사용한다는 점에서 둘은 차이가 없다.

컴퓨팅은 대규모화가 필요하다. 대규모화했으면 좋겠다는 정도가 아니라 반드시 대규모화해야 한다. 그래야 비용 문제를 해결할 수 있다. 국가 전력망 전기를 1%만 쓸 수 있을 때와 90%를 쓸 수 있을 때의 효과는 완전히 다르다. 일단 가격부터 커다란 차이가 난다. 어떤 사물이든 비용이 많이 들면 널리 보급하기 어렵다.

그렇다고 컴퓨터를 한 대 더 살 필요는 없다. 검색은 사람들이 가장 많이 이용하는 인터넷 기능인데 검색할 때마다 보이지 않는 곳에서 몇만 대의 서버가 작동한다는 것을 아는가? 한 번만 검색해도 많은 컴퓨팅 자원이 소모된다.

평범한 사람도 하루에 한 번 이상 검색 기능을 이용한다. 어느 20대 청년이 날마다 위챗으로 친구에게 메시지를 보내고, 웨이보에 글을 올리고, 인터넷으로 TV 프로그램을 시청하고, 게임과 검색을 하고, 문서를 작성한다고 해보자. 이때 소모되는 컴퓨팅 자원의 양은 놀라울 정도로 많다. 이것은 한 대의 컴퓨터가 발휘하는 컴퓨팅 능력으로는 처리할 수 없고 반드시 여러 대로 나눠 처리해야 한다. 이를 위해 집 안에 몇 만 대의 서버를 설치할 게 아니라면 유일한 방법은 온라인으로 해당 서비스를 받는 것이다.

중국 기업은 소프트웨어 산업에서 성장 기회를 잃었다. 하지만 클라우드 컴퓨팅 산업에는 아직 기회가 남아 있다. 개인적으로 나는 중국의 클라우드 컴퓨팅 산업이 미국보다 더 빠른 속도로 발전하는 중이라고 본다. IT 환경이 바뀌면서 중국 기업들의 클라우드 컴퓨팅 수요는 늘어나고 있다. 놀랍게도 이미 많은 기업이 알리윈의 플랫폼을 이용하고 있는데 이것은 내 예상을 뛰어넘는 속도다.

전 세계에 진정한 소프트웨어 기업은 손에 꼽을 정도다. 소프트웨어를 산다는 것은 소프트웨어 코드나 CD가 아니라 라이선스를 사는 것을 의미한다. 마이크로소프트는 소프트웨어를 굳이 CD에 담지 않아도 윈도 라이선스를 인텔에 팔았다. 이 정도라야 소프트웨어 기업이라고 할 수 있다. 과거 중국의 소프트웨어 기업은 이 수준에 도달하지 못했다.

클라우드 컴퓨팅 소프트웨어는 팔 수 없다. 알리윈의 핵심 기술인 페이티엔을 팔아도 제대로 쓸 수 있는 사람은 거의 없다. 소프트웨어를 구매한 뒤, 예를 들어 오피스를 구매한 뒤 정기적으로 업그레이드하는 사람이 몇 명이나 있는가?

진정한 클라우드 컴퓨팅은 어떤 효과를 낼까? 집이나 사무실 밖에서도 인터넷에 연결되면 사용자는 언제 어디서나 필요한 데이터를 얻을 수 있다. 지금은 기업도 직원뿐 아니라 전 세계 사람들과 적극 소통하는 것의 중요성을 잘 안다. 가장 중요한 것은 기업에서 별도로 IT 인프라를 구축할 필요가 없다는 점이다.

기업의 입장에서 시장 확보는 무척 중요한 일이지만 시장을 확보한다고 서비스 경쟁력이 그냥 생기는 것은 아니다. 클라우드 컴퓨팅의 가장 큰 위기는 시장 수요만큼 서비스 규모를 키우지 못해 시장을 잃는 일이다. 서비스 규모를 키울 때 클라우드 컴퓨팅은 폭발적으로 성장해 공공 서비스가 될 것이다. 클라우드 컴퓨팅은 서비스 규모와 밀접한 관계가 있다.

혁신과 창업에 최적화된 플랫폼

클라우드 컴퓨팅은 IT 환경에서 일개 기업보다 더 중요한 의미가 있는 새로운 인프라다. 또한 어느 기업보다 더 영향력이 큰 알리바바의 가장 기초적인 사업이다.

2010년까지 나는 전 세계에서 " '진짜' 클라우드 컴퓨팅을 하는 회사는 한 개 반밖에 없다. 그중 한 개는 아마존이고 반 개는 구글이다"라고 자주 말했다. 아마존과 구글은 각자 장점이 다르지만 모두 알리윈이 본받아야 하는 롤모델[2011년 마이크로소프트의 클라우드 컴퓨팅 업무는 시장에서 큰 점유율을 차지하지 못했다.]이다. 아마존은 클라우드 컴퓨팅이 마땅히 제공해야 하는 서비스의 본질을 실현했다. 구글은 클라우드 컴퓨팅의 규모를 키웠지만 진정한 서비스를 제공하지 않았다. 롤모델 기업을 본받으려면 먼저 스스로를 믿어야 하고 그다음으로 고유의 기술을 구비해야 한다.

클라우드 컴퓨팅 사업을 하기 위해서는 반드시 '컴퓨팅은 공공 서비의 일종이다'라는 굳은 신념이 필요하다. 한번 해볼까 하는 식의 마음가짐으로는 안 된다. 어떤 기업은 공공연히 클라우드 컴퓨팅을 말하고는 뒤에서 몰래 자사 소프트웨어와 하드웨어 제품을 팔며 사설 클라우드를 만들라고 종용한다. 클라우드 컴퓨팅은 IT 인프라를 확충하는 것이 아니라 인터넷을 '입는'다. 또 컴퓨터를 사들이는 것이 아니라 온라인의 컴퓨팅 서비스로 컴퓨팅 비용을 낮춘다. 이것이 클라우드 컴퓨팅이다.

2009년 알리윈을 설립할 때 나는 회사명을 '범용 컴퓨팅'으로 하길 바랐다. 그러나 제너럴일렉트릭과 비슷해서 사람들이 혼동할까 싶어 결국 알리윈이라는 이름을 받아들였다(중국어로 범용 컴퓨팅은 '通用計算'

이고 제너럴일렉트릭은 '通用電氣'다 – 옮긴이). 하긴 그때 범용 컴퓨팅이라고 명명했어도 사람들은 무얼 하는 회사인지 잘 몰랐으리라. 나는 알리윈이 최고의 데이터 공유 플랫폼을 만들어 데이터 중심의 클라우드 컴퓨팅 서비스를 제공하는 기업으로 성장하길 기대했다. 비록 6년 전에는 빅데이터 개념이 없었지만 데이터는 줄곧 기업의 전략 자원이었다. 데이터는 알리윈이 아니라 고객의 것이다. 클라우드 컴퓨팅의 고객은 데이터 관점에서 사고하고 편리하게 가치를 만들 수 있다. 클라우드 컴퓨팅이 컴퓨팅 비용을 줄여주고 가치 창출을 돕기 때문이다. 10~20년 뒤에는 지금 존재하는 많은 것이 사라질 가능성이 크다. 그러나 클라우드 컴퓨팅은 100년이 지나도 여전히 존재할 것이라고 나는 생각한다.

혁신과 창업의 발판

지금까지 클라우드 컴퓨팅의 의미를 거창하게 설명한 것은 뒷이야기를 위해서다. 사실 클라우드 컴퓨팅은 중요하지 않다. 일단 클라우드 컴퓨팅이 공공 서비스로 자리 잡으면 진짜 중요한 일은 클라우드 컴퓨팅과 전혀 무관해진다. 한번 생각해보자. 여름에 에어컨을 켜고 찬바람을 쐴때, 냉장고를 열어 시원한 물을 마실 때, TV를 틀어 SF영화를 볼 때, 스마트폰 앱으로 친구들에게 연락할 때, 일상생활을 편리하게 바꿔준 현대 과학기술 이를테면 에어컨·냉장고·TV·스마트폰에 대개는 고마운 마음이 든다. 이때 공공 전력망까지 고맙게 생각하는 사람이 몇 명이나 될까? 공공 전력망을 떠올리지 못하는 것은 지극히 정상적이고 일반적이다.

니콜라스 카^{Nicholas G. Carr}는 자신의 저서 《빅 스위치》에서 이렇게 말했다.

"사용자가 키워드를 입력하면 무수한 컴퓨터로 구성된 구글의 데이터 네트워크는 곧바로 수십억 페이지에 달하는 데이터 중에서 키워드에 가장 부합하는 몇천 페이지의 검색 결과를 찾아내 사용자의 컴퓨터 스크린에 관련도 순으로 출력한다. 대체로 이 과정은 단 몇 초 만에 끝난다. 구글이 날마다 수십억 번씩 반복하는 이 놀라운 연산 과정은 사용자의 컴퓨터에서는 일어나지 않는다. 아니, 일어날 수가 없다. 연산 과정이 일어나는 곳은 사용자의 집에서 수천 마일 떨어진 곳일 수도 있고 지구 반대편일 수도 있다. 사람들은 어느 지역에 있는 컴퓨터 칩에서 사용자가 요구한 검색을 처리했는지 모르고 알고 싶어 하지도 않는다. 마치 어느 발전소에서 생성한 전기가 자기 방에 있는 스탠드에 불을 밝히는지 아무도 신경 쓰지 않는 것처럼 말이다."

확실히 전기 그 자체는 대단하지 않다. 전기가 중요해진 것은 세탁기, 냉장고, TV 때문이다. 네트워크와 온라인 컴퓨팅은 햇볕을 받는 윗부분에서 어떤 잔가지가 자라나올지 모르는 흙 밑의 뿌리에 지나지 않는다. 지금 형광등을 켜고 이 책을 읽고 있다면 이는 전기세를 걱정하지 않는다는 것을 의미한다. 그렇지 않다면 늦은 밤까지 굳이 형광등을 켜고 책을 읽지는 않을 것이다. 현재 클라우드 컴퓨팅의 단위당 컴퓨팅 비용은 사용자가 걱정 없이 마음껏 책을 읽고 창의적인 생각을 할 수 있을 정도로 낮아졌다.

창바는 직원이 40~50명에 불과한 온라인 노래방 앱이다. 그런데 무려 4,000만 명의 고객이 창바를 이용해 노래를 부른다. 창바는 노래방을 온라인화해 고객이 시간과 공간의 제약에서 벗어나게 해주었다. 물론 이것은 클라우드 컴퓨팅 덕분에 가능해진 일이다. 그렇지 않으면 시스템이 그 엄청난 고객을 감당하지 못했을 것이다. 과거에 상상도 하지 못하던 창바 같은 앱은 클라우드 컴퓨팅에서 자라난 새로운 가지다.

클라우드 컴퓨팅은 가장 기초적인 서비스이자 혁신과 창업을 수월하게 만들어주는 플랫폼이다. 또한 전통 기업을 인터넷 기업으로, 인터넷 기업을 모바일인터넷 기업으로 변신하게 해 소기업도 대기업과 경쟁할 수 있게 해준다.

클라우드 컴퓨팅을 이용하면 규모에 관계없이 어느 기업이든 혁신이 가능하다. 신화통신에서 취재를 나왔을 때 나는 중국의 인터넷 기업, 나아가 모든 연구기관의 가장 부끄러운 점은 전 세계 정보를 검색할 능력이 없는 것이라고 말했다. 클라우드 컴퓨팅을 구축했으면 마땅히 검색엔진을 만들어야 한다. 열정적인 인재들을 불러 모으고 클라우드 컴퓨팅 능력을 이용하면 구글처럼 컴퓨팅 인프라를 다시 구축하지 않아도 검색엔진을 만들 수 있다.

클라우드 컴퓨팅은 과거에 할 수 없던 일을 과거에 꿈꾸지 못한 규모로 하게 해준다. 과거에 미국의 어느 엔지니어는 저녁에만 영화를 보러 갔다. 날이 어두워야 영상이 또렷하게 보였기 때문이다. 또 사람이 많이 몰려 영화관이 찜통이 되어버리는 여름에는 무슨 일이 있어도 영화를 보지 않았다. 나중에 뉴욕에 에어컨이 등장하자 그는 더위와 상관없이 영화를 즐겼다.

1925년 파라마운트픽처스는 윌리엄스 캐리어^{Williams Carrier}의 설득을 받아들여 관객이 영화를 시원하게 보도록 뉴욕 타임스스퀘어 광장에 신축한 영화관에 에어컨 시스템을 설치했다. 영화관은 개장 첫날부터 관객들로 문전성시를 이뤘다. 이후 영화만큼 매력적인 에어컨은 고유의 시원함으로 미국인을 정복했다. 많은 미국인이 에어컨의 시원함을 최초로 경험한 곳은 영화관이다. 파라마운트픽처스의 아돌프 주커 Adolph Zukor 전 회장도 특별히 캘리포니아에서 뉴욕까지 찾아와 에어컨이 내뿜는 시원한 바람을 쐬었을 정도다. 무더운 여름, 영화관에 가면 시원하게 쉬면서 영화를 볼 수 있다는 사실이 널리 알려지자 많은 사람이 영화관을 찾기 시작했다. 여름만 되면 파리가 날리던 영화관은 순식간에 가장 즐거운 오락장소로 바뀌었다.

영화관 발전사에서 에어컨 설치는 중요한 사건이다. 이것을 모르면 영화와 아무 관계가 없는 에어컨이 어떻게 영화 산업에 황금기를 안겨준 동력이었는지 이해할 수 없다. 뉴욕의 영화관이 첫 에어컨을 설치한 지 5년 만에 미국 전역의 300여 개 영화관이 에어컨 시스템을 설치했다.

한때 중국의 2, 3선 도시에서 영화 감상실이 유행한 적이 있다. 득히 젊은이들이 좁은 공간에 의자 몇 개를 놓고 홍콩 영화를 상영한 이곳을 무척 좋아했다. 자세히 보면 이곳은 입구에 '냉방중'이라고 써 붙였는데 에어컨의 영향 때문인지 영화 감상실도 영화관처럼 여름에 성황을 이뤘다.

흥미로운 에어컨 이야기는 두 개의 서로 다른 사물이 결합하면 화학반응이 일어나 새로운 사물이 생길 수 있음을 보여준다. 같은 원리로 클라우드 컴퓨팅도 화학반응을 일으켜 끊임없이 새로운 사물을 파생·변화·탄생시킨다.

고객은 클라우드 컴퓨팅 플랫폼에서 더 많은 것을 창조할 수 있음을 믿어야 한다. 클라우드 컴퓨팅은 기본 무대다. 전력 회사가 냉장고를 만들지 않는 것처럼 클라우드 컴퓨팅 회사는 스스로 소프트웨어를 만들면 안 된다.

클라우드 컴퓨팅 서비스를 제공하는 회사가 이 서비스를 기반으로 사업을 하는 회사보다 더 많은 돈을 버는 것은 그릇된 일이다. 유명한 헤어디자이너는 손님에게 드라이를 해주고 많은 돈을 받는다. 이 헤어디자이너는 드라이어를 쓸 때 회당 전기세를 얼마나 낼까? 손님에게 받는 드라이 비용과 비교도 안 될 만큼 적은 액수를 낸다. 만약 헤어디자이너가 전기를 사용해서 돈을 버는 것처럼 국가 전력망이 전기로 돈을 벌려고 하면 전력 산업은 망하고 말 것이다. 클라우드 컴퓨팅의 존재 이유는 사람들이 클라우드 컴퓨팅 분야의 냉장고, TV, 세탁기를 만들고 계속해서 혁신하도록 지원하는 데 있다.

클라우드 컴퓨팅은 존재 가치가 있지만 중요하진 않다. 중요한 것은 클라우드 컴퓨팅 분야의 에어컨이나 드라이어다. 나는 클라우드 컴퓨팅 시대에는 소기업도 대기업이 하는 일을 해낼 수 있다고 굳게 믿는다.

먼저 컴퓨팅은 사회적 자원을 바꿔놓았다. 과거에 전력은 구하기 어려운 희귀 자원이었다. 지금은 언제 어디서나 공급받는 사회적 자원이다. 과거에 온라인 서비스를 받으려면 개인의 컴퓨팅 능력이 뛰어나야 했다. 클라우드 컴퓨팅이 등장한 뒤 온라인 서비스는 개방되었다. 지금은 소기업도 혁신 능력만 있으면 대기업의 컴퓨팅 자원을 이용해 사람들에게 거대한 서비스를 제공할 수 있다.

다음으로 과거에는 온라인 서비스를 이용하는 비용이 비쌌지만 인터넷 보급 이후 모든 사람이 이용 가능할 정도로 싸졌다. 이는 오프라인 시대에 상상하지 못한 일이다. 모바일인터넷이 빠르게 발전하는 것도 누구나 온라인으로 고객과 신속하게 연결되고 혁신 속도를 높여 가치를 빨리 만들어낼 수 있기 때문이다.

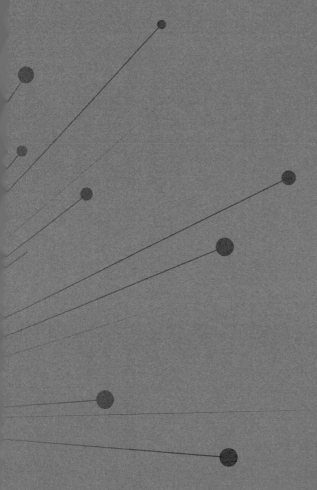

Chapter 5.

모바일
생태계의
생존 원칙

스마트폰 앱 혁신은 남의 꽃밭에
꽃을 심는 것과 같다. 그러나 남의 꽃밭에서
생명력을 가꾸면 큰 도전에 직면하고 만다.
생명력 있는 일을 하려면 반드시
커다란 숲으로 가야 한다.

'모바일'이라는 단어가 등장할 무렵 사람들이 주목한 것은 온라인이 아니라 편리함이다. 어느 날 나는 집에서 10여 년 전에 발간한 《모바일 컴퓨팅》이라는 잡지를 발견했는데, 그만큼 모바일이란 단어가 등장한 지는 오래되었다. 모바일인터넷은 '무선인터넷'이라 불리기도 한다. 무선은 기술의 일종으로 모바일과 혼동해서 쓰이지만 무선이든 모바일이든 둘 다 온라인화한 정도가 아니라 컴퓨팅의 편리함을 설명한다는 점은 같다.

절차가 하나 늘면 고객은 반으로 줄어든다

사실 무선인터넷은 모바일 장치를 더 유용한 설비로 만들어주고 모바일 컴퓨팅 장치를 언제나 온라인 상태에 있게 해준다. 와이파이, 3G, 4G, 미래의 5G 네트워크 덕분에 사람들은 늘 온라인에 머물 수 있다. 지금의 관점에서 생각하면 수십 년 전에 유행한 PDA는 통화할 수 없는 휴대전화이자 온전한 모바일 장치로, 인터넷이 불가능한 PC보다 작고 느린 장난감이었다.

무료로 이용하는 스카이프는 유선전화를 이기지 못했지만 유료인 이동통신 단말기는 유선전화를 이겼다. 그리고 보면 무조건 무료화가 답은 아니다. DVD는 VCD를 이기고 세계적으로 유행했다. 2008년 블루레이 디스크는 정식으로 HD-DVD 규격을 획득해 표준 저장 매체가 되었다. 그러나 시장에서 블루레이 디스크가 DVD를 완벽하게 대체하기도 전에 온라인 비디오가 등장해 DVD와 블루레이 디스크 시장을 모두 차지했다. 현재 넷플릭스의 인기는 블루레이를 받아들인 마이크로소프트와 소니를 크게 앞선다. 저장 용량을 확대하고 업계 표준이 되어도 온라인 앞에서 맥을 추지 못하는 것을 보면 미래 시장의 주인은 온라인임을 알 수 있다.

일찍이 2000년 4월 컴팩은 모바일 장치 아이팩^{iPAQ}을 출시했다. 아이팩은 마이크로소프트의 윈도 CE, 컬러 모니터, 인텔 스트롱암^{Intel StrongARM} 프로세서를 채택했고 워드 문서와 PPT 기능을 지원했다. 컴팩이 생산한 PDA 외에 HP, 카시오, 팜^{PALM}이 출시한 비슷한 제품도 모두 PDA라고 불렀다. PDA의 인기가 치솟자 사람들은 위기를 맞은 PC를 걱정했다. PDA의 편리한 장점을 따라잡지 못하면 큰 타격을 받을 것이 분명했기 때문이다. 그렇지만 사람들의 우려와 달리 PC가 위기를 맞는 '혁명'적인 사건은 일어나지 않았고, PDA는 요란하게 지나간 소나기처럼 사람들에게 금세 잊혔다.

PC는 PDA와 싸워 이겼지만 이동하며 쓸 수 있는 노트북에 시장 '지분'을 많이 빼앗겼다. 돌이켜보면 진정한 산업 혁명은 상품 크기를 줄이는 데 있지 않다. 모바일은 디지털화처럼 혁명의 근본이며 이동할 수 없는 장치는 온라인 시대에 적합하지 않다. 모두가 주목해야 하는 것은 이동 가능한 장치가 온라인에 연결될 때 진정한 혁명이 일어난다는 점이다. 사람들은 모바일 장치의 사용자 경험이 PC보다 뛰어나 PC가 큰 타격을 받을 것이라고 말한다. 이것은 허무맹랑한 환상이다. 모바일 장치의 중요한 역할은 뭘까? 아이팟 터치와 아이폰의 차이 그리고 iOS와 심비안(1998년 6월 삼성전자, 노키아, 파나소닉, 소니, 에릭슨, 지멘스 등이 공동으로 만든 운영체제 – 옮긴이)의 차이를 생각해보자.

아이팟 터치와 아이폰은 통신 기능을 제외하고 기능면에서 거의 유사한데 아이폰만 크게 히트했다. 아이폰은 언제 어디서나 온라인에 연결되지만 아이팟 터치는 오직 와이파이를 통해서만 온라인에 연결되는 한계가 있었다.

통화 기능과 인터넷은 처음부터 밀접한 관계가 아니었다. 통신 산업 발전사에 먼저 등장한 것은 전화통신 서비스다. '벽돌폰' 같은 아날로그 휴대전화는 디지털화한 뒤 음성통신 외에 문자메시지 기능을 추가했다. 문자메시지는 초기 형태의 데이터 서비스이자 1세대 무선 데이터 서비스이며 가장 성공한 데이터 서비스다. 데이터 흐름으로 계산할 때 140바이트로 제한한 문자메시지는 단가가 가장 비싼 데이터 서비스지만 많은 사람이 즐겨 사용한 덕에 놀라운 속도로 대중화했다. 데이터 서비스 다음에 등장한 것이 인터넷이다. 그러나 2G 네트워크는 전송 속도가 매우 느렸고, 사람들은 3G 네트워크부터 비교적 온전한 인터넷을 체험했다.

과거에 전통 휴대전화를 업계 사람들은 피처폰이라 불렀다. 피처폰은 기본적인 형태의 휴대전화에 일부 기능을 더한 것이고 이후 스마트폰이 나왔다. 스마트폰과 피처폰을 구별하는 가장 큰 차이는 심비안, 윈도 모바일, iOS 등 PC와 같은 수준의 운영체제를 탑재한 점이다. 스마트폰은 음성통신은 물론 과거 PDA와 PC에나 있던 기능까지 탑재했다.

전통 피처폰과 애플의 아이폰 사이에 살펴볼 필요가 있는 두 기업이 있다. 바로 노키아와 마이크로소프트다. 두 기업은 PC 전성기를 이끈 절대적인 선두주자였지만 인터넷 시대 이후 스마트폰 분야에서 늘 반쪽짜리 성과를 얻었다. 2014년 마이크로소프트는 노키아를 인수했다. 이들이 완벽한 스마트폰을 만들어낼지는 시간이 지나면 알게 될 것이다. 내가 볼 때 심비안과 iOS의 가장 큰 차이는 온라인 체험의 완성도에 있다. 개인적으로 나는 아이폰에서 브라우저를 사용할 때 완벽한 인터넷 사용감을 처음 경험했다.

휴대전화 운영체제와 온라인이 만나면 최고의 사용자 경험을 맛볼 수 있다. 이것을 실현한 애플은 피처폰 시대를 마감하고 새로운 시대를 열었다. 2007년 잡스가 아이폰을 출시한 뒤 모든 피처폰 제조업체는 피처폰에 미래가 없고 오직 스마트폰을 만들어야 살아남을 수 있음을 직감했다. 아이폰이 최초의 스마트폰은 아니지만 이것은 모바일 장치 중에서 최초로 제대로 된 사용자 경험을 선사한 휴대전화다. 아이폰은 진정한 인터넷 브라우징 경험을 구현하고 뒤이어 3G 기술을 채택했다.

애플의 아이폰과 아이패드가 세계적으로 인기를 끄는 오늘날, 다음과 같은 사실을 기억하는 사람은 별로 없다.

- 1996년 핀란드의 노키아는 인터넷이 가능한 노키아 9000 커뮤니케이터 Nokia 9000 Communicator를 출시했다.
- 2001년 일본의 NTT도코모는 세계 최초로 3G 이동통신 시스템 서비스를 제공했다.

아이폰은 피처폰의 생명뿐 아니라 전통 게임기의 생명도 끝장냈다. 게임팩과 게임 CD를 사는 것은 인터넷 시대의 사고방식에 어울리지 않는다. 이제는 게임도 온라인 시대다. 오프라인에서 구매한 물리적인 매개체는 더 이상 게임 유저들의 광범위한 필요를 충족시키지 못한다. 아이폰은 디지털카메라의 생명도 종식했다. 현대인은 액자에 거는 것은 물론 온라인에서 공유하기 위해 사진을 찍는다. 아이폰은 비디오카메라의 생명도 끊어놓았다. 이제 사람들은 정적인 상태의 이미지보다 형태가 다양하고 대역폭이 더 큰 동영상 콘텐츠를 좋아한다. 페이스북과 트위터도 2013년 잇따라 동영상 기능을 추가했다. 스마트폰으로 짧은 동영상을 촬영해 공유하는 앱도 생겼는데 취파이趣拍도 그중 하나다.

오프라인에 있던 것이 온라인으로 옮겨가면 어떤 혁신이 일어날까? 온라인에서 일어나는 혁신은 해당 업종에 어떤 혁명을 일으킬까?

여기서 말하는 온라인은 인터넷만 의미하지 않는다. 모든 스마트폰은 3G/4G와 와이파이로 인터넷을 할 수 있다. 3G/4G와 와이파이의 차이는 뭘까? 와이파이가 속도가 더 빠르고 비용이 저렴할까? 사실 3G와 4G는 모바일인터넷을 널리 보급하는 데 큰 역할을 했다. 3G/4G와 와이파이의 가장 큰 차이는 3G/4G는 가입자의 모든 정보가 들어 있는 SIM 카드만 있으면 인터넷을 할 수 있어 편리하다는 점이다. 또한 인터넷에 연결되기 위해 별도의 장치를 설치하거나 인터넷 연결 동작을 할 필요가 없다. 반면 와이파이는 비밀번호를 입력해야 하는 번거로움이 있다. 인터넷업계에 떠도는 말 중에 "절차가 하나씩 늘어날 때마다 고객은 절반으로 줄어든다"라는 것이 있다. 다시 말해 도심 곳곳에 와이파이존을 설치해놓고 사람들이 이곳에서 긴 비밀번호를 입력해 인터넷에 접속하게 하면 인터넷 기업은 많은 잠재고객을 잃고 인터넷도 널리 확대할 수 없을 것이다.

와이파이의 비율은 3G/4G에 비하면 새 발의 피 수준이다. 기존 와이파이 기술로 3G/4G 비율에 도달하기는 어렵다. 1장에서 소개한 시짱 같은 모습을 볼 수 있는 이유가 여기에 있다. 3G/4G와 스마트폰의 조합은 온라인에 연결되어 있다는 것을 알아차리지 못할 정도로 사람과 온라인을 긴밀하게 해주고 온라인 접속을 일상생활의 일부로 만들었다.

2011년 나는 "모바일인터넷은 스마트폰, 3G 네트워크, 전통 인터넷과 비슷하지만 아직 확실하게 모르는 미지의 어떤 것"이라고 말했다. 모바일인터넷을 어떻게 정의하든 3G/4G 네트워크와 스마트폰은 모바일인터넷의 기본적인 물질 조건이다. 만약 3G/4G 네트워크가 보급되지 않았다면 아이폰도 대중에게 사랑받지 못했을 것이다.

스마트폰으로 인터넷을 하는 것은 집에서 콘센트를 찾는 것보다 더 간단하다. 온라인이 빠르게 널리 보급된 것도 이 때문이다. 3G가 등장한 뒤 사람들은 24시간 내내 온라인에 연결된 상태가 어떤 것인지 처음 경험했다. 오래전부터 언제 어디서나 온라인에 연결되기를 바랐던 꿈은 3G 등장으로 마침내 이뤄졌다.

3G는 시작에 불과하다. 4G, 5G 등 계속해서 기술이 발달해 온라인 속도가 더 빨라지리라는 것은 누구나 예상할 수 있다. 3G는 스마트폰의 하드웨어를 온라인화했고 아이폰 보급은 온라인 정도를 한층 더 심화했다. 스마트폰이 등장한 초기에 아이폰이 가장 크게 공헌한 것은 사

용자가 스마트폰에서 웹브라우징을 할 수 있게 만든 점이다. 과거에 이것은 상상할 수도 없었다. 애플의 첫 스마트폰은 소프트웨어 완성도도 떨어지고 기본 앱도 많지 않았다. 2007년 아이폰을 처음 출시했을 때 잡스는 아예 앱스토어를 언급하지도 않았다. 그때만 해도 사람들은 사파리[애플의 웹브라우저]에 들어가 온라인의 내용물을 브라우징했는데, 나중에 이것은 포장을 거쳐 앱스토어에 입점했다. 앱스토어는 온라인을 통해 소프트웨어를 배치하는 시스템이다.

온라인 소프트웨어의 특별한 규칙

소프트웨어 역사에서 온라인 시스템의 영향력이 지금처럼 광범위했던 적은 없다. 과거에는 소프트웨어를 얻을 방법이 많았다. 예를 들면 인터넷에서 셰어웨어와 프리웨어 등을 다운로드할 수 있었다. 그런데 안타깝게도 마이크로소프트는 셰어웨어와 프리웨어를 윈도 시스템의 일부로 만들지 못했다. 윈도 95를 출시했을 때 www.windows95.com은 윈도 95/NT를 배포하는 최초이자 최대 웹사이트였다. 이곳은 1995년 스티브 젠킨스Steve Jenkins가 소프트웨어를 배포하기 위해 만들었다. 주 수입원이 기부와 수표인 이 웹사이트는 훗날 마이크로소프트의 제품이 더 많아져 winfiles.com이라고 명칭을 바꿨다.

winfiles.com에는 이미 1998년 2기가바이트 이상의 윈도 95와 윈도 98이 있었지만 끝내 온라인 앱스토어로 발전하지 못했다. 당시 2기가바이트는 천문학적인 숫자라 스티브는 소프트웨어를 CD에 담아 배포했다. 1999년 CNET는 1억 1,500만 달러에 winfiles.com을 인수했다. 마이크로소프트의 IE 브라우저는 인터넷 브라우저 세계를 제패했으나 결제 등의 온라인 서비스만 제공하고 고유의 앱스토어를 만들지 않았다. 예전에 웹사이트에서 소프트웨어를 다운받으려면 얼마나 복잡한 절차를 거쳐야 했는지 아는가? 겹겹의 제한을 받아 불편하기 짝이 없었다. 사실 전통 소프트웨어 생태계에서 소프트웨어는 인터넷에서만 다운받을 수 있었는데, 이는 진정한 의미의 온라인 배포가 아니다. 마이크로소프트는 자사에서 IE 제품 담당 책임자로 일하는 스티브를 두고도 앱스토어를 만들 기회를 그냥 흘려보냈다가 2013년 윈도 8을 출시할 때 뒤늦게 만들었다.

상업적인 CD 방식으로 소프트웨어를 배포하는 것과 사용자가 적극 찾아서 소프트웨어를 다운로드하는 것은 완전히 별개의 일이다. 앱스토어가 하는 일은 소프트웨어 배포다. 도매상처럼 소프트웨어를 배포할 때 비즈니스 모델이 생기고 건강한 순환이 일어난다. 내 관점에서 앱스토어는 최초로 소프트웨어의 온라인 배포를 실현했다.

과거에 마이크로소프트는 OEM 방식의 CD를 사용하는 오프라인 모델로 소프트웨어를 배포했다. 사실 온라인에서 배포하는 소프트웨어는 전통적 의미의 소프트웨어가 아니다. 개인적으로 나는 스마트폰 앱을 인터넷 주소가 없는 웹사이트라고 생각한다. 과거에 웹브라우징을 하려면 URL을 열어야 했지만 지금은 앱을 켜면 가능하다. 사실 앱은 완벽한 웹사이트다.

온라인 소프트웨어와 오프라인 소프트웨어의 차이점은 뭘까? 과거에 오피스와 윈도는 '운영'이라는 개념이 없고 컴퓨터에만 설치가 가능했다. 반면 온라인 소프트웨어는 현재 몇 대의 디바이스에 설치가 가능하고 앞으로는 몇백 대로 늘어날 수 있다. 이것이 컴퓨팅 서비스가 존재하는 이유다. 컴퓨팅이 인프라로 자리 잡으면 진정한 온라인 소프트웨어를 보급할 수 있을 것이다. 온라인이 소프트웨어의 정의를 바꾸고 소프트웨어가 기존 한계에서 벗어나는 것은 값진 일이다. 무엇이 엉터리 스마트폰일까? 모바일 네트워크에 최적화한 온라인 응용 시스템이 없고 좋은 온라인 경험과 사용자 경험도 할 수 없는 경우다. 표현이 조금 과격하지만 내가 전달하고 싶은 것은 모든 소프트웨어는 온라인화해야 한다는 점이다.

어느 날 친구가 삼성 스마트폰 때문에 골이 지끈거린다고 말했다.

"내 스마트폰은 툭하면 업그레이드를 하라는 알림창이 떠. 문제는 선택지가 세 개밖에 없다는 거야. 1시간 뒤 업그레이드하기, 2시간 뒤 업그레이드하기, 3시간 뒤 업그레이드하기. 업그레이드를 하지 않아도 된다는 선택사항은 없어. 업그레이드를 하라는 알림창이 두 번 연속 떠서 결국 3시간 뒤 업그레이드하기를 선택했어. 정말 짜증 나더군."

친구에게 어떤 모델을 쓰는지 물어보지 않았지만 이것은 시스템 온라인화로 생기는 문제였다. 인터넷 시대에 스마트폰 운영체제 업그레이드는 PC 운영체제 업그레이드와 많이 다르다.

과거에 PC 운영체제를 업그레이드하려면 온라인이 아니라 반드시 CD를 사서 관련 절차를 밟아야 했다. 그만큼 운영체제를 새롭게 업그레이드하면 많은 고객을 잃을 가능성이 컸다. 실제로 사람들은 업그레이드를 귀찮아한다. 스마트폰 소프트웨어를 온라인에서 업그레이드한다는 것은 무얼 의미할까? 알림창을 띄우고 싶을 때 직접 띄울 수 있는 것, 다시 말해 스마트폰의 모든 시스템을 온라인에서 운영해 더 이상 CD에 담긴 소프트웨어가 필요 없다는 것을 의미한다. 이것은 오프라인 시대에는 불가능한 일이었다.

노키아는 휴대전화를 튼튼하게 만들어 문제가 없음을 확인한 뒤 소비자에게 파느라 혁신 기회를 놓쳤다. 지금 스마트폰업계는 과감하게 신제품을 발표한다. 일단 소비자에게 전달한 뒤 온라인으로 업그레이드하면 문제점을 빠르게 개선할 수 있기 때문이다. 시대에 뒤떨어지는 기업은 이 같은 업계의 대혁명을 이해하지 못한다. 그렇지 않다면 애플이 아이폰을 출시했을 때 노키아 경영진이 "스크린이 깨질 수 있는 휴대전화를 소비자가 사겠는가"라고 말하지 않았을 것이다.

마이크로소프트는 윈도폰을 출시한 다음 온라인에서 얼마든지 운영체제를 업그레이드할 수 있었지만 끝내 철저한 온라인화를 이루지 못했다. 온라인과 오프라인의 규칙은 완전히 다르다. 온라인 시대는 소비자에게 소프트웨어 CD를 전달하지 않아도 업그레이드하는 데 문제가 없다. 소비자가 원하면 어떻게든 그것을 전달하는 것이 온라인 시대의 방법이다.

오프라인 상태에서는 사람을 쉽게 알아볼 수 있다. 사람마다 외모가 다르니 말이다. 반면 온라인 상태에서는 얼굴, 분위기, 옷차림새 같은 전통적인 것의 도움을 받지 못해 계정 시스템으로 일일이 식별해야 한다.

요즘은 전통 뉴스 사이트도 앱에 자사 계정을 개설한다. 스스로 개설하지 못하면 남의 것이라도 빌린다. 계정이 없을 경우 사용자의 관심도에 따라 뉴스를 선별적으로 제공하지 못해 뉴스 사이트의 가치가 크게 떨어지기 때문이다. 계정과 비밀번호가 처음부터 긴밀한 관계였던 것은 아니다. 마이크로소프트가 윈도폰을 출시했을 때 계정은 없고 오직 비밀번호 개념만 있었으며 그것도 UI에 진입하는 데 사용했다.

온라인 계정은 데이터 관리를 돕는다. 애플이 크게 공헌한 것 중 하나는 계정을 만들게 한 점이다. 아이폰을 활성화하려면 반드시 애플 계정이 필요하다. 계정이 없으면 아이폰에서 가장 중요한 앱스토어를 이용할 수도 없다. 매우 혁명적인 생각이 아닌가? 윈도폰과 아이폰을 보면 스마트폰의 비밀번호와 계정은 완전히 별개의 것임을 알 수 있다.

윈도 10의 상황을 살펴보자. 윈도 10을 이용하려면 로그인 단계에서 계정의 비밀번호를 입력해야 한다. 이 사소한 부분만 봐도 계정이 얼마나 중요하고 혁명적인 '물건'인지 알 수 있다. 계정은 온라인의 기초로 계정을 만들고 온라인화하면 가치가 생성된다.

한때 '스마트폰 속 인터넷'이라는 말이 유행했다. 곰곰 생각해보니 이 말은 틀렸다. '인터넷 세상 속 스마트폰'이라는 표현이 더 정확하다. 이게 무슨 말일까? 원하는 URL을 주소창에 입력한 뒤 '점프'하면 원하는 웹사이트를 바로 찾을 수 있다는 얘기다. 그런데 지금은 URL마저 사라졌다. 인터넷이 큰 변화를 겪은 뒤 누구나 언제 어디서든 네트워크를 즐기고 있고 또 온라인 소프트웨어, 온라인 소프트웨어 배포 시스템, 온라인 시스템, 온라인 계정을 갖게 되었다. 사실 스마트폰과 인터넷을 영원히 연결하면 개인이 웹사이트에 로그인하지 않아도 모든 인터넷이 개인의 스마트폰에 연결된다.

이제 개인은 언제 어디서든 스마트폰에서 온라인 내용물을 구현한다. 아니, 스마트폰뿐 아니라 온라인에 연결된 모든 디바이스에서 구현한다. 많은 사람에게 스마트폰 없는 모바일인터넷 세상은 상상하기 어렵다. 하지만 스마트폰을 대체 불가능한 디바이스라고 생각하는 것은 착각이다. 현재 모바일인터넷과 스마트폰은 한 몸처럼 가까운 허니문 기간이다. 점차 시계, TV, 안경, 자동차 등 많은 것이 온라인화하고 있는데 스마트폰은 온라인화 과정에서 다른 제품의 온라인화에 커다란 영향을 미쳤다. 스마트폰은 성숙한 인터넷 환경에 존재하는 다양한 온라인 디바이스 중 하나다. 모든 디바이스는 서서히 인터넷의 단말기가 될 것이다. 스마트폰은 시작에 불과하다.

모바일인터넷의 영향으로 사람들은 점점 더 많은 시간을 온라인 세상에 빠져 지내고 있다. 앞으로 PC와 스마트폰뿐 아니라 인류가 창조한 모든 사물이 온라인화해 인터넷상에 존재할 전망이다.

앱^{App}도 좋지만 웹^{Web}은 더 좋다

2013년 삼사분기 재무 보고에 따르면 애플의 앱스토어에 등록한 소프트웨어는 약 90만 개다. 재무 보고 전에 애플이 발표한 앱스토어의 총 다운로드 횟수는 500억 회가 넘는다. 구글 플레이의 다운로드 횟수도 2013년 5월 이미 485억 회를 돌파했다. 기타 안드로이드 스토어의 소프트웨어 다운로드 횟수를 포함하지 않은 것이 그 정도다.

앞서 설명한 것처럼 스마트폰 앱은 전통 소프트웨어를 바꿔놓은 시대의 총아다. 그렇지만 오늘날 전 세계를 풍미하는 앱이 미래에도 가장 좋은 형태의 모바일인터넷은 아닐 거라는 예감이 든다. 모바일인터넷 분야에서 앱의 지위는 웹의 지위와 비교할 수 없다.

URL을 사용하던 시절 도메인 네임이 해당 지역 법률 규정에 부합하면 상대적으로 인터넷 환경이 느슨했다. 그도 그럴 것이 인터넷 환경은 개방적이고 평등하다. 반면 모바일인터넷 시대의 스마트폰 앱은 인터넷 시대의 개방적이고 평등하던 규칙을 따를 수 없다. 애플의 iOS와 구글 안드로이드의 제약을 받아서다. 기껏 URL의 작은 속박에서 풀려났더니 그보다 더 큰 집사가 나타나 감시하는 꼴이다. 더구나 새로운 집사는 자기만의 게임 규칙으로 언제 어디서나 앱을 감시한다. 예상컨대 머지않아 앱과 집사가 서로 얼굴을 붉히며 싸울 날이 올 것이다. 나는 그때를 '굴레에서 벗어나 족쇄를 차는 순간'이라 부른다. 이 족쇄는 새로운 문제를 낳을 수밖에 없다. 웹은 일단 주소를 등록하면 그다음에는 무엇을 하든 자유다. 웹 주소는 google.com도, facebook.com도 될 수 있다. 그러나 자유는 리스크가 크다는 것을 의미하고 큰 리스크는 다시 높은 수익을 뜻한다. 인터넷과 월드와이드웹이 사람들에게 무수한 기회를 준 것에서 짐작할 수 있듯 웹의 경제 규모는 어마어마하게 크다.

앱은 다르다. 애플이라는 집사는 앱에 쉽게 입문할 기회를 준다. 도구도 주고 고객도 주고 심지어 돈도 수금해준다. 사람들은 하나의 앱이 얼마나 큰 규모의 경제를 떠받치는지 잘 모른다. 물론 그처럼 큰 규모에 도달하려면 iOS나 안드로이드의 연민에 의지해야 한다. 그러면 집사의 한계는 어디까지일까? 잘은 모르지만 부디 한계가 있기를 바란다.

페이스북은 애플의 앱스토어에 입점할 때 자체 결제 시스템을 이용하고 싶어 했으나 애플은 오직 애플 결제 시스템만 이용하게 했다. 중국 기업이 개발한 음성 인식 소프트웨어 쉰페이위디엔訊飛語點은 애플 스토어에 입점하려다 세 번이나 거부당했다. 시리(Siri, 애플의 음성 인식 서비스 - 옮긴이)와 기능이 지나치게 유사하다는 게 그 이유였다. 1년의 끈질긴 구애 끝에 쉰페이위디엔은 음성 다이얼링, 음성 메시지 발송, 음성 인식 리마인더 등의 기능을 삭제한 뒤에야 겨우 앱스토어에 입점했다. 360모바일시큐리티가 앱스토어에서 쫓겨난 것도 같은 이유다. 360모바일시큐리티는 애플의 요구를 받아들여 허가하지 않은 기능을 삭제했지만 중간에 규정을 위반해 애플의 심기를 건드렸다. 이것은 본질적으로 규제가 느슨한 인터넷이 몇몇 기업이 규정한 모바일인터넷으로 변질되었음을 보여준다. 즉, 집사의 관리 수준이 모바일인터넷 전체의 발전 수준을 결정하고 있는데 이는 매우 위험하다.

2011년 국제 모바일인터넷 컨퍼런스에서 나는 '앱도 좋고 웹은 더 좋다'라는 주제로 강연을 했다. 나는 웹이 다시 한 번 전성기를 맞이하고 앱이 웹을 닮아갈 것이라고 굳게 믿는다. 애플의 앱스토어와 구글의 구글 플레이 같은 배포 시장이 언제까지나 시장을 좌우하지는 못할 것이다. 혁신의 기초는 평등이지 않은가.

최근의 스마트폰 앱 혁신은 남의 꽃밭에 꽃을 심는 것과 같다. 애플과 안드로이드가 가꾼 꽃밭에 꽃을 심어도 크게 문제될 것은 없다. 어쨌든 꽃은 그럭저럭 피어날 것이니 말이다. 그러나 남의 꽃밭에서 생명력을 가꾸면 큰 도전에 직면하고 만다. 특히 꽃밭 주인의 심기가 불편해질 정도로 혁신적인 일을 벌이면 꼼짝없이 쫓겨나는 수밖에 없다. 따라서 생명력 있는 일을 하려면 반드시 커다란 숲으로 가야 한다. 꽃밭은 깨끗하지만 최고의 환경은 아니며 생명을 잉태하는 능력이 아마존 열대우림과 비교가 되지 않는다.

한때 사람들은 서로 배려하는 마음으로 인터넷 생태계를 새롭게 구축하자고 말했다. 그렇지만 대기업은 말만 그렇게 할 뿐 실제로는 자신들의 제국을 만들고 싶어 한다. 진실한 인터넷 생태계는 모든 참여자가 서로를 도울 수 있다고 믿을 때 형성된다. 좋은 생태계는 새로운 것을 낳는다. 어느 투자자는 "앱은 아마존 같은 산림을 키워내지 못하지만 인터넷과 웹은 가능할 것 같다"라고 말했다. 일리 있는 말이다. 개인적으로 나는 페이스북을 커다란 성공을 이룬 마지막 전통 인터넷 기업으로 본다. 아직까지 나는 모바일인터넷 영역에서 규모를 키우는 데 성공한 기업을 본 적이 없다.

왓츠앱WhatsApp은 190억 달러에 페이스북에 팔렸다. 규모 면에서 스마트폰 앱은 웹페이지의 발끝에도 미치지 못한다. 앱과 웹의 가장 큰 차이는 태생적으로 경제 규모가 다른 것이다. 생태계 환경 역시 앱은 웹에 비교가 되지 않는다. 나는 앱이 반드시 웹을 닮아갈 것이라고 믿는다. 그것이 온라인의 매력이다.

알리바바, 알리윈이 그리는 큰 그림

2010년 내가 운영체제를 만들겠다고 했을 때 절대다수가 허황되고 터무니없으며 돈키호테 같은 행위라고 말했다. 지금은 많은 사람이 윈OS가 새로운 생태계이자 플랫폼으로 성장할 것이라고 믿는다.

중국에서 모바일 운영체제를 만들고 싶어 하는 기업은 많지 않다. 대부분 알리윈보다 조건이 좋은 기업인데도 그렇다. 만약 전문 컨설팅 회사에 의뢰했다면 알리윈은 운영체제를 만들 자격을 갖추지 못했다는 평가를 받았을 것이다. 하지만 알리윈은 과감하게 도전하고 끝까지 노력해 결국 높은 시장점유율을 차지했다. 알리윈이 열정적으로 몰두해 운영체제를 만든 것은 이것이 사회적 가치가 있다고 믿었기 때문이다. 아무리 기름진 땅이 모두의 눈앞에 펼쳐져 있어도 씨를 뿌린 농부만 농작물을 얻을 수 있다. 나머지 사람들이 농작물을 얻지 못하는 것은 기름진 땅을 못 봐서가 아니라 농작물이 열릴 것이라고 믿지 않아서다.

모두가 운영체제의 국산화 가능성을 놓고 토론할 때 알리윈은 운영체제의 가치를 믿고 기꺼이 도전했다. 이 점은 지금도 자랑스럽다. 운영체제 연구를 시작한 첫날부터 지금까지 알리윈은 한결같이 운영체제를 만들고 싶어 했고, 여느 운영체제와 다른 가치를 창조하려 했다. 그래서 어떤 운영체제를 어떻게 만들지 끊임없이 탐색했다.

시대마다 운영체제의 의미는 다 달랐고 운영체제의 정의도 계속 변했다. 컴퓨터 교과서에 나오는 운영체제의 정의는 CPU, 메모리, 디스크를 관리하는 컴퓨터 프로그램이다. 이 간단한 설명에서 네트워크, 그래픽 유저 인터페이스, 서버 및 데이터와의 직접적인 관계는 찾아볼 수 없다.

초기, 다시 말해 도스와 윈도 3.0 시대에는 인터넷은커녕 랜도 운영체제의 일부가 아니었다. 나중에 랜 카드가 등장한 뒤 네트워크 회사 노벨Novell이 운영체제의 상위에서 네트워크를 전문적으로 연결하는 네트웨어NetWare라는 제품을 만들었다. 노벨의 독창적인 IPX [통신망 간 패킷 교환] 덕에 현지 서버를 중심으로 운영하는 랜 환경은 네트웨어의 핵심 경쟁력이 되었다. IPX는 윈도 95가 등장하기 전까지 한 시대를 풍미했다.

노벨은 한때 잘나갔지만 1990년대 후반 인터넷이 서서히 상승세를 탈 때 TCP/IP[전송 제어 규약/인터넷 통신 규약]의 발전 추세를 따라잡을 제품을 만들지 못해 결국 시장에서 사라졌다. 네트워크는 윈도 NT/2000 운영체제의 일부가 되었고 운영체제에 의존해 연명하던 네트워크 연결 회사는 한순간에 미래를 잃어버렸다. 네트워크가 운영체제의 일부가 되면서 네트워크에 연결되는 제품이 시장에서 인기를 잃었기 때문이다.

이제 사람들은 네트워크가 운영체제의 일부임을 암묵적으로 인정한다. 아마 네트워크가 없는 운영체제를 쓰고 싶어 하는 사람은 없을 것이다.

PC 발전사에서 그래픽 유저 인터페이스는 절대적으로 중요한 이정표다. 이것은 사용자 체험을 개선한 것 이상으로 중요하다. 1984년 잡스가 매킨토시를 발표한 것은 대단한 일이었다. 매킨토시는 애플이 1년 전에 발표한 리사와 다른 워크스테이션이다. 이것은 사람들에게 그래픽 유저 인터페이스는 PC 운영체제와 분리할 수 없는 일부임을 알려줬다. 잡스는 교과서가 정의한 운영체제 개념으로 시스템을 개선한 것이 아니라 사용자 체험을 중시하는 관점으로 운영체제를 재정의했다. 1대 매킨토시는 그래픽 유저 인터페이스를 돋보이게 하려고 키보드에서 가장 많이 사용하는 방향키를 없앴다. 방향키를 원하는 사용자는 어쩔 수 없이 마우스를 이용해야 했다. 그래픽 유저 인터페이스는 1대 매킨토시 때부터 운영체제의 일부였다. 아마 요즘 사람들은 그래픽 유저 인터페이스가 없는 컴퓨터와 스마트폰은 상상이 가지 않을 것이다.

1995년 중반 월드와이드웹이 서서히 주목받기 시작했다. 넷스케이프는 순조롭고 빠르게 발전해 1990년대 중반 브라우저 시장의 90%를 차지했다. 그런데 1995년 마이크로소프트는 인터넷 익스플로러 1.0을 윈도 95의 패키지로 발표하고 3개월 뒤 다시 인터넷 익스플로러 2.0을 발표해 무료로 다운받을 수 있게 했다. 뒤이어 몇 년 동안 인터넷 발전사에서 저명한 1차 브라우저 대전이 일어났다. 1997년 마이크로소프트는 인터넷 익스플로러 4.0을 발표하고 윈도 시스템에 통합했다. 이로써 브라우저는 마침내 운영체제의 일부가 되었다. 인터넷 익스플로러 4.0은 브라우저 대전의 방향을 바꿨고 2006년 넷스케이프의 시장점유율은 1% 미만으로 떨어졌다. 마이크로소프트가 시장을 독점했다고 생각하는 사람도 있지만 이 과정은 인터넷이 이미 운영체제의 일부가 되었음을 알려준다. 인터넷 익스플로러를 이용하고 싶지도 않고 넷스케이프를 밀어내고 시장을 독차지한 마이크로소프트가 싫어도 소비자는 인터넷 익스플로러가 있는 윈도 운영체제를 받아들였다.

운영체제와 컴퓨터는 한 몸이나 다름없다. 운영체제는 '탄생'하는 날부터 시스템에서 가장 중요한 로그를 관리하고 데이터 처리를 도왔다. 초기에 로그는 컴퓨터의 시분할 운영(Time-Sharing System, 여러 사람이 공동으로 중앙 컴퓨터에 접속하고 동시에 많은 이용자가 컴퓨터를 이용하는 방식 – 옮긴이)을 기록하는 데 쓰였고 로그 기록은 시스템의 정상적인 운행을 보장하며 발전했다. 운영체제는 태생적으로 데이터와 관련이 깊고 초창기 데이터는 온통 컴퓨터 '기계'와 관련이 있었다.

인터넷 시대 이후 컴퓨터의 브라우저에서도 로그를 생성했다. 많은 사람이 브라우저를 사용하자 브라우저는 운영체제가 처리하는 데이터를 차단했고 인터넷 활성화로 더 많은 행동 로그를 서버에서 생성했다. 스마트폰이 등장하고 모바일인터넷 시대가 열린 뒤 무수한 스마트폰 센서가 수집한 모든 데이터가 운영체제에 집중되자 운영체제 장치는 더욱더 중요해졌다.

초기에 사람들이 말하는 모바일 운영체제는 언제 어디서나 통화할 수 있는 휴대전화를 의미했다. 대표적으로 모토로라 휴대전화의 운영체제는 온라인을 편리하게 이용할 수 없었고 계정도, 특별한 기능도 없었다. 모토로라 휴대전화는 본질적으로 통화만 가능한 오프라인 기계였다. 인터넷이 가능한 브라우저가 있긴 했으나 사용자 체험을 논할 정도로 제 기능을 다하지 못했다. 이 부분에서 모토로라는 애플에 비교 상대가 되지 않았다.

온라인을 위해 탄생한 운영체제

전통적인 휴대전화 운영체제와 인터넷 시대의 모바일 운영체제는 서로 완전히 다르다. 온라인 운영체제라고 불리는 윈OS의 근본은 뭘까? 초기에 윈OS는 개념이 모호해 논란을 일으켰다.

윈OS를 개발하기 전 나는 알리바바그룹이 진행하는 '타오바오 스마트폰 프로젝트'에 수동적으로 참여했다가 동료들과 의견이 달라 격렬하게 논쟁을 벌였다. 동료들이 생각하는 타오바오 스마트폰은 타오바오의 클라이언트 또는 스마트폰에 타오바오의 배경화면을 제공하는 정도였다.

아무리 생각해도 이해가 가지 않았다. 스마트폰에 타오바오의 배경 화면을 제공하는 것이 무슨 의미가 있는가? 베이징에서 열린 어느 컨퍼런스에서 나는 "무엇이 타오바오 스마트폰인가? 타오바오 계정을 사용해야 타오바오 스마트폰이다"라고 말하며 많은 사람과 논쟁했다. 이 말은 다른 사람들에게 하는 동시에 나 자신에게 하는 것이었고, 이는 계정을 사용하는 운영체제를 개발하는 쪽으로 방향을 잡는 전환점이 되었다. 나는 계정과 결제가 윈OS의 가장 기본적인 부분이자 모바일 운영체제의 일부임을 인식하고 윈OS를 개발할 때 이 두 가지에 중점을 두었다.

알리윈은 윈OS를 스마트폰 운영체제가 아니라 모바일인터넷 운영체제로 만들기로 결정했다. 모바일인터넷 운영체제의 온라인 체험은 전체 시스템의 일부여야 하고, 계정은 온라인 체험의 가장 기본적인 부분이어야 한다.

처음에 나는 계정을 대수롭지 않게 생각했다. 계정은 아이폰도 쓰고 구글도 쓴다. 나는 애플과 구글을 따라 하고 싶지 않았다. 하지만 계정이 단순 기능이 아니라 아주 중요한 구성 부분임을 서서히 인식했다.

계정은 왜 필요할까? 사실 계정은 온라인 체험을 제공한다. 가령 구글은 GMS라는 서비스를 제공한다. 안드로이드 스마트폰이 정품인지 모조품인지 알아보려면 지메일, 구글 지도, 구글플러스가 있는지 보면 된다. 이것이 있으면 정품이고 없으면 모조품이다. 안드로이드 스마트폰이 미국이나 유럽의 통신사 네트워크에 접근하려면 반드시 구글의 인증을 받아야 한다. 인증의 핵심 기준은 GMS가 잘 작동하느냐에 있다. GMS 인증이 없으면 네트워크 접근이 허락되지 않는다. 안드로이드는 온라인 체험이 운영체제의 일부이고 GMS는 사실상 인터넷 익스플로러와 같다는 것을 말해준다.

많은 중국인이 일부 기능을 삭제한 안드로이드 스마트폰을 사용하는 탓에 GMS가 운영체제의 일부인지 잘 모른다. 그 결과 운영체제를 잘못 인식하고 있고 모든 스마트폰 제조업체가 앱 마켓을 만들 수 있다고 오해하고 있다.

불완전한 운영체제를 습관적으로 사용하면 이상적인 생태계 환경을 조성할 수 없다. 이 경우 운영체제를 만들지 못하고 영원히 스마트폰만 제조해야 한다. 나와 의견이 다른 사람들은 구글의 GMS는 운영체제의 일부가 아니라 안드로이드에 기본적으로 설치한 앱이라고 말한다. 이게 구글이 교활한 점인데 구글은 GMS를 앱이라고 발표했다. 실은 GMS를 기본적으로 설치한 앱도 여전히 운영체제의 일부다.

안드로이드든 윈OS든 iOS든 고유의 운영체제와 계정이 있으면 탁월한 기능을 발휘할 수 있다. 통화 기능과 전통적인 운영체제 기능은 핵심이 아니다.

처음에 윈OS를 만들 때 만나는 사람마다 내게 윈OS의 킬러 앱은 무엇이냐고 물었다. 킬러 앱은 전에 없던 기술을 적용한 인기 응용 프로그램을 가리킨다. 이 프로그램을 이용하려면 반드시 프로그램 실행을 지원하는 시스템을 구매해야 한다. 브라우저와 통신하는 인터넷 정보 서버는 1990년대 윈도의 킬러 앱이었다.

이런 이상한 질문을 받을 때마다 나는 어떻게 대답해야 할지 몰랐다. 마윈도 내게 물었지만 당시 나는 명확히 대답하지 못했다. 그런데 어느 날 지인이 대화중에 무의식적으로 한 말이 내게 큰 깨우침을 줬다.

"따로 킬러 앱을 만들려고 하지 말고 인터넷을 통째로 스마트폰에 옮겨요. 그게 킬러 앱이지 뭡니까?"

일리 있는 말이었다. 윈OS를 구상하는 과정에서 내게 중요한 영향을 준 두 가지 일을 꼽으라면 첫 번째는 동료들과 계정을 두고 논쟁한 일이고 두 번째는 킬러 앱에 관한 대화다.

사람들이 많이 이용하는 세 개의 스마트폰 운영체제, 즉 애플의 iOS, 구글의 안드로이드, 마이크로소프트의 윈도는 모두 미국의 것이다. 미국의 인구는 2억이 채 안 되지만 크게 인기를 얻지 못하고 사장된 운영체제까지 합하면 아주 많은 운영체제를 보유했다.

기껏 개발한 운영체제가 사장되면 어찌할까? 나는 그것마저 위대한 가치가 있다고 생각한다. 내가 가장 싫어하는 것은 시작도 하지 않고 포기하는 것이다. 지금의 상황은 화약을 사용하지 않는 무기를 가진 적군과 제대로 싸워 보지도 않고 지레 겁을 먹어 투항하는 것에 가깝다.

중국에는 세계적인 기술을 보유한 모바일인터넷 기업이 있다. 이런 조건에서 알리바바나 다른 기업이 자체 개발한 모바일인터넷 운영체제가 없는 것은 말이 안 된다. 이것을 방치하면 중국은 모바일인터넷 시대에 크게 뒤처질 것이다. 논리는 이렇게 간단하다.

우리에게는 애플과 구글 외에 다른 선택이 필요하다. 스마트폰, TV, 자동차 등이 모두 윈OS를 쓸 때 본격적으로 윈OS 시대의 막이 오르고 머지않은 미래에 윈OS를 탑재한 자동차를 운전하는 것이 지극히 평범한 일이 되리라고 믿는다.

만약 어느 모바일 앱에 웹사이트가 있으면 틀림없이 클라우드 기반의 앱이다. 알리윈이 빠르게 발전한 까닭은 모바일 앱을 만든 무수한 사람 중에서 웹사이트까지 만들 생각을 한 사람이 거의 없었기 때문이다. 과거에 웹사이트를 제작하려면 서버를 구매하고 대역폭을 늘려야 했으나 지금은 클라우드 덕분에 적은 설비 투자비로 과거보다 더 완벽한 인터넷 인프라를 누릴 수 있다.

알리윈이 막 서비스를 제공하고 윈OS를 개발하기 시작할 무렵, 나는 사람들에게 "클라우드 컴퓨팅과 모바일인터넷은 떼려야 뗄 수 없는 동전의 양면 같은 관계다"라고 자주 말했다. 구체적으로 알리바바, 윈OS, 알리윈은 서로 떼려야 뗄 수 없는 관계다.

클라우드 컴퓨팅은 새로운 모바일 운영체제 발전을 직접 촉진했다. 또한 모든 모바일 통신 산업의 정보 교환을 단말기 중심에서 클라우드 중심으로 바꿨다. 모바일인터넷 시대에 클라우드가 없는 단말기는 스마트 단말기라고 할 수 없다. 그리고 데이터 입력과 정보 보안에 신경 쓰는 것은 알리바바에게 피할 수 없는 도전이자 윈OS 발전을 위해 꼭 필요한 조치다.

윈OS가 추구하는 것

2015년 윈OS는 두 가지 큰일을 해냈다. 하나는 사용자 수가 3,000만 명을 돌파한 일이다. 비록 처음 목표를 세울 때보다 몇 년 늦게 실현했지만 이것은 누구도 생각하지 못한, 심지어 구글도 예상치 못한 성과다. 자화자찬이 아니라 이것은 알리윈이 스스로 한 말에 책임을 졌다는 점에서도 의미가 있다. 다른 하나는 윈OS 4.0을 TV 협력사에 맡긴 일이다. 이것은 윈OS가 스마트폰 외에 자동차 같은 새로운 영역에 빠르게 진입할 수 있음을 의미한다. 구글은 이 점도 예상하지 못했을 것이다. 2015년 알리윈이 얻은 성과는 시장의 목표가 아니라 사회에 공헌하고 싶은 초심을 잊지 않고 노력하면 제품을 더 잘 만들 수 있음을 보여준다. 시장을 독차지하고 혁신을 제지할 경우 결국 독점한 기업만 실망하게 된다. 아마 구글은 이 말을 충분히 이해하리라.

알리윈의 최대 성과는 디지털과 무관하다. 사용자 수가 3,000만 명을 돌파하든 윈OS 4.0을 만들든 알리윈이 최선을 다했으면 그것으로 충분하다. 알리윈은 알리윈이 있어야 하는 자리에서 업계의 흐름을 서서히 바꿨다. 물론 도중에 힘들 때도 있었지만 결국 야만적인 시장에서 어느 정도 점유율을 차지했고, 협력사들에게 업계 미래를 제시하는 한편 전혀 새로운 비즈니스 모델을 확립하고 견고한 기술을 완성했다.

윈OS를 두고 벌어진 각종 논쟁은 인터넷 시대의 운영체제를 바라보는 서로 다른 인식과 기술 발전을 향한 다양한 의견을 반영한다. 격렬한 논쟁이 일어나는 것은 당연하다. 이들 논쟁의 핵심은 스마트폰 운영체제의 포지셔닝이 모두 다르다는 데 있다. 매킨토시가 등장하기 전까지 그래픽 유저 인터페이스가 운영체제의 일부임을 아무도 몰랐던 것처럼, 윈도 95를 출시하기 전까지 브라우저가 운영체제의 일부임을 모두가 몰랐던 것처럼 말이다. 인터넷 시대의 거대한 도전은 서비스 시스템과 온라인 체험을 운영체제의 일부로 만드는 일이다. 따라서 충분히 논쟁이 일어날 만하다. 알리윈의 목표는 단순했다. 중국의 인터넷 기업 중에서 자체 개발한 모바일인터넷 운영체제가 있는 기업이 적어도 하나는 있어야 한다! 그렇지 않으면 인터넷 시대에 크게 뒤처지고 만다.

수년 전 사람들은 모바일인터넷을 두고 열띤 토론을 벌였다. 하지만 무엇이 모바일인터넷이고 무엇이 미래에 중요하며 무엇이 기업에 중요한지 명확히 말하는 사람은 없었다. 모바일인터넷은 많은 사람에게 앱을 만드는 것, 통신사에게는 3G 네트워크를 구축하는 것, 휴대전화 제조업체에겐 스마트폰을 만드는 것이었다.

세상에는 휴대전화 제조업체도 많고 성공한 기업도 많다. 그러나 생각지도 못한 변화를 불러올 기술을 갖춘 기업은 많지 않다. 진실로 휴대전화를 바꾼 것은 휴대전화 기기가 아니라 휴대전화에 탑재한 운영체제다.

모든 스마트폰 제조업체에 샤오미가 존재의 이유일 때 윈OS는 가치를 잃는다. 표면적으로 모든 기업은 스마트폰 관련 사업을 하지만 본질적으로 알리윈은 남들과 조금 다른 것을 추구한다. 2011년 초 윈OS가 아직 알리윈의 일부였을 때 많은 직원이 내게 샤오미를 알리윈이 따라야 하는 모델이라고 말했다. 당시 많은 직원은 망연자실했고 불행하게도 이후 2~3년 동안 샤오미는 빠르게 발전했다. 일단 샤오미가 모든 스마트폰 제조업체에 존재의 이유가 될 때 윈OS는 사회적, 산업적 가치를 잃는다. 이것은 기업 간의 경쟁 문제가 아니라 가치와 취향의 문제다. 알리윈의 목표는 스마트폰 시장에서 점유율을 차지하는 것이 아니라 새로운 인터넷 시대를 열고 산업에 변화를 일으키는 데 있다. 둘은 서로 완전히 다른 개념이다. 현재 샤오미가 어떤 도전에 직면했는지는 오직 샤오미만 안다.

많은 사람이 중소기업을 '짝퉁' 제조업체라며 무시할 때 알리윈은 산업 혁명의 역량이라 믿었다. 사람들은 샤오미 같은 기업이 늘어나 중소기업이 우르르 망할 것이라고 생각했다. 이 관점이 성립하려면 하나의 조건을 충족해야 하는데 그것은 바로 윈OS가 등장하지 않았어야 한다는 것이다. 윈OS는 거대한 변화의 매개로써 많은 사람의 관점을 바꿔놓았다.

만물인터넷에서 출현한 새로운 종種

나는 클라우드 컴퓨팅을 개발하며 줄곧 윈OS와 디지털의 관계를 진지하게 생각했다. 개발하는 동안 클라우드 컴퓨팅, 윈OS, 빅데이터를 종합적으로 생각할 기회를 얻은 것은 행운이다.

O2O는 소셜 커머스 사이트의 발전과 함께 사람들의 시야에 들어왔다. 2008년 미국에 웹사이트 그루폰이 등장했다. 지역적 특성이 있는 서비스 상품을 할인가격에 제공하는 그루폰은 똑똑하게도 단순 전자상거래 웹사이트가 아니라 전자상거래, 인터넷 광고, 오프라인 모델을 합친 결합체다. 공동구매 열풍은 전 세계 인터넷 기업을 휩쓸었다. 전성기 때 중국에는 1,000개가 넘는 소셜 커머스 사이트가 있었고, 거의 모든 3선 도시마다 독립적인 소셜 커머스 사이트가 한 개씩 있었다. 《포브스》는 소셜 커머스 사이트의 시조 격인 그루폰을 "역사상 가장 빨리 성장한 기업"이라 평가했고 사람들은 검색, 게임, 인터넷 포털 사이트 같은 전통적인 인터넷 놀이 외에 O2O의 신기한 매력에 눈을 떴다.

하지만 2016년 사람들은 무수한 자본이 여러 해 동안 미쳐 있던

O2O가 사실은 인터넷 발전사에 잠시 일어난 작은 물보라에 지나지 않았음을 이해하기 시작했다. 이 물보라는 내게 온라인과 오프라인의 경계가 갈수록 모호해져 두 개의 서로 다른 세계가 하나로 융합되고 있다는 깨우침을 줬다. 다시 말해 O2O는 점점 O2가 되어갔다. 나는 전 세계에서 가장 큰 가전제품 소매회사 베스트바이에서 어떤 사람이 마음에 드는 상품을 고른 뒤 스마트폰을 꺼내 베스트바이 온라인 쇼핑몰에서 주문하는 것을 목격했다. 중요한 것은 고객이 집에 돌아가 주문하지 않고 현장에서 직접 주문했다는 점이다. 이것은 모바일 전자상거래일까, 오프라인 구매일까?

거리에서 아는 사람을 만났는데 둘 다 명함을 갖고 있지 않았다면? 이때 스마트폰을 꺼내 서로 웨이신의 QR코드를 스캔하고 웨이신 친구에 등록하면 이것은 모바일 만남일까, 보통의 오프라인 만남일까?

가끔 중국에서는 국지적인 정전이 일어난다. 어느 지역에 전기가 부족할 때 국가 전력망공사는 모든 지역의 전력 운영에 차질이 생기지 않게 해당 지역 전력 공급을 제한한다. 이때 가장 많이 사용하는 방법은 전력 공급 스위치를 아예 내려버리는 것인데, 각 가정과 지역에 공급하던 전기를 직접 끊어버린다는 점에서 매우 난폭하다. 사람들은 국가 전력망공사와 토론하는 자리에서 전기 공급 제한 방법을 바꾸자고 제안했다. 만약 모든 에어컨이 온라인 상태면 전기 공급 스위치를 내리지 않고 에어컨 설정 온도를 약간 높이는 방법으로 전력 제한 효과를 얻을 수 있다. 사람들이 거의 느끼지 못할 정도로 실내 온도를 미세하게 올리는 것이다.

보잉 747 여객기의 창문은 승객의 선호도에 따라 수동적으로 가리개를 내리고 햇볕을 차단하는 완벽한 오프라인 상품이다. 그러나 최신 여객기 보잉 787은 창문 유리의 색깔을 조절하는 방식으로 창문을 닫는 효과를 내도록 설계했다. 고속열차는 지금껏 존재한 어느 기차보다 훨씬 더 온라인화했다. 어느 곳으로 어떤 속도로 달려도 모든 철판의 상태를 온라인화해 언제든 확인할 수 있다.

항저우의 모든 버스는 GPS를 탑재하고 있다. 버스 정류장에서 기다릴 때 모니터에 'K10800m' 같은 문구가 뜨는데 이것은 K10번 버스가 정류장으로부터 800m 지점에 있다는 의미다. 비록 버스 도착시간을 알려주지는 않지만 적어도 무더운 여름날 무작정 버스를 기다릴 때의 답답함과 초조함은 덜 수 있다.

이것은 과거에 온라인화가 불가능하던 것이 이제는 인터넷 발달로 가능해졌음을 보여준다. 사물을 인터넷과 연결한 것을 어떤 사람은 사물 지능 통신이라 부르고 또 어떤 사람은 사물인터넷이라 부른다. 나는 만물인터넷이라 부르는 것을 더 좋아한다. 미래 사회는 온전히 오프라인 상태인 사물이 없어질 텐데 만물이 온라인화한 것이 만물인터넷이다.

모든 사물이 온라인화할 수 있다는 것을 한 번도 생각해본 적이 없는가. 모든 우유팩에 RFID 칩을 장착하면 스캔을 통해 생산지, 유통기한, 먹는 방법 등을 알 수 있다. 스마트 냉장고는 RFID 칩을 인식해 매주 소비하는 우유량과 남는 우유량을 계산하고 유통기한이 지나면 자동적으로 알려준다. 이뿐 아니라 우유팩을 쓰레기통에 버리면 RFID 칩도 같이 버려져 쓰레기조차 온라인화한다.

앞서 설명한 에어컨 이야기로 돌아가 보자. 진정한 온라인화가 일어나면 에어컨을 원격조종할 필요가 없다. 에어컨을 온라인화할 경우 사용자의 위치나 현지 기후의 변화에 따라 실시간으로 실내 온도와 습도가 조절된다.

과거에 마이크로소프트는 '마이크로소프트 플라이트 시뮬레이터'라는 모의 비행 게임을 출시했다. 이 게임의 소프트웨어를 컴퓨터에 설치하면 진짜 비행하는 기분을 체험할 수 있다. 2001년 9월 11일 오전 테러리스트에게 납치된 네 대의 민간 항공기가 뉴욕의 세계무역센터, 워싱턴의 펜타곤과 충돌한 사건을 역사는 '9·11 테러'라고 부른다. 9·11 테러가 발생한 뒤 마이크로소프트 플라이트 시뮬레이터는 무수한 비판을 받았다. 테러리스트들이 이 게임을 이용해 모의 충돌 연습을 했다는 언론 보도 때문인데 그 정도로 이 게임은 진짜와 흡사했다. 비판은 비판이고, 지금 이 모의 비행 게임에서는 뉴욕공항에 착륙할 때 기상센터를 통해 뉴욕의 실시간 풍속이나 강우 데이터를 받아 현실과 똑같은 상황에서 착륙할 수 있다. 진짜와 가짜의 경계가 모호해지면 또 다른 가상현실이 된다.

2008년 인터넷에 연결된 사물의 수량이 인터넷에 연결된 사람의 숫자를 처음 추월했다. 인터넷에 연결된 무수한 신규 구성원 중에서도 자동차는 결코 무시할 수 없는 존재다.

2014년 7월 알리바바와 상하이자동차는 커넥티드 카라는 새로운 구성원을 맞이하기 위해 합작 협의를 체결했다. 커넥티드 카는 단순히 인터넷에 연결된 자동차가 아니라 인터넷상에서 달리는 자동차로, 이 자동차를 구동하는 엔진은 윈OS Auto 운영체제다. 운영체제는 이때부터 자동차의 일부가 되었다. 커넥티드 카가 인터넷 세계의 신규 구성원에 합류한 것은 인터넷이 모바일인터넷을 거쳐 만물인터넷에 진입했다는 점에서 커다란 의미가 있다.

커넥티드 카는 요즘 유행하는 차량 통신 인터넷 기술과 달리 스마트폰을 자동차에 장착하는 것을 목표로 삼지 않는다. 커넥티드 카의 첫 번째 목표는 스마트폰이 자동차와 인터넷 사이를 방해하지 않도록 자동차가 스마트폰의 통제에서 벗어나게 하는 데 있다. 커넥티드 카가 사람들이 말하는 사물 지능 통신과 다른 점은 커넥티드 카는 인터넷의 핵심이라는 것이다. 만물인터넷 시대에 인터넷이 가능한 것과 그렇지 않은 것에는 본질적으로 큰 차이가 있다.

연결 장치와 기능을 하나 더 추가했다고 해서 커넥티드 카가 되는 것은 아니다. 커넥티드 카는 인류 역사에서 가장 중요한 인프라인 인터넷이 자동차의 인프라가 되었음을 의미한다. 인터넷은 도로 이후 100년 만에 추가된 자동차의 두 번째 인프라다. 그 외에 커넥티드 카에는 온라인이라는 특징도 있다. 도로를 달리는 동시에 인터넷상의 정보 고속도로를 달린다는 점에서 형태와 내용이 기존 자동차와 본질적으로 다른데, 이러한 변화는 컴퓨팅 엔진이라는 운영체제 덕분이다. 과거에 자동차는 인류의 가장 중요한 천연자원인 석유를 동력원으로 삼았다. 그러나 컴퓨팅 엔진을 얻은 뒤 자동차는 똑똑해졌다. 사람이 나이가 들수록 현명해지는 것처럼 커넥티드 카는 운행할수록 스마트해진다. 컴퓨팅 엔진에 필요한 것은 커넥티드 카가 자체적으로 생성하는 데이터를 포함한 각종 데이터다. 컴퓨팅 엔진이 있는 자동차는 데이터를 이용해 사용자 체험과 자동차 설계를 개선할 뿐 아니라 교통 인프라 능력을 높인다. 다시 말해 데이터의 가치를 구현한다.

전통 산업과 인터넷 산업의 관계를 재정의하다

전통 인터넷 기업은 자신들이 인터넷을 대표한다는 오만한 마음가짐을 내려놓고 인터넷상에 출현한 새로운 종을 받아들여야 한다. 인터넷이 진화하는 과정에서 새로운 종의 출현은 필연적이고 그 자체로 인터넷에 거대한 충격을 줄 것이다.

과거에 인터넷을 논할 때 사람들은 PC가 사회 변화에 공헌한 점은 외면하고 단순히 인터넷 시대가 되어 세상이 변했다고 생각했다. 마찬가지로 모바일인터넷을 논하는 사람들은 스마트폰이 모바일인터넷 발전에 기여한 점은 뒤로 밀어두고 오직 모바일인터넷에만 관심을 보인다.

앞으로 자동차가 인터넷 발전에 일으킬 작용은 PC나 스마트폰에 뒤지지 않는다. PC가 없었으면 웹 기반의 전통 인터넷도 없고 스마트폰이 없었으면 지금의 모바일인터넷도, 자동차가 만물인터넷 시대를 이끄는 일도 없었을 터다. 인터넷이 사람과 산업에 미친 영향은 어떤 설비보다 넓고 깊다.

전통 인터넷 시대에 사람들은 PC보다 브라우저에 더 관심을 보였고 제조업은 인터넷을 멀리했다. 하지만 만물인터넷 시대에 제조업이 인터넷과 긴밀한 관계를 맺지 않고 '무시'하면 치명적인 결과를 얻는다. 만물인터넷 시대에는 전통 산업과 인터넷 산업의 관계를 재정의해야 한다. 만물인터넷이 많은 산업에 거대한 기회를 제공하고 더 이상 인터넷과 전통 산업을 구분하기 어려울 테니 말이다.

나는 알리바바의 생존에 중소기업이 꼭 필요하다고 생각한다. 물론 알리바바는 자사가 남을 돕는다는 오만함에 빠지지 않고 오히려 남에게 많은 도움을 받고 있음을 이해해야 한다. 중소기업과 함께하지 않고 스스로 대단한 줄 착각하면 지속적으로 발전할 수 없다. 사람들이 고객 가치를 진실로 이해하지 못하는 것은 그들에게 도움을 받은 것은 잊고 자신이 도움을 준 것만 기억하기 때문이다.

과거에 알리바바는 별로 믿음이 가지 않는 기업의 구성원들, 심지어 사기꾼 같은 기업의 사람들과도 호텔에서 새벽까지 대화했다. 놀랍게도 이들은 사람들이 과거에 이해하지 못하던 것을 이해했고 알리바바가 목표에 좀 더 가까워지도록 도왔다. 내 사무실의 책꽂이에는 Xbox360 본체가 놓여 있다. 1대 Xbox 본체는 평평하게 가로로 놓고 썼지만 이후 모델은 유행을 따라 크기를 줄이고 세로로 쓰도록 만들었다. 그런데 디자인을 바꾼 뒤 발열 문제가 발생했다. 온도가 높아 땜납이 녹고 반도체 칩이 밑으로 처져 본체에서 쉴 새 없이 빨간불이 반짝거렸다. 이 결함 때문에 마이크로소프트는 10억 달러를 배상했다. 하드웨어를 우습게 생각하면 곤란하다. 가로로 해봤으니 세로로도 할 수 있을 거라고 생각하는 것은 너무 단순하다. 애플처럼 스마트폰도 만들고 운영체제도 만드는 것은 정말 좋은 선택이다. 알리바바는 애플이 되고 싶지 않은 게 아니라 애플이 될 능력이 없다. 가치 있는 일이라고 모두 할 수는 없으며 가치만 좇아서도 안 된다.

많은 사람에게 운영체제를 근본적으로 이해할 능력이 없는 것처럼 내게도 4개월 뒤 어떤 스마트폰이 잘 팔리고 몇 대가 팔릴지 예측할 능력이 없다. 그런 의미에서 자신의 포지셔닝을 잘 정하는 것은 기업의 핵심 경쟁력이라 할 수 있다.

과거에 알리바바는 운영체제를 만들기 어려울 정도로 최악의 조건에 놓여 있었지만 지금은 가장 성공 가능성이 큰 기업으로 성장했다. 그동안 높은 벽을 넘기 위해 얼마나 많은 노력을 기울였는지 모른다. 앞으로 대형 스마트폰 기업은 어려운 상황에 처하는 반면 중소기업은 상대적으로 벽을 쉽게 넘을 것이다. 사람은 자신의 단점을 잘 발견하지 못하며 장점은 더더욱 발견하지 못한다. 모든 일에는 노력 과정이 필요한 법이다.

Chapter 6.

**온라인을
유영하는
부富**

온라인 효과는 단순히 비용을 아끼는 것에서
끝나는 것이 아니라, 업계의 한계를 돌파해
더 빠르고 편한 서비스를 창조하고
혁신 효율을 높인다.
데이터의 가치는 특정 회사에 속하지 않은
모든 고객이 창조한 새로운 부이자
오프라인 시대 때 얻을 수 없던 부다.

새로운 가치 시스템을 갖춘 온라인 세상에 예측 불가능한 일이 많이 발생했다. 무엇보다 대기업과 소기업의 차이, 제조 기업과 인터넷 기업의 차이, 전통 인터넷 기업과 모바일인터넷 기업의 차이가 사라졌다. 많은 사물 간의 경계가 모호해지고 심지어 아예 없어지기도 했다.

많은 사람이 클라우드 컴퓨팅을 일상생활과 동떨어진 첨단기술이라고 막연하게 생각한다. 사실 클라우드 컴퓨팅은 평범한 사람들의 주변에 있다.

2013년 초 나는 안캉철도국에서 일하는 우레이 吳磊라는 선로공이 보낸 한 통의 이메일을 받았다. 그는 이메일에서 알리윈 서비스에 존재하는 많은 문제점을 지적했고, 나는 그의 이메일 덕분에 산시성에 안캉 지역이 있다는 것을 처음 알았다. 2013년 10월 나는 감사하는 마음으로 항저우에서 열리는 알리윈 개발자 컨퍼런스에 우레이를 초청했다.

평소 법률 관련 프로그램을 즐겨 시청하는 우레이의 어머니는 아들이 알리윈이라 사칭하는 다단계 회사에 속아 넘어간 줄 알고 한사코 항저우에 가는 것을 말렸다고 한다. 우레이도 막상 항저우행 기차를 탔지만 내심 다단계 회사에 속은 게 아닌가 싶어 알리윈 직원의 마중을 몇 번이나 거절하고 굳이 택시를 타고 컨퍼런스 장에 도착했다. 만에 하나 도망갈 일이 생기면 택시가 빠르고 편리하기 때문이다. 나는 평범한 선로공이 어떤 이유로 클라우드 컴퓨팅을 이용하게 되었고 실제로 어떻게 이용하는지 궁금했다. 우레이를 만난 뒤 감동을 받은 나는 반드시 안캉을 방문하겠다고 약속했다. 이후 우레이는 반복해서 나를 초청했다. 하지만 너무 바빠 내가 좀처럼 시간을 내지 못하자 그가 마지막으로 말했다.

"왕 박사님, 박사님이 안캉에 오지 않으면 제가 큰일 납니다."

알고 보니 우레이의 가족, 동료, 상사는 클라우드 컴퓨팅을 연구하는 사람이 깊은 산중 마을을 방문하기로 했다는 우레이의 말을 믿지 않았다. 만약 내가 안캉을 방문하지 않았으면 우레이와 내가 함께 찍은 사진은 다단계 회사에 팔려갔다가 돌아온 우레이의 거짓 증거물이 될 뻔했다.

웃어야 할지 울어야 할지 모르는 사연이지만 안캉을 다녀온 뒤 나는 우레이를 더욱 존경하게 되었다. 우레이가 일하는 철로 구간은 친링산맥과 다바산맥이 지나는 깊은 산중에 있다. 그곳에서 우레이는 수천 킬로미터에 달하는 철로를 보수하는 일을 책임진다. 우레이를 포함한 많은 선로공이 철로 안전을 위해 1년 내내 외부에서 일했다. 고등학교를 중퇴한 우레이는 열차의 안전 운행을 확보하기 위해 운행시간 변경과 안전에 관한 중요 전달 사항을 컴퓨팅을 이용해 수천 킬로미터 떨어진 곳에 있는 동료에게 보냈다. 선로공들은 철로에 무너져 내린 구간이 있으면 다른 구간의 책임자들이 곧바로 알도록 스마트폰으로 사진을 찍어 알리윈 클라우드에 올렸다. 뛰어넘을 수 없던 시공간의 벽은 클라우드 컴퓨팅 덕분에 쉽게 무너졌다.

우레이가 친링산맥과 다바산맥 사이에 뚫린 30km 길이의 터널에서 일하는 모습을 시연할 때 나는 클라우드 컴퓨팅이 무엇인지 제대로 느낄 수 있었다. 클라우드 컴퓨팅과 철로 안전은 안캉의 높고 가파른 산중에서 하나로 연결되었다.

어린 남자아이와 여자아이가 와이파이 신호를 찾아 역의 한쪽 구석에서 스마트폰을 이용하는 모습은 내게 더 깊은 인상을 남겼다. 바산역은 인근에서 유일하게 와이파이가 연결되는 곳이다. 두 꼬마의 모습은 내게 말로 형용할 수 없는 감동을 줬다. 이것은 인터넷판 착벽투광(鑿壁借光, 가정 형편이 어려운 사람이 남의 집 벽을 뚫고 흘러나오는 빛으로 글을 읽는다는 의미 – 옮긴이)이 아닌가. 바산역의 와이파이는 산촌에 사는 아이들에게 세계를 이해하는 창을 제공해 아이들의 꿈과 세상을 연결했다. 나는 모두가 차이나드림을 이루도록 평범한 사람들에게 더 나은 클라우드 컴퓨팅을 서비스해야겠다고 생각했다.

한 번도 만나본 적 없는 고객들이 클라우드 컴퓨팅 플랫폼에서 매 순간 창조력을 발휘할 때마다 나는 주변에서 어떤 일이 일어나는지 끊임없이 생각하고 발견하고 이해한다. 알리윈이 없었으면 내가 클라우드 컴퓨팅으로 새로운 것을 창조해내는 사람들을 알 기회는 없었을 것이다.

인터넷은 우레이를 바꿔놓고 나를 바꿔놓고 더 많은 사람들을 꿈을 좇는 탐구자로 만들었다. 알리윈 역시 계속해서 꿈을 좇고 탐구한다.

클라우드 컴퓨팅 그리고 플랫폼 전쟁

2011년 하반기 당시 CSDN에서 일한 류장劉江은 수차례 알리윈을 방문한 뒤 알리윈은 컴퓨팅의 온라인 꿈을 좇고 있다는 인상적인 글을 썼다.

2009년 9월 10일 설립된 알리윈은 많은 사람이 알고 있는 타오바오, 즈푸바오 등의 알리바바 자회사에 비해 상대적으로 저평가를 받았다. 알리바바그룹 설립 10주년을 맞아 축제 분위기가 떠들썩하지만 알리윈은 설립 당시만 해도 크게 주목받지 못했고 일부 사람들은 알리소프트웨어와 혼동했다.

2009년 말 연구원을 대거 채용했다는 소식 이후 알리윈은 사람들의 시야에서 사라졌다. 클라우드 컴퓨팅이 인터넷업계에서 초미의 관심사로 떠오른 2010년에도 알리윈은 별다른 움직임을 보이지 않았다.

원래 2010년 말 발표할 예정이던 알리윈의 제품은 2011년 상반기에도 세상에 나오지 않았다. 그런데 이후 놀라운 반전이 일어났다. 분산 컴퓨팅 시스템, 분산 데이터베이스, 스마트폰 운영체제, 브라우저, 입력기, 검색, 지도, 이메일, 번역 등 기술면에서 격렬한 논쟁을 불러일으킬 만한 제품을 대거 출시한 것이다. 물론 막강한 연구진과 거대한 투자금에도 불구하고 연구 개발에 제동이 걸리고 앞날이 불투명하다는 점 등 온갖 잡음도 불거졌다. 알리윈을 뛰쳐나간 일부 직원은 알리윈이 허황된 꿈을 좇는다고 비판했다.

2011년 7월 텐위와 공동 출시한 알리윈의 스마트폰은 빠르게 미디어의 눈을 사로잡았다. 외부 평가는 칭찬하는 쪽과 비방하는 쪽으로 반씩 나뉘었다. 알리윈은 10월 24일 열린 개발자 컨퍼런스에서 엘라스틱 컴퓨팅 플랫폼, 오픈소스 데이터 처리 서비스, 앱 개발 플랫폼, 서비스 스테이지, 오픈 스토리지 서비스와 CDN, 오픈 테이블 서비스 등의 제품라인을 외부에 처음 공개했다.

그러나 알리윈을 둘러싼 의문은 쉽사리 가라앉지 않았다. 전자상거래 기업이 왜 클라우드 컴퓨팅과 모바일 운영체제를 동시에 개발할까? 왜 처음부터 제품을 전면적으로 개발할까? 중국 시장에서 클라우드 컴퓨팅 기반의 사업이 성공할까? 3년 동안 알리윈의 기술 인재들은 무얼 했을까?

현재 알리윈의 직원은 총 1,200명인데 이 중 80~90%가 엔지니어다. 핵심 기술자들이 각각 기초 플랫폼, 기초 서비스, 클라우드 컴퓨팅 업무, 클라우드폰의 네 개 부문을 책임지고 있으며 영업사업부는 따로 없다.

전 세계적으로 클라우드 컴퓨팅 기술을 선도하는 기업은 구글이고 클라우드 컴퓨팅 기반의 비즈니스를 주도하는 기업은 아마존이다. 아마존의 네트워크 서비스는 스타트업들의 선택을 받아 서서히 주류 서비스로 자리 잡았다. 또한 넷플릭스, 드롭박스, 징가 등 업계 신흥 귀족들의 막후 지원을 받아 수억 달러의 영업이익을 얻고 거대한 잠재력을 확인했다. 반면 중국의 클라우드 컴퓨팅 시장은 공백 상태다. 플랫폼 전쟁 시대에 클라우드 컴퓨팅은 많은 사람이 주목하는 노른자 사업으로 그 중요성은 말로 다 설명할 수 없다.

알리바바는 중국에서 아마존에 가장 근접한 전자상거래 분야의 리더 기업이다. 알리바바의 자원과 실력은 의심의 여지가 없으며 외부에 많이 알려지지 않았지만 업계 최고의 기술력을 갖췄다. 따라서 알리윈이 웅대한 포부를 안고 클라우드 컴퓨팅 개발과 플랫폼 전쟁에 뛰어든 것은 전혀 이상하지 않다. 아마존의 가장 큰 공헌은 컴퓨팅 효용성을 높인 것이고, 구글은 기술적으로 컴퓨팅 규모를 키웠다. 알리윈은 구글식 기술을 이용해 아마존식 사업을 하고 싶어 한 다. 두 마리 토끼를 다 잡겠다는 얘기다. 그 외에 알리윈이 공을 들이 는 분야가 또 있는데 그것은 데이터다. 알리윈은 웹스케일 규모의 데이터와 컴퓨팅을 제공하고 싶어 한다. 이것을 실현하면 누구나 컴 퓨팅과 데이터의 제한을 받지 않고 웹스케일 규모의 검색엔진을 만 들 수 있다.

왜 알리윈은 데이터를 중시할까? 최근 온라인에서 모든 데이터를 수집할 수 있는 혁명적인 변화가 일어났다. 오프라인에 있는 것이 온라인화하면 데이터는 진정한 전략적 가치를 얻는다. 전 세계적으 로 '빅데이터'는 인터넷업계의 핫 키워드가 되었다. 해외에서는 데 이터를 '새 시대의 석유'라고 말한다.

국가와 기업에 절대적인 핵심 경쟁력이 될 또 다른 요소는 컴퓨 팅 능력이다. 구글이 그 좋은 예인데 구글은 공공 데이터를 구글의 것으로 만든 뒤 이를 토대로 거대한 기업을 일궜다. 해저 6,000m에 있는 석유는 이론적으로 전 세계인의 것이지만 결국 그것은 개발 능 력이 있는 기업이 차지한다. 같은 원리로 아직은 구글만 데이터 가 치를 개발할 능력을 갖췄다. 알리윈의 바람은 중국에서 가장 많은 서버를 보유하는 것이 아니라 가장 강력한 컴퓨팅 능력을 갖춘 기업 이 되는 것이다.

알리윈의 비즈니스 모델은 두 가지다. 첫째는 알리윈이 데이터센 터와 기술 운영을 모두 책임지는 방식이다. 둘째는 데이터센터와 서 버는 고객이 관리하고 알리윈은 기술 운영만 책임지면서 고객과 수 입을 나누는 방식이다. 알리윈은 이 모델의 이윤이 더 높을 것이라고 예측한다.

알리윈은 3년간의 치열한 연구 끝에 마침내 기술적 난관을 돌파하고 자체 개발한 기술로 페이티엔이라는 대규모 범용 분산 컴퓨팅 시스템을 만들었다. 페이티엔은 맵리듀스 외에 광범위하게 쓰이는 각종 프로그래밍 모델을 지원한다. 알리윈의 기술진은 통합 플랫폼 페이티엔에서 이메일, 검색, 지도, 엘라스틱 컴퓨팅, 데이터 처리 등 많은 기능을 실현했다. 알리윈 외에 통합 플랫폼에서 이메일과 검색 기능을 지원할 수 있는 기업은 전 세계에 구글밖에 없다.

익히 알려진 것처럼 중국에는 리스크가 높은 분야를 선택해 밑바닥부터 독립적으로 연구 개발하는 기업이 드물다. 당시 알리윈이 위험도 높은 사업을 추진한 배경은 뭘까? 결국 망할 수도 있다는 생각을 하지 않았을까?

다행히 연구팀의 대내외 환경은 무척 좋았다. 먼저 알리바바그룹은 인내심을 발휘해 알리윈을 지원했다. 마윈은 알리윈의 든든한 지지자였다. 알리바바그룹의 최고재무책임자도 돈은 문제가 되지 않았다고 말했다. 여기에다 알리윈에는 개발 의지가 확고한 직원들과 응원해주는 고객이 있었다. 페이티엔 시스템 개발에 성공한 뒤 알리윈은 마침내 안개를 걷고 나와 각종 제품을 연이어 발표했다.

일부 기업은 서버를 100대 설치하고 클라우드나 클라우드 저장소 개발에 도전한다고 말한다. 또 어떤 기업은 기업 문제를 해결한다며 이른바 사설 클라우드를 만들어놓고 클라우드 컴퓨팅을 구축했다고 한다. 솔직히 이것은 클라우드 컴퓨팅이 아니다. 그 밖에 범용 클라우드 시스템은 수직적 혹은 전문적인 클라우드 시스템보다 제작 난이도가 훨씬 더 높다. 비록 소프트웨어 효율 면에서는 후자가 더 우세할 수 있지만 플랫폼 전체 규모의 경제 효과 면에서는 전자를 따라오지 못한다.

견고한 하위 기술의 지원을 받는 알리윈은 규모의 경제 효과와 자본금 면에서 경쟁적 우세에 있다. 예를 들어 1,500대의 컴퓨터로 이뤄진 데이터 처리 클러스터는 데이터를 처리하는 동시에 몇 개의 작업을 진행하며 렌더링 작업을 완성한다. 이때 이 작업은 거의 무료나 다름없다.

"

나는 온라인의 영향을 많이 받았다. 그렇지 않았다면 아직도 대학에서 제자들을 가르치고 있으리라. 온라인의 가치는 사용자, 의사결정자, 서비스 제공자 사이에서 자연스러운 소통 채널로 남는 데 있다. 선호하는 서비스를 선택하는 것은 물론 저비용, 고효율이라는 특징은 사용자가 온라인의 가치에 눈을 뜨게 만들었다.

클라우드 컴퓨팅은 그 자체로는 쓸모가 없고 사용자를 만났을 때 가치가 생긴다. 다음은 일부 사용자의 이야기다. 이들의 성공이 아니라 진취적인 개척 정신을 눈여겨보기 바란다. 이들은 클라우드 컴퓨팅의 천사다.

전통과 혁신의 창조적 동행

2013년 9월 26일 텐훙펀드는 클라우드 입성에 성공했다. 중국 금융계 최초로 취IOE를 실현하고 클라우드 기반의 핵심 결제 시스템을 완성한 것이다. 결제시간은 기존 8시간에서 30분으로 줄었고 최대 거래량은 초당 500건에서 5,000건으로 증가했다. 당일거래 수는 최고 1,000만 건에서 3억 건으로, 유효고객 수는 1억 명으로 늘어났다. 과거에 텐홍펀드는 이름이 잘 알려지지 않은 펀드사였으나 미국 IT 전문가 메리 미커Mary Meeker의 2014년 보고에 따르면 텐홍펀드는 이미 전 세계 3대 펀드사로 우뚝 섰다.

"

지난 몇 년 동안 다양한 인재들이 인터넷 금융업에 진출하자 갑자기 인터넷 금융 열기가 뜨거워졌다. 무수한 전문가가 다각적으로 심층 분석한 결과 인터넷 금융의 열기 뒤에는 사람들이 잘 모르는 실전 기술이 있었다.

전통적·폐쇄적인 IOE 환경에서 동적·경제적인 클라우드 컴퓨팅 플랫폼으로 이전해도 여전히 뛰어넘어야 하는 걸림돌이 많다. 클라우드 컴퓨팅의 발원지인 미국에서 금융업은 AWS와 빈번하게 접촉했지만 보안성, 준법성, 리스크 등의 제한에 부딪혀 아직까지 원하는 결과를 얻지 못하고 있다. 습관적으로 롤모델을 따라 하는 중국은 미국의 상황이 변할 때까지 계속 기다려야 할까, 아니면 스스로 새로운 길을 만들어야 할까?

2013년 위어바오(알리바바그룹의 금리 지급 수익 상품 – 옮긴이)를 출시하고 2개월도 채 지나지 않아 텐홍펀드는 중국에서 가장 많은 고객을 확보한 펀드사가 되었다(텐홍펀드는 위어바오의 자산 운용을 맡고 있다-옮긴이). 운용기금이 수백억 위안으로 증가하고 월평균 약 100억 위안 규모로 성장하는 동안 고객 수가 백만 명 늘어나 누적 고객이 250만 명을 돌파했다. 이후 '안전 보장+비용 절감+미래 업무를 위한 탄력적인 서비스 제공'은 인터넷 금융의 필수 구조로 자리 잡았다.

"

위어바오를 출시하고 초기 3개월 동안 텐홍펀드는 기존 데이터센터를 이용해 백그라운드 시스템을 운영했다. 하지만 광군절 프로모션을 준비 중이던 2014년 7월 기존 시스템이 광군절 당일의 거래 규모를 감당하지 못할 듯하자 '서버+데이터베이스+스토리지' 구조를 과감히 버리고 모든 시스템을 알리윈으로 옮겼다.

"전통적인 재테크 상품은 상위 20% 고객에게 초점이 맞춰져 있어요. 반면 위어바오는 인터넷의 롱테일 효과(80%의 주목받지 못하던 제품이나 사람에게서 새로운 비즈니스 모델을 창출하는 것-옮긴이)를 이용해 나머지 80% 사람들을 커버했죠. 이들은 전통 금융 시스템에서 주류에 속하지 못해 좋은 서비스를 거의 받은 적이 없고, 심지어 재테크 개념조차 없는 백지 상태의 고객이에요. 인터넷 금융은 고객의 진입 문턱을 크게 낮췄고 인터넷 속도를 충분히 구현했습니다. 텐홍펀드는 인터넷에서 개미들이 대거 움직이도록 만들어 규모의 효과를 냈는데, 3,000만 명의 고객이 일인당 3,000여 위안을 투입해 중국 펀드 역사상 가장 큰 액수인 1,000억 위안을 창출했습니다."

CSDN은 텐홍펀드가 플랫폼을 옮긴 뒤 텐홍펀드의 혁신 지원부장 판전화樊振華 등을 인터뷰했다.

IOE 기반에서 클라우드 기반으로 이전한 이유는 뭘까? 많은 사람이 위어바오를 처음부터 완전하게 설계한 상품이라고 생각하지만 실은 기술적 특징에 따라 1기와 2기로 나뉜다. 판전화는 말했다.

"금융과 인터넷의 '콜라보'는 펀드업계를 통틀어 처음 있는 일이었어요. 돌을 더듬으며 강을 건너는 심정으로 일을 추진했죠. 고객의 신뢰를 얻기 위해 우리는 1기 때 400여 위안을 투자해 전통 IOE 구조를 구축했어요. 한데 플랫폼이 감당할 수 없을 정도로 데이터량과 거래량이 그토록 가파르게 증가할 줄은 상상도 못했지요. 2기 때 다시 IOE 구조를 구축하려 했지만 그새 펀드 규모가 커져 최소 5,000만 위안이 필요했어요. 여기에 인건비와 주기적인 서비스 비용을 추가해 3개월 안에 완성하려 하니 비용이 감당이 안 되더군요. 6월 13일 1기를 종료한 뒤 7월 초부터 2기를 개발하기 시작했어요. 전례가 없으니 계속 기다릴까, 그냥 수천만 위안을 투자해 시스템 규모를 확장할까, 따라 할 수 있는 해외 사례가 나타날 때까지 기다려볼까, 그때까지 시장이 기다려줄까 하는 고민이 많았죠. 결국 우리는 위어바오를 클라우드 컴퓨팅 플랫폼으로 이전하는 쪽을 선택했어요. 다른 선택의 여지가 없었죠."

전 세계적으로 아직까지 금융업이 공공 클라우드 플랫폼을 이용한 선례가 없는 것은 단지 기술적 어려움 때문은 아니다. 이것은 인식, 이해, 용기, 관리감독 등과 복잡하게 얽힌 문제다. 텐홍펀드는 변화한 시장 환경에 적응하기 위해 생각보다 복잡하지 않게 클라우드 컴퓨팅 플랫폼으로의 이전을 결정했다.

판전화는 CSDN 클라우드 컴퓨팅 기자에게 "지금 와서 생각하면 다른 선택의 여지가 없어서 한 선택이 최고의 한 수였다"라고 웃으며 말했다.

IOE상에 있는 소프트웨어를 알리윈으로 이전한 뒤 필수적으로 해야 하는 일은 최적화 과정이다. 무엇보다 광군절까지 최대 3개월 정도가 남은 상황에서 협력 파트너와 두터운 신뢰관계를 구축하는 것이 중요했다. 판전화는 다음과 같이 설명했다.

"위어바오는 강력한 인터넷 속성을 지녔어요. 새로운 플랫폼은 많은 데이터량과 업무량을 지원하고 반응 속도가 빨라야 했죠. 시간이 충분하지 않은 상황에서 톈훙, 진쩡, 알리윈, 즈푸바오는 간단하게 소통한 뒤 즉시 최적화 작업에 들어갔지요. 시간이 없었기 때문에 느긋하게 연구할 수도, 참고할 만한 성공 사례를 찾을 수도 없었어요. 그래도 끝까지 함께할 수 있었던 건 서로를 깊이 신뢰해서지요. 서로를 믿고 자원을 공유하니 두렵지 않더군요."

하드웨어는 상대적으로 IOE를 쉽게 제거할 수 있다. 그러나 소프트웨어와 밀접하게 관계가 있는 오라클의 데이터베이스를 제거하기는 쉽지 않다. 클라우드 컴퓨팅 플랫폼으로 이전한 뒤 처음에는 초당 3,000개의 계좌를 동시에 개설할 수 있을 거라 예측했으나 테스트 결과 5,000개에서 최대 1만 2,000개까지 개설이 가능했다. 과거 경험으로 볼 때 기존 설비와 하드웨어 네트워크 환경에서 시스템 최적화 과정을 거치면 시스템 성능은 3배로 늘어났다.

판전화는 안전성 면에서도 만족감을 표했다.

"테스트 단계에서 알리윈이 제공한 데이터베이스 서비스는 전환이 빨랐어요. 더구나 아무런 전략도 없는 상황에서 하드 드라이버의 핫 플러그가 데이터의 안전을 보장했고 지금까지도 아무 문제가 없어요. 솔직히 기초 플랫폼의 안전성 면에서 알리윈은 상당히 성숙한 기술을 보유했더군요. 트래픽이 몰릴 때도 알리윈 시스템은 중소펀드 시스템보다 훨씬 더 안정적이에요."

소식에 따르면 시스템 이전 테스트는 한 번에 36시간이 걸리는데, 텐홍펀드는 수차례의 테스트로 결함이 없음을 확인한 후 9월 알리윈 시스템으로 정식 전환했다.

위어바오를 IOE에서 클라우드로 옮기기 위해 프로젝트팀은 부단히 노력했다. IOE를 제거하는 것이 생각보다 복잡하지 않았다는 게 거의 모든 팀원의 소감이다. 줄곧 낮은 자세로 고객을 만난 위어바오는 기술적으로 향상된 시스템으로 옮긴 뒤 더 많은 고객을 만날 수 있었다. 위어바오 2기 때 모든 프로젝트 팀원은 위어바오의 플랫폼 이전 소식이 외부에 알려지지 않게 자체 함구령을 내렸다고 한다.

"

미디어와 펀드사는 직접적인 관계가 없어 보이지만 현실에서는 클라우드 컴퓨팅이라는 제3자를 매개로 서로 연결되어 있다.

후슈왕虎嗅網은 2012년 5월 설립한 신흥 IT매체다. 호랑이처럼 관점이 예리하기로 유명한 이 매체는 기존의 비즈니스 인식에 끊임없이 도전한다. 과거에 후슈왕이 겪은 사이버 테러도 클라우드 컴퓨팅과 관계가 있다.

2013년 2월 말 발생한 사이버 테러에서 후슈는 무차별 공격을 받았다. 후슈왕에 올라온 글에 따르면[2월 27~28일, 후슈가 겪은 서버 반격전] 2월

27일 18시 정각, 후슈는 네 개의 모니터링 플랫폼으로부터 각종 경보를 받았다.

"

1. TCP 연결 개수 이상 상승

2. CPU 사용률 급등

3. http 응답시간 지체

4. 대역폭 이용률 이상

5. 데이터베이스 과부하

후슈는 즉각 서버에 상응 조치를 취했지만 전체 대역폭을 초과할 정도로 공격 트래픽이 몰렸다. 사실 후슈는 이전에도 스캐닝과 비밀번호 해제 공격을 여러 번 받았는데, 공격자는 오래전부터 사이버 테러를 치밀하게 준비한 모양이었다.

18시 5분. 알리윈의 플로 클리닝 규칙에 따라 '클라우드 쉴드'가 작동했고 알리윈은 후슈를 공격하는 데이터를 클리닝했다. 후슈왕은 모든 기능이 정상 수준을 회복했다는 연락을 받았다. 후슈의 데이터 흐름은 한창 공격받을 때의 1~3% 수준으로 떨어졌고, 공격자의 데이터 흐름은 10배나 늘어난 후슈의 대역폭에서 잠잠해졌다.

19시 50분. 다시 공격이 시작되었다. 공격 트래픽은 알리윈의 클라우드 쉴드 클리닝 서비스가 무료로 제공하는 상한선까지 급증했고 서버는 순식간에 다운되었다.

이후 후슈는 알리윈의 도움을 받아 21시쯤 정상화했지만 회복하기가 무섭게 재차 트래픽이 공격을 받았다. 후슈왕과 알리윈의 클라우드 쉴드는 어쩔 수 없이 두 번째 테스트를 받아들였다. 후슈의 트래픽은 한때 전체 대역폭의 40배까지 폭증했다. 하지만 알리윈의 든든한 서비스 덕분에 치명적인 피해를 당하지는 않았다.

뒤이어 공격자는 방식을 바꿔 후슈의 서버를 다운시켰다. 이때 멀리 항저우에 있는 알리윈의 직원들은 알리바바의 로드 밸런싱Load Balancing을 사용해 다시 한 번 후슈왕을 정상화했다. 공격자의 공격이 실패로 돌아간 뒤 데이터량은 서서히 줄어들었다. 이튿날 오후 후슈는 또다시 각종 형식의 공격을 받았지만 알리윈의 즉각적인 대응에 일시적으로 영향을 받다가 말았다. 처음부터 끝까지 외부 공격은 후슈에 큰 영향을 주지 못했다.

후슈 방어전은 공격과 방어 방식에서 클라우드 시대와 전통 서버 시대의 극명한 대비를 보여준다. 몇 년 전까지만 해도 웹사이트가 외부 공격을 받았을 때 공격이 약하면 스스로 방어 기능을 높였다. 공격이 심하면 전산실의 대역폭 확대, 방어벽 강화, 서버 증설로 대응했다. 그러나 공격이 맹렬하면 백기를 들고 투항하는 수밖에 없었다.

전통 서버 시대에는 사무실과 전산실 사이에 물리적인 거리가 있어서 사이버 공격 대응이 매끄럽지 못했고 최소 6시간이 걸렸다. 반면 클라우드 시대의 반격시간은 대폭 줄어들었다. 작은 규모 공격은 자동으로 필터링하고 클라우드 서비스 제공 기업의 탄력적 컴퓨팅은 외부 공격을 빈틈없이 방어하는 한편 자원을 신속하게 배치한다. 미래에는 악의적인 힘을 형성해 네트워크를 공격할 수 없을 것이다.

"

클라우드의 방어 기술을 인터넷 인프라의 기본 특성 중 하나로 여길 경우 이 기술은 모든 것을 바꿔놓을 가능성이 크다.

중국 신장에는 위구르족의 전통 음악을 전문적으로 수집하고 공유하는 음악 사이트가 있다. 이곳의 설립자 아이얼컨艾爾肯은 음악 애호가이자 아마추어 프로그래머다. 베이징에서 대학을 졸업하고 신장에 돌아온 그는 위구르족을 비롯한 여러 민족이 전통 음악을 제대로 계승하지도 않고, 현존하는 전통 음악을 제대로 보존할 곳도 없는 문제를 발견했다. 직접 작은 웹사이트를 만든 그는 알리윈에서 두 대의 서버를 산 뒤 도처에서 옛 음악가들의 음악을 수집해 웹사이트에 올렸다. 웹사이트가 인기를 끌자 신장의 많은 음악인이 그와 협업했고 사이트의 음악은 더욱 풍성해졌다.

온라인 효과는 단순히 비용을 아끼는 것에서 끝나는 것이 아니라, 업계의 한계를 돌파해 더 빠르고 편한 서비스를 창조하고 혁신 효율을 높인다.

미국의 AOL이 온라인 서비스를 제공한 이후 온라인은 제품을 간단하고 편리하게 바꿔놓았고 제품 기술력을 빠르게 높였다.

불가능한 것도 없고 사라지지 않을 것도 없다

오래전 나는 로스앤젤레스의 팜비치에서 열린 작은 모임에 참석한 적이 있다. 빌 게이츠는 이 모임의 연설자로 〈스타워즈〉의 감독 조지 루카스를 초빙했고 그의 연설은 내게 깊은 인상을 남겼다. 루카스는 〈스타워즈〉를 촬영할 당시를 떠올리며 만약 다음 시리즈를 찍을 기회가 주어진다면 무슨 일이 있어도 신기술을 쓰지 않을 것이라고 말했다. 괴롭다는 게 그 이유였다. 그때 나는 기회가 생기면 반드시 신기술을 이용해 어떤 일을 최초로 해보는 기분을 누릴 것이라고 생각했다.

2016년 1월 나는 미국 라스베이거스에서 열린 세계가전전시회CES에 참석했다가 하이얼 부스 앞에서 멈춰 섰다. 내 발길을 붙잡은 것은 곡면이 얇은 8K OLED TV도, 디지털 TV도, 3D TV도 아니었다. 나를 사로잡은 건 TV에서 상영해준 〈본타: 땅콩왕국의 전설〉이었다. 2013년 7월 전 세계에서 상영한 3D 애니메이션 〈본타: 땅콩왕국의 전설〉은 보카라는 아이가 본타의 뒤를 이어 영웅으로 성장해가는 것이 주요 스토리 라인이다.

중국 최초의 3D 창작 애니메이션 〈본타: 땅콩왕국의 전설〉은 모든 렌더링(Rendering, 평면 그림이나 물체에 그림자, 색깔, 농도 등의 변화를 주어 입체감이 들게 3차원으로 만들어내는 과정 – 옮긴이)을 알리윈에서 완성했다는 뉴스 보도로 한때 화제가 되어서 그런지 CES에서 그 애니메이션을 봤을 때 타임머신을 타고 이동한 것 같은 기분이 들었다.

렌더링 작업은 3D 애니메이션을 스크린에 최종적으로 구현하는 중요한 단계다. 렌더링 작업에 드는 시간은 그림마다 다른데 일반적으로 모형이 복잡하면 시간이 더 걸린다. 어떤 사람이 계산한 결과 한 프레임을 렌더링하는 일에 평균 2시간이 걸렸다. 2~4K 해상도의 160분짜리 애니메이션을 분당 9,000프레임 그림으로 계산하면 애니메이션 전체의 렌더링 시간은 무려 288만 시간에 달한다. 이것은 한 대의 일반 서버가 328년이나 일해야 하는 분량이다. 3D 영화의 렌더링 소요시간은 이 숫자에서 다시 제곱을 해야 한다.

할리우드 애니메이션 〈크루즈 패밀리The Croods〉는 전 세계적으로 인기를 얻었다. 이 애니메이션을 제작한 드림웍스의 CEO 제프리 카젠버그Jeffrey Katzenberg는 "〈크루즈 패밀리〉를 완성하기까지 8년이 걸렸다. 앞서 6년은 스토리를 구상했고 3D 모형의 렌더링 작업을 하는 데 8,000만 시간이 들었다"라고 말했다. 카젠버그의 말은 전통 렌더링 모형의 한계를 상징적으로 보여준다.

영화 〈아바타〉는 뉴질랜드에 있는 웨타디지털Weta Digital의 서버 4,000대를 이용해서 만들었다. 2008년 당시 이 정도 규모면 전 세계 500대 슈퍼컴퓨터 순위에서 193~197위를 차지했다.

〈본타: 땅콩왕국의 전설〉의 리렌李煉 감독도 같은 어려움을 토로했다.

"사실 10분짜리 고화질 애니메이션을 만드는 것이라면 중국도 진작 제작했을 겁니다. 하지만 90분짜리 애니메이션은 감히 생각할 수 없었어요. 저도 직접 만들기 전까지는 이게 얼마나 어려운 일인지 짐작도 못했습니다. 극중 악역인 '거대 로봇' 구상을 마치고 그림 작업에 들어갔을 때 작업실에 있는 몇백 대 컴퓨터로는 근본적으로 만들 수 없다는 사실을 깨달았지요. 시각적으로 렌더링 효과뿐 아니라 만화적 느낌을 살릴 수 없었어요."

리렌은 광고업계에서 20년 넘게 일해 모은 돈을 〈본타: 땅콩왕국의 전설〉 제작에 몽땅 투입하며 3년 동안 오직 애니메이션 제작에만 매달렸다. 그런데 뜻밖에도 컴퓨팅 능력이라는 난관에 부딪혔다.

"3D 애니메이션을 살아 있는 것처럼 생생하게 만들려면 모형을 복잡하게 만들어야 합니다. 복잡할수록 정밀도가 더 높아지니까요. 그러나 정밀하려면 수준 높은 렌더링 기술이 필요합니다."

리롄은 원래 복잡한 작업을 포기하고 간단한 방법을 써서 그림을 '덜 예쁘게' 만들려고 했다. 그래도 최소한 애니메이션을 완성할 수는 있으니 말이다. 정밀 작업은 기술적으로 어려운 점이 많아 감히 도전할 엄두가 나지 않았다. 한데 기술적인 욕심을 거의 다 포기할 때쯤 운 좋게 클라우드 렌더링 기술을 접했다.

2011년 7월 1,500대의 서버로 구성된 페이티엔에서 클라우드 렌더링은 해상도 3,076×1,080에 6,654프레임의 입체 그림을 최초로 완성했다. 작업시간은 40분이 채 걸리지 않았다. 이것은 아시아 최대 규모의 렌더링 클러스터이자 범용 클라우드 컴퓨팅 플랫폼에서 운영하는 전 세계 최대 규모의 렌더링 시스템을 이용한 결과다. 클라우드 컴퓨팅으로 렌더링 작업을 분산 처리하면 컴퓨터 클러스터에서 여러 작업을 동시에 진행해 작업시간을 크게 줄일 수 있다.

이것이 〈본타: 땅콩왕국의 전설〉의 전체 렌더링 작업이 약 3개월밖에 걸리지 않은 근본적인 이유다. 렌더링 작업 완성시간은 과거 애니메이션 제작사가 서버를 직접 구매하고 렌더팜(Render farm, 대규모 렌더링을 빠르게 처리할 수 있도록 구축한 일종의 슈퍼 컴퓨터 - 옮긴이)을 건설하는 방식에 비해 2년 반 이상 앞당겨졌다. 〈본타: 땅콩왕국의 전설〉의 작업시간을 준수하는 것은 그 자체로 큰 도전이었고 기술적인 어려움도 많았다. 또한 날마다 동원할 수 있는 기계의 양이 한정적이라 애니메이션 제작업체의 요구사항을 탄력적으로 조절해야 했다. 렌더링 작업은 속도전에 가깝다. 제작팀이 초기 모형을 만들면 특수효과팀이 재빨리 렌더링 작업을 하고 샘플을 만들어야 필요에 따라 수정이 가능하다. 정리하면 클라우드 렌더링 기술은 시간을 적게는 수십 배에서 많게는 수백 배까지 아껴준다.

예전에 〈아바타〉의 특수효과를 담당한 웨타디지털은 영화 후반부에 24만 프레임의 화면을 렌더링하기 위해 900명 이상을 고용해 팀을 꾸렸다. 또한 4,000대의 서버, 3만 5,000개의 CPU 코어, 104TB의 메모리 등 1만 평방피트 규모의 서버 클러스터를 사용했다.

이에 비해 〈본타: 땅콩왕국의 전설〉은 작업량이 가장 많을 때 6,100여 대의 알리윈 서버, 15만 개의 CPU 코어, 400TB의 메모리를 사용해 1,000만 시간 이상 컴퓨팅을 진행했고 웹 자동화 방식으로 작업물을 전달했다.

대형 애니메이션 회사는 자체 렌더팜을 구비하지만 나날이 증가하는 컴퓨팅 자원 수요를 충족하기엔 기술력이 턱없이 부족하다. 창의적인 아이디어를 상업적 가치로 전환하려면 무엇보다 창작자에게 많은 자원을 저렴한 비용에 제공하는 것이 중요하다. 클라우드 렌더링은 단기간에 대량의 고효율 컴퓨팅 능력을 제공했고, '셀 셰이딩 팜Cel Shading farm'을 보유한 버서틸 미디어Versatile Media 사가 40여 개월 만에 완성하는 양의 작업을 13.3배 높은 효율로 3개월 만에 완성했다. 클라우드 렌더링을 사용한 것과 비교할 때[작업을 3개월 안에 마무리해야 한다고 가정할 때] 렌더팜을 건설하려면 한 번에 최소 2,800만 위안 가량의 하드웨어를 구입해야 한다. 이때 하드웨어 구입비용에는 작업을 불편하게 만드는 '어려움'까지 포함된다. 간단히 말해 클라우드 렌더링을 사용하면 전체 작업에 투입하는 비용의 91.07%를 절약할 수 있다.

훗날 저장대학교의 어느 학생은 200위안을 지불하고 클라우드 렌더링을 이용해 5분짜리 단편 애니메이션을 제작했다. 이 학생은 졸업식

때 학교 측으로부터 우수 디자이너 상을 받았다. 이 사례는 많은 중소형 창작자도 대기업과 같은 컴퓨팅 자원을 얻어 자신의 창의력을 충분히 발휘할 수 있음을 보여준다. 클라우드 렌더링 기술의 장점은 무엇보다 비용이 저렴하다는 것이다. 그동안 중국 내 많은 창작자와 중소형 민간 창작 회사에 부족한 것은 창의력, 아이디어, 스토리가 아니라 하드웨어 장비와 기술적 지원이었다.

만약 이들이 1대의 컴퓨터로 렌더링 작업을 하면 간단한 것도 최소 열흘에서 보름 정도의 시간이 걸린다. 반면 클라우드 렌더링 기술을 이용하면 아주 낮은 가격과 맞춤형 생산 방식으로 작품을 완성할 수 있다. 공공 서비스인 클라우드 컴퓨팅은 창조적 욕망이 있는 사람들에게 꿈을 실현할 최고의 탄약을 제공하는 동시에 이들의 창조력을 자극한다.

〈본타: 땅콩왕국의 전설〉은 클라우드 컴퓨팅이라는 기회를 충분히 활용했다. 리렌 감독은 〈본타: 땅콩왕국의 전설〉을 완성하는 것은 사실 불가능한 일이었지만 두 '미치광이'가 힘을 합친 결과 성공적으로 상영할 수 있었다고 말했다. 나는 클라우드 컴퓨팅이 창작자의 생산력을 극대화한다고 생각한다.

예술가에게 가장 중요한 것은 머릿속에 떠오른 영감을 곧바로 작품으로 표현하고 수정하는 일이다. 영감을 현실에 구현하는 시간이 길어지면 수정할 기회도 그만큼 줄어든다. 사람은 시간 제약을 받는 존재가 아닌가. 클라우드 컴퓨팅은 손이 많이 가면서도 단기간에 완성해야 하는 일에 거대한 능력을 제공하는 것처럼 보이지만, 실은 예술가에게 작품을 정밀하게 수정할 시간과 기회를 더 많이 제공한다. 이것은 암호를 푸는 것과 같은데 암호를 빨리 풀수록 다른 일을 할 시간이 더 늘어난다. 간단히 말해 컴퓨팅 능력은 간접적으로 창의력을 생산한다.

〈본타: 땅콩왕국의 전설〉을 제작하는 데는 구상기간과 수정기간을 포함해 총 3년이 들었다. 만약 클라우드 컴퓨팅이 없었다면 렌더링에 만 꼬박 3년이 걸려 제작이 무산되었을 수도 있다. 이처럼 컴퓨팅 능력 은 속도 문제를 넘어 작품의 탄생 여부를 결정하는 문제이기도 하다. 컴 퓨팅 능력은 새로운 능력이자 핵심 경쟁력이다.

〈본타: 땅콩왕국의 전설〉 제작의 뒷이야기는 소기업도 용기를 내면 클라우드 컴퓨팅이 제공하는 날개를 달고 대기업이 하는 일을 해낼 수 있음을 보여준다. 〈본타: 땅콩왕국의 전설〉 주제곡의 가사처럼 이제 불 가능은 불가능한 일이 되었다.

전 세계의 새로운 재원이 된 데이터

공증은 유구한 역사를 자랑하는 중요한 일이다. 노예제를 실시한 고 대 로마공화국 말기에 복잡한 서류를 대신 써주는 것을 업으로 삼은 사 람들이 있었는데, 이들을 타베리오네스Tabelliones라고 불렀다. 타베리오 네스는 법률 지식에 밝고 각종 법률 서류를 라틴어로 능숙하게 작성할 줄 알았으며 전문가로서 규정된 보수를 받았다. 고대 로마공화국의 타 베리오네스 제도가 바로 현대 공증제도의 기원이다.

1980년 공증제도를 회복한 중국에서는 2013년까지 총 3,000여 곳 의 공증기관이 새로 생겼다. 이것은 1980년에 비해 5배 정도 증가한 수 치다. 그사이 공증 관련 업무 종사자는 15배가 증가해 2만여 명이 되었고, 연간 처리하는 공증 업무는 110배 이상 늘어 약 1,000만 건으로 증가했다. 공증제도는 30여 년의 고속성장 기간을 거친 후 한 치의 망설임도 없이 인터넷 시대에 진입했다. 현재 중국의 인민법원은 안건을 심리할 때 법정에서 직관적으로 보도록 상대적으로 고정적이고 의도적으로 고친 부분이 없게끔 문서나 자료로 분류해 보관한 것만 증거로 인정한다.

이제 온라인 세상으로 바뀌면서 통화내용, 인스턴트 메신저의 채팅 기록, 서버 코드 등 각종 비문서류의 공증 수요가 끊임없이 증가하고 있다. 그런데 인터넷 시대에 전자정보를 공증하는 것은 과거에 문서를 공증하던 것과 다른 차원에서 어려움을 겪는다. 수요가 많아서가 아니라 법규의 제한을 받기 때문이다. 일단 법률적으로 전자정보의 진실성과 완전성을 확인할 방법이 없다. 이는 네트워크상의 전자 주문서, 이메일, 인스턴트 메신저 등의 교류 내용을 인쇄해 증거로 제출해도 법원의 인정을 받지 못한다는 얘기다.

물론 전통적인 오프라인 방식을 통하면 가능하지만 절차가 복잡하다. 예를 들어 공증기관에 직접 찾아가 공증인 앞에서 녹음테이프로 통화내용을 녹음해야 한다. 이 방법은 효율성이 떨어질뿐더러 검증, 보관 등의 모든 단계에서 비용이 발생한다. 여기서 비용은 금전적 비용이 아니라 사회적 비용을 가리킨다.

안춘테크는 통화내용 공증을 시작으로 클라우드 컴퓨팅을 이용해 기존의 공증 방식을 바꾸고 싶어 했다. 그래서 내놓은 제품이 '안춘'이다. 안춘은 통화내용과 통화시간, 구체적으로 수신자와 발신자가 통화를 시작한 시간과 종료한 시간을 정확히 기록한다. 중요한 것은 통화내용을 녹음하고 싶을 때 '951335+상대방 전화번호'를 누르면 녹음 내용이 알리윈의 클라우드 저장소에 보관되어 녹음기를 휴대할 필요도, 녹음 내용을 분실할 일도 없다는 점이다. 시공간의 제약을 받지 않고 인터넷만 연결하면 듣기와 다운로드가 가능해 증거 제출 용도로 사용할 수 있다. 통화내용 녹음은 양쪽이 서로 소통하는 현장을 가장 진실하고 완전하게 기록하는 일이다. 특히 백그라운드 시스템이 공증기관과 직접 연결되어 있어서 공증기관은 법에 따라 공증서를 신속하게 발급해 녹음 내용이 법적 효력을 갖게 만든다. 2011년 11월 안춘테크의 951335 통화내용 녹음 플랫폼은 정식 서비스를 시작했다.

2012년 5월 항저우의 어느 매체는 항저우 시후 공증기관이 951335 통화내용 녹음 시스템 관련 첫 공증 신청 접수를 받고 조사를 벌인 뒤, 이튿날 녹음된 통화내용 공증서를 발급했다고 보도했다.

2013년 1월 1일부터 정식 시행한 중화인민공화국민사법 제63조는 전자정보를 단일 증거류에 편입하고 있다. 이로써 전자정보는 명확히 법정 증거물이 되었고 인터넷을 활용한 전자 증거라는 신생 업종이 탄생했다.

인터넷이 보편화한 오늘날 네티즌과 소비자의 경계, 기업 간의 경계는 많이 모호해졌다. 핵심 자산인 데이터는 기업의 비즈니스 모델에 큰 영향을 주고 심지어 기업 문화와 조직까지 재구성한다. 그동안 공증은 열정적인 요소가 없는 전통 업종이었다. 하지만 온라인은 변화 요소가 없는 이 오래된 업종에까지 새롭게 생기를 불어넣었다.

금융도 마찬가지다. 다음은 알리바바금융 웹사이트에 있는 회사 소개 내용이다.

"알리바바금융은 인터넷 데이터화를 통해 운영합니다. 소기업과 개인 창업가에게 지속 가능하면서도 보편적인 전자상거래 금융 서비스를 제공하고 기존 금융기관에서 대출받을 수 없는 소외 계층에게 '소액, 단기, 즉시대출 즉시상환'의 신용소액대출 서비스를 제공합니다."

2009년 10월 1일부터 알리바바금융은 알리윈의 클라우드 컴퓨팅 플랫폼을 타오바오와 즈푸바오의 데이터를 연산하는 컴퓨팅 플랫폼으로 사용했다. 이후 데이터 모델이 끊임없이 최적화하자 서서히 주문서 대출, 타오바오 신용대출 등의 상품을 출시했다. 알리바바금융은 클라우드 컴퓨팅 기술을 매우 중요하게 여겼다. 당시 알리윈은 알리바바그룹의 신생기업이었다. 알리바바그룹이 알리윈과 알리바바금융이라는 두 개의 신생기업을 함께 육성하려면 커다란 용기가 필요했다. 어떤 의미에서 알리바바금융과 알리윈의 클라우드 컴퓨팅은 서로 의지하며 공동 발전했고, 모두 소기의 성과를 거둬 대기업의 내부 혁신에 관한 좋은 사례로 남았다.

알리바바의 소액대출 모델과 전통적인 은행의 소액대출 모델은 서로 다르다. 알리바바의 소액대출은 담보가 필요 없는 신용대출로 빅데이터 마이닝Mining을 이용하기 때문에 인위적인 심사도 많이 필요하지 않다. 현재 '3분 대출 서비스'를 신청하면 인위적인 관여 없이 단 1초 만에 대출 허가가 떨어진다. 그러면 신용은 어디에서 생길까? 데이터에서 생긴다. 알리바바금융은 빅데이터의 산물로 데이터는 알리바바금융의 기초이자 핵심이다.

데이터와 네트워크를 핵심으로 하는 알리바바금융의 개방형 소액대출 기술은 소기업의 융자 문제를 해결해주는 중요한 창구다. 온라인 대출은 정보를 더욱 투명하게 만들었는데, 알리바바금융의 부실대출비율은 1.02%지만 중국 은행업 전체의 소기업 관련 부실대출비율은 5.5∼6%다.

알리바바금융의 가장 큰 특징은 담보나 저당이 아니라 데이터에 의존한다는 데 있다. 데이터에 의존하는 방식은 소기업의 융자 문턱을 대폭 낮췄고 전자상거래 플랫폼상에 누적된 소기업의 데이터를 신용 가치로 환산했다.

2013년 타오바오 고객은 '타오바오 10주년 타임머신'을 통해 2003년 타오바오가 설립된 이후부터 2013년 5월까지의 즈푸바오 이용 내역을 볼 수 있었다. 이것이 가능한 이유는 간단하다. 타오바오, 텐마오, 즈푸바오는 6억 명의 회원과 10억 종 이상의 상품군이 등록된 거대 온라인 쇼핑몰이다. 이곳에서는 일평균 2,500만 건의 지불이 발생하고 연간 수조 위안의 거래가 이뤄진다. 다시 말해 타오바오는 인터넷 고객의 신용 데이터 원산지다.

이들 데이터의 가치는 특정 회사에 속하지 않은 모든 고객이 창조한 새로운 부이자 오프라인 시대 때 얻을 수 없던 부다. 현재 즈푸바오를 열면 고객은 자신의 신용점수를 볼 수 있다. 만약 신용점수가 700점 이상이면 싱가포르 비자를, 750점 이상이면 예금증서를 제공하지 않아도 쉥겐 비자(무비자 입국이 불가능한 중국 국적 또는 그 외의 국적인 사람이 쉥겐조약을 맺은 나라들 중 한 국가에서 비자를 발급받으면 90일 내에 그 국가들을 자유로이 출입국할 수 있는 비자 – 옮긴이)를 신청할 수 있다.

데이터는 개인의 신용을 존엄하게 만들고 신용카드보다 개인의 신용을 더 잘 보여준다.

오프라인 상태의 모든 것은 과거 중국 원저우의 민간금융 모델과 비슷하다. 원저우의 민간금융기관도 데이터를 필요로 했다. 그들은 데이터를 어떻게 수집했을까? 흥미롭게도 본토화 전략을 이용했다. 예를 들면 민간금융기관이 10위안을 주고 할머니를 고용한다. 이 할머니는 공장 입구에 걸상을 놓고 앉아 몇 명이 출퇴근하고 몇 대의 화물 트럭이 오고 가는지 일일이 헤아린다. 민간금융기관은 이들 데이터로 공장의 운영 상태를 파악하고 해당 공장 사장에게 얼마를 대출해줄지 결정했다. 비록 재래식이긴 하지만 이는 그들 나름대로 데이터를 수집하고 분석하는 방법이었다. 이 밖에 오프라인 세상에 존재한 것이 안타까울 정도로 빅데이터에 부합하는 민간금융 모델도 있었다.

과거에 신용 한도는 오프라인 세상의 자산, 예컨대 주택, 저당물, 자동차 등을 근거로 계산했다. 즉, 개인의 신용 한도를 오프라인 데이터로 결정했다. 그러나 오프라인 데이터는 보고서를 수정하거나 허위 증명서를 떼는 방법 등으로 쉽게 조작할 수 있다. 조작이 가능한 이유는 신용 한도 평가에 이용하는 데이터의 종류가 몇 안 되기 때문이다.

현대 대형 은행이 직면한 가장 큰 도전은 뭘까? 개인의 신용을 평가할 때 너무 많은 오프라인 데이터를 처리해야 하는 일이다. 이것은 100명의 할머니가 걸상에 앉아 공장 직원 수를 일일이 세는 것과 뭐가 다른가? 은행의 평가 과정은 복잡하고 지루하며 비용이 많이 든다.

이와 달리 알리바바금융은 전 과정을 온라인에서 진행한다. 모든 정보는 일단 온라인화하면 쓸모가 있든 없든 한 무더기의 데이터를 생성한다. 이런 상황에서 개인이 데이터를 조작하기는 매우 어렵다. 이때 컴퓨팅은 온라인 데이터로 끊임없이 신용 한도를 산출하고 이는 개인의 신용 한도를 결정하는 근거다.

목적이 있는 상태에서 없는 상태로 바뀌는 것은 거대한 변화다. 특정 목적을 위해 수집한 데이터는 반드시 용도에 제한을 받는다. 설정한 목적에 갇혀 데이터를 자유롭게 이용할 생각을 하지 못하기 때문이다. 알리바바금융이 수집한 데이터에는 명확한 목적이 없다. 그저 온라인 행동이 일어날 때마다 누적된 데이터일 뿐이다. 목적이 없는 상태에서 데이터를 수집하면 상상의 폭을 넓혀 이용할 수 있다.

금융이 온라인의 옷을 입은 뒤 모든 시스템의 운영비용은 크게 낮아졌고 덕분에 소수의 사람만 누리던 것을 많은 사람이 누리게 되었다. 과거에는 10만 위안 정도를 빌려야 누군가에게 응대를 받았지만 지금은 어느 누구의 눈치를 볼 필요 없이 2,000위안, 적게는 1위안도 빌릴 수 있다. 단위원가가 충분히 낮으면 소액대출을 해줘도 손해 없이 시스템을 정상적으로 운영하는 것이 가능하다. 또한 충분한 컴퓨팅 능력이 있을 경우 결과를 얻는 속도가 빠르다. 만약 어느 온라인 금융이 온라인 평가를 할 때 오프라인처럼 한두 달이 걸리고 한 번에 10명의 고객밖에 응대하지 못하면 반드시 실패한다.

알리바바금융 설립 초기에 나는 알리바바금융은 비행기가 아니라 헬리콥터를 만드는 것이라고 말했다. 사람들은 헬리콥터를 헬기라고는 불러도 헬리콥터 비행기라고 부르지는 않는다. 헬리콥터는 비행기가 아니니 말이다. 사실 비행기가 하늘을 나는 원리는 간단하다. 양쪽 날개는 기류의 영향을 받는데 기류는 비행기 날개의 위아래 표면을 유동하는 동시에 앞부분부터 뒷부분까지 유동한다. 이때 날개 위쪽을 유동하는 기류는 아래쪽을 유동하는 기류보다 속도가 빠르다. 비행기는 무엇을 겨룰까? 누가 더 높이 빠르게 멀리 날 수 있는가를 겨룬다. 이것이 비행기의 특징이다.

이에 비해 헬리콥터의 핵심은 프로펠러고 프로펠러 날개의 회전과 회전 각도가 중요하다. 헬리콥터는 누가 더 나무 꼭대기에 가깝게 접근할 수 있고 잘 은폐하는가를 겨룬다. 헬리콥터와 비행기는 공기역학 원리가 서로 완전히 다른 별개의 비행 물체다. 세계 각국의 헬리콥터는 모두 공군이 아니라 육군의 제도를 따른다.

이처럼 비행기와 헬리콥터는 비슷한 듯하면서도 서로 다르다. 마찬가지로 알리바바금융의 대출과 전통적인 은행대출은 돈을 빌려준다는 점에서 서로 비슷한 것 같지만 엄연히 다르다. 온라인 사회의 새로운 문물을 대할 때는 기술적인 관점에 갇히지 말고 사회적 가치를 봐야 한다. 언젠가 나는 어떤 사람에게 감사편지를 받은 적이 있다. 알리바바금융에서 1위안을 대출받은 사람이었는데 그는 자신이 대출을 받을 수 있으리라고는 생각지도 못했단다. 어쩌면 그는 전 세계에서 가장 작은 한도의 대출을 받은 사람일지도 모른다. 사실 관계가 어떻든 그에게 1위안은 단순히 대출금이 아니라 사회의 존중을 받는다는 점에서 감동을 주었다. 과거의 상업 환경에서는 이런 일이 불가능했지만 온라인 환경에서는 끊임없이 일어날 수 있다.

도시의 온라인도 사람들에게 뜻밖의 기쁨을 안겨준다. 항저우는 정말 아름다운 도시다. 나는 2016년 9월 5일 G20 정상회담을 개최해 더 유명해진 이 도시에서 생활하고 근무한다. 원래 도시는 인류의 위대한 발명품이지만 지구촌의 거의 모든 도시는 날마다 끔찍한 교통체증 문제를 겪는데, 항저우도 예외는 아니다.

스마트 도시와 교통체증 문제는 익히 들어본 말이 아닌가. 그런데 나는 도무지 이해가 가지 않는다. 명색이 스마트 도시인데 왜 교통 문제를 해결하지 못하는 걸까? 이 궁금증을 풀기 위해 나는 관련 자료를 찾아봤다. 항저우는 8,000~9,000대의 버스가 500여 개 노선을 달린다. 7,000여 곳의 버스 정류장에서는 날마다 390만 명의 시민이 버스를 타고 내린다. 이 정도 규모의 교통 수요를 충족하려면 전통적인 방법에만 의존하는 것이 아니라 반드시 규칙을 세워야 한다. 이때 데이터가 충분하지 않으면 어떤 규칙을 만들어도 엉성할 수밖에 없다.

항저우 등록 차량은 약 120만 대로 중국 전역에서 1인당 자동차 보유량이 가장 많다. 도로 위에 수백만 대의 자동차가 지나다니는 상황에서 도시 관리자들이 자동차 출발지와 이동하는 방향을 모르면 도로[공간]와 교통신호[시간] 등의 자원을 효과적으로 최적화할 수 없다. 교차로에서 교통경찰의 수신호와 신호등 색깔이 일치하지 않을 때가 많은 것도 운행 중인 자동차에 관해 제대로 된 데이터가 없기 때문이다.

스마트 도시를 건설하기 위해 항저우는 도심 곳곳에 많은 CCTV를 설치했다. 이들 CCTV는 날마다 어마어마한 양의 데이터를 수집한다. 왜 그 많은 데이터는 교통체증 문제 해결에 도움이 되지 않을까? 원인은 항저우에 데이터를 통합하고 정리하는 '대뇌'가 부족한 데 있다. 사람처럼 도시에도 자기만의 대뇌가 있어야 도심 상황을 시시각각 이해하고 도시를 효과적으로 운영할 수 있다.

사실 항저우의 문제는 중국의 거의 모든 도시에 존재한다. 2016년 4월 항저우는 중국 최초로 데이터 대뇌를 구축한 도시로 거듭났다. 항저우의 대뇌는 각각의 도로에서 수집한 데이터를 감시관리 시스템에 전송하고, 데이터의 경맥과 정맥을 뚫어 누적된 데이터를 서로 교환하며 도시의 눈[CCTV]과 손[교통정리]이 조화를 이루게 한다. 데이터를 잘 이용하는 것은 항저우시의 꿈에서 항저우 내 수십 개 기업의 꿈이 되었다. 나는 정부와 기업이 머리를 맞대고 데이터 사고방식을 이용해 복잡한 도시 문제를 해결하는 데 일조한 것에 자랑스러움을 느낀다. 도시가 기업 데이터, 사회 공공 서비스 데이터, 정부 데이터를 대뇌에 전송하면 데이터 대뇌는 인공지능처럼 기계를 통해 교통지휘센터의 무수한 영상을 '보고' 사람들에게 도시를 더 잘 이해할 방법을 찾아준다. 또한 눈을 감고 코끼리를 만지거나 안개 속에서 꽃을 보는 식의 데이터 사용법에서 벗어나게 해준다. 데이터는 도시의 대뇌를 토대로 도시의 부가 되었다.

도시 대뇌 건설은 항저우의 도시 관리 이념을 대표한다. 항저우는 중국, 나아가 전 세계를 위해 클라우드 컴퓨팅과 빅데이터를 이용해 도시 발전 문제를 해결하는 방법을 탐색했다. 예전에 나는 교통 분야에서 수십 년 동안 일한 전문가와 데이터 사용이 통과될 것인지를 놓고 대화한 적이 있는데, 최종적으로 항저우시가 차량 5부제를 폐지할 때 그 전문가가 한 말을 잊을 수가 없다.

"데이터를 이용해 교통 문제를 해결하게 되다니 정말 대단해요. 전 세계에서 자동차 운행 제한 조치를 실시하다가 폐지한 도시는 여기밖에 없을 거예요."

그의 말을 듣고 나는 폐지하지 못할 교통 관련 제한 조치는 없다는 사실을 인식했다. 모든 제한 조치를 폐지하는 것은 꿈을 넘어 역사상 유례가 없는 탐색이다. G20 정상회담 기간에 항저우 도시 관리자들이 스마트 도시를 어떻게 운영했는지 궁금하다. 스마트 도시는 모든 교통 문제를 해결하는 위대한 실천의 시작이다.

2016년 10월 윈시 대회에서 알리윈과 항저우시는 '항저우 도시 데이터 대뇌 계획'을 정식 발표했다. 미래에 데이터는 교육부터 건강까지 모든 사람의 생활 곳곳에 스며들 것이다. 생각만 해도 가슴이 떨리고 설렌다.

Chapter 7

구름 위로
올라간
도시

윈시마을이 생긴 뒤 항저우는 '중국을
구름 위에 올려놓은 도시'로 거듭났다.
머지않아 나는 항저우가
클라우드 컴퓨팅을 이용해
전 세계를 바꾸는 도시로
부상할 것이라고 본다.

실리콘밸리는 지도상에 존재하지 않지만 혁신과 미래를 말할 때마다 빠짐없이 등장하는 매력적인 곳이다. 사람들에게 실리콘밸리를 상징하는 대학교를 물으면 대부분 스탠퍼드대학교를 꼽는다. 하지만 실리콘밸리를 상징하는 기업을 꼽으라고 하면 저마다 대답이 다르다.

2017년 2월 나는 팰로앨토에 있는 HP를 방문했다. 데이비드 패커드와 빌 휴렛의 사무실에 들어갔을 때 가장 먼저 눈에 띈 것은 활짝 열린 문 안으로 들어오는 햇볕이었다. 사무실 문을 열어놓은 채 개방적으로 교류하는 것은 실리콘밸리에서 하나의 문화다. 많은 사람이 알고 있는 차고車庫 문화도 HP의 차고에서 시작되었다. HP의 차고는 실리콘밸리의 탄생지인 셈이다. 1939년 데이비드 패커드의 신혼집에 딸린 차고에서 HP가 처음 생산한 제품은 음향 발진기Audio Oscillator다. 음향 발진기는 윌리엄 쇼클리William B. Shockley가 트랜지스터 기술을 갖고 캘리포니아 주로 오기 수십 년 전에 만들어졌다. 실리콘밸리의 이름과 자본이 출현한 것은 이보다 한참 늦은 1970년대다. 내가 HP 건물을 나올 때 데이비드 패커드와 함께 일한 어느 직원이 내게 데이비드 패커드가 쓴 《HP 방식The HP Way》을 선물했다. 이 책을 읽고 가장 크게 느낀 점은 실리콘밸리는 실리콘 문화 용광로의 결정체라는 것이다.

실리콘밸리가 해낸 많은 일은 전 세계 무수한 젊은이의 사기를 고무했다. 나아가 기술이 빠르게 발전하는 흐름을 타고 전 세계 곳곳에 제2, 제3의 실리콘밸리를 표방하는 많은 첨단단지가 생겼다. 그러나 어느 곳도 실리콘밸리의 명성을 뛰어넘지 못했고 실리콘밸리는 이들에게 혁신의 장벽이나 마찬가지다. 실리콘밸리가 조성되기 전 미국 동부, 구체적으로 뉴저지 주의 멘로파크는 혁신과 자본의 천국이었다. MIT와 하버드대학교가 있는 미국 동부는 초기에 혁신의 중심이었으나 서부의 실리콘밸리는 그 벽을 뛰어넘었다.

멘로파크의 불빛이 인터넷에서 반짝이다

멘로파크는 캘리포니아 주, 나아가 미국 전역을 통틀어 교육 수준이 매우 높은 도시 중 하나다. 약 70%가 넘는 주민이 대학교 이상의 교육을 받았다. 그런데 미국 뉴저지 주에도 또 하나의 멘로파크가 있다. 사람들에게 많이 알려지지 않았지만 이곳에서 전 세계를 환하게 밝힌 빛이 등장했다.

'전기' 하면 사람들은 으레 에디슨을 떠올린다. 그도 그럴 것이 그는 전구를 발명했다. 에디슨은 발명가이자 J. P. 모건에게 창업 자금을 받은 창업가였다. 당시 에디슨은 도시에 전력을 공급하는 엄청난 일을 해냈다. 전구만 발명한 것이 아니라 발전기를 만들어 도시 곳곳에 전력을 전송한 것이다. 에디슨이 뉴욕 월스트리트에서 처음 전력을 공공 서비스로 전환한 이후 전력은 일상생활에 반드시 필요한 인프라로 자리 잡았다.

전기가 등장하고 나서 사람들은 전등, 헤어드라이어, 냉장고 등 더 많은 것을 발명했다. 이는 공공 서비스와 인프라가 혁신을 촉진한 결과다.

같은 원리로 컴퓨팅도 공공 서비스로 하면 더 많은 것을 창조할 수 있다. 그 전에 더 이상 데이터와 프라이버시 문제를 연결해서 생각하지 않길 바란다. 내가 볼 때 이것은 문제가 되지 않는다. 전에 어떤 학생이 내게 같은 질문을 한 적이 있는데, 나는 프라이버시를 걱정하는 것은 의미가 없다고 대답했다.

"한번 생각해볼까요? 학생은 대학교를 다니는 동안 프라이버시를 많이 침해당합니다. 집에서는 혼자 방을 썼지만 학교 기숙사에서는 서너 명이 한 방을 써야 하는데 학업을 위해 기꺼이 프라이버시 침해를 받아들이죠. 역사적으로 인류의 발전 과정은 서서히 프라이버시를 희생하는 과정이었어요. 문제는 본인이 그것을 받아들이느냐 아니냐에 있죠."

왜 이 화제를 꺼냈을까? 다시 에디슨 이야기로 돌아가 보자. 에디슨은 분명 전구를 발명하고 전력을 인프라로 만드는 등 인류 발전에 크게 공헌했다. 동시에 그는 여느 창업가처럼 많은 잘못을 저질렀다. 이 관점에서 지금의 인터넷 기업은 미래 발전을 가로막는 걸림돌일 수 있다. 왜일까? 많은 사람이 알고 있듯 에디슨이 발명한 것은 직류 전류다. 그 시절 직류 전류의 기술적 한계이자 가장 큰 문제는 전송 거리가 약 3.2km에 불과하다는 점이었다. 에디슨은 뉴욕 월스트리트 부근에 첫 발전소를 건설했는데, 약 3.2km마다 발전소를 건설하는 것은 여간 큰 문제가 아니었다. 더욱이 에디슨은 이미 다국적기업을 설립해 전 세계에 전구를 팔았다.

에디슨을 존경한 테슬라는 그의 회사에서 일하기 위해 배를 타고 뉴욕으로 건너왔다. 그 시절 에디슨의 회사는 지금의 페이스북이나 구글처럼 가장 선진적인 생산력을 상징해 젊은이들이 무척 선호했다. 테슬라는 에디슨에게 직류 전류가 아니라 교류 전류를 만들자고 제안했다.

그러나 앞서 설명한 것처럼 훗날 테슬라와 에디슨은 각자의 길을 걸었다. 에디슨의 회사를 떠난 테슬라는 자신의 실험실에서 교류 발전기와 교류 전동기를 발명했고 교류 전류 전송에 성공했다. 그 무렵 미국 동부는 이처럼 혁신적인 곳이었다.

미국 동부에서 불기 시작한 혁신 바람은 전류에 이어 철로에도 영향을 주었다. 미국이 처음부터 국가 발전에 어떤 거대한 영향을 줄지 주도 면밀하게 고려해서 철로를 건설한 것은 아니다. 그저 편리한 이동을 염두에 두고 건설한 것뿐이다. 이는 초기에 단지 인터넷을 하려고 컴퓨터 통신망을 설치한 것과 같다. 미국 전역을 철로로 연결하고 나서 미국인은 철로를 이용해 무얼 할지 생각하기 시작했다. 이때 스탠더드오일을 창립한 존 데이비슨 록펠러는 철로의 가장 중요한 기능은 석유 운송이라 여기고 철도공사와 협상해 주요 운송 노선을 손에 넣었다.

나중에 철도공사는 철로를 깐 자신들보다 철로로 석유를 운송하고 매매하는 록펠러가 훨씬 더 많은 돈을 번다는 것을 발견했다. 이것은 컴퓨터 통신망을 설치한 통신 회사보다 인터넷 회사가 돈을 더 많이 버는 것과 비슷하다. 록펠러의 위대한 점은 혁신성에 있다. 당시 정유공장은 고도의 신기술이 모인 곳이자 파이프라인이 가장 많은 곳이었다. 록펠러는 철도공사가 운송비 인상을 요구하자 파이프라인을 건설해 석유를 운송하면 어떨까 하는 생각을 했다. 파이프라인으로 석유를 운송하는 방식은 록펠러가 '발명'한 것이다. 사물은 고립된 채로 발전하지 않는다. 전기 보급은 에디슨에게 이익을 줬지만 록펠러에게는 손해를 안겼다. 사람들이 더 이상 등잔불을 쓰지 않았기 때문이다. 그런데 포드가 내연기관을 생산한 뒤 석유가 산업 발전의 동력으로 부상하면서 록펠러는 재기에 성공했다. 세상이 발전하는 모습은 이렇게 기묘하다.

19세기 말에서 20세기 초 미국 동부에서 발생한 일들은 새로운 시대를 창조했다. 지금은 인터넷이 멘로파크보다 더 격동적이고 실리콘밸리보다 더 큰 변화를 일으키며 새로운 시대를 창조하고 있다.

중국이 구름 위로 올라간다면?

처음에 멘로파크는 뉴욕 외곽에 위치한 작은 마을에 불과했다. 윈시마을도 항저우의 외곽에 있는 무명의 작은 마을이다. 동시에 이곳은 클라우드 컴퓨팅을 확신하는 사람들로 가득한 공업단지이기도 하다.

알리윈은 혁신적인 창업가들에게 막중한 책임감을 느꼈다. 이에 따라 2013년 창업가와의 거리를 좁히기 위해 항저우 쫜탕 클라우드 컴퓨팅 단지의 관리위원회와 공동 목표를 정하고 이곳을 창업 혁신 제1기지로 만들었다.

항저우 쫜탕 클라우드 컴퓨팅 단지의 창립자 뤼강펑鋁鋼鋒은 말했다.

"알리윈과 우리 첨단 단지가 목표를 세우고 실천한 결과 모든 창업가가 첫날부터 다른 대기업과 동일한 출발선에 설 수 있었습니다. 모든 창업가를 응원하는 동시에 실제로 그들이 능력을 펼칠 무대를 마련해준 것이죠."

사람들은 '산업 단지' 하면 단순히 GDP 성장에 기여하는 곳이라고 생각한다. 그러나 세상은 더 많은 혁신과 창업을 필요로 한다. 훗날 나는 쫜탕의 첨단 단지를 '윈시마을'이라 부르고 혁신이 밥 먹듯 일어나는 곳이 되길 바랐다. 그때는 아직 저장성에 원시마을을 건설하기 전이지만 내게 원시마을은 특별한 의미가 있었다.

2013년 나는 컨벤션센터나 호텔 내부가 은연중에 사고력을 제한하고 문화와 정신 축적에 도움을 주지 않는다고 생각해 알리윈 개발자 대회 장소를 항저우 시내의 호텔 회의실에서 원시마을의 노천 광장으로 옮겼다. 약 4,000명이 참석해 전례를 찾아보기 힘들 정도로 대규모를 자랑했다. 마침 항저우의 날씨도 좋았고 많은 개발자가 참석한 것도 무척 고마웠다. 원시 대회에 의미를 불어넣는 5,000대의 서버 클러스터를 원시마을 데이터센터에 설치하고 마침내 원시마을연맹이 탄생하자 CSDN 기자가 이 순간을 생생하게 기록했다.

"

중국 클라우드 컴퓨팅 산업의 가치는 2013년 1,100억 위안이었으나 2015년 7,500억 위안에서 1조 위안까지 증가했다. 그러는 동안 클라우드 컴퓨팅 기반의 혁신적 기술은 산업의 각 영역에 깊이 스며들었고 특히 금융, 교통, 전력, 제조, 통신 등의 산업이 인터넷을 만난 뒤 기술적 돌파구를 마련했다. 또한 인터넷 게임, 모바일인터넷, 사물인터넷, 스마트 도시 등이 유행했으며 작게는 스마트폰 앱부터 크게는 국가 경제 및 국민 생활과 관련된 해결 방안까지 기술과 인재를 둘러싼 전쟁이 시작되었다. 클라우드 컴퓨팅의 상용화 속도도 빨라졌다.

10월 24~25일 중국 클라우드 컴퓨팅 영역의 리더 기업 알리윈은 '클라우드 컴퓨팅의 나비 효과'라는 주제로 알리윈 창업 혁신 기지에서 '2013 알리윈 개발자 대회'를 열었다. 중국 전역과 해외에서 운집한 약 5,000명의 클라우드 컴퓨팅 인재가 각각 모바일인터넷 소프트웨어, 게임, 금융, 개발자 서비스, 윈OS 관련 포럼에 참석했다. 알리윈 개발자 대회는 개발자와 클라우드 컴퓨팅 관련 기업에 기술과 창조성을 교류할 큰 무대를 제공하는 동시에 모든 업계 관계자에게 최신 클라우드 컴퓨팅 소프트웨어를 깊이 이해할 기회를 제공했다.

개발자 대회 결승전이 끝난 뒤인 10월 24일 저녁 알리윈은 30개의 클라우드 컴퓨팅 산업 연맹 대표 기업과 함께 클라우드 컴퓨팅의 생태계 연맹인 윈시마을 설립 소식을 발표했다. 윈시마을 발기인 회의에서 이 연맹의 1대 의장이자 알리바바의 CTO인 왕젠은 이렇게 말했다.

"알리윈의 발전 뒤에는 많은 친구들의 지원이 있었습니다. 올해 알리바바의 데이터량은 이미 사다리 클라우드가 처리할 수 있는 최대 범위를 초과했습니다. 2013년 8월부터 4개월에 걸쳐 무수한 기술적 난관을 돌파한 알리윈은 사다리 클라우드 1을 성공적으로 최적화하고 서버 클러스터를 확대했습니다. 또한 사다리 클라우드 2의 서버 클러스터 규모도 1,500대에서 5,000대까지 확대했습니다. 5K 프로젝트 성공으로 알리윈은 구글과 페이스북에 비견할 만한 기업이 되었습니다. 알리윈은 5K 컴퓨팅 능력을 화다바이오 같은 제3자가 사용하도록 개방할 예정입니다."

왕젠 박사는 말했다.

"연맹의 바람은 더 많은 클라우드 컴퓨팅 기업이 보다 깊은 차원에서 산업 혁신을 이끄는 것입니다. 모든 개발자는 클라우드 컴퓨팅 기반의 창업 혁신 기지에서 대기업과 동등하게 출발해 동등한 능력을 발휘하며 원하던 혁신을 이룰 수 있습니다. 전통 기업도 인터넷 기업의 손을 잡으면 똑같이 혁신 능력을 발휘할 수 있습니다."

"

만일 당신이 윈시마을을 찾는다면 길가에 놓인 돌멩이 하나에서도 연맹을 맺은 기업들의 이름을 발견할 수 있을 것이다. 클라우드 컴퓨팅 발전에 역사적으로 기여한 이들 기업에 그저 감사할 따름이다. 만약 이들 기업과 함께 노력하지 않았다면 클라우드 컴퓨팅은 지금의 수준에 도달하지 못했을 것이다. 연맹이 거대한 대가를 치른 덕에 많은 사람이 클라우드를 이용할 수 있게 되었다.

2014년 10월 윈시마을에서 열린 제5회 알리윈 개발자 대회에는 약 8,000명의 개발자가 참가했다. 어느 기자가 내가 연설 중에 말한 세 문장을 기사에 실었다.

"

We are human beings. 우리는 모두 사람입니다. 신장에 살든 안캉에 살든 유럽과 미국에서 왔든 인터넷과 클라우드 덕분에 우리는 모두 동등한 사람이 되었습니다.

We live on the internet. 우리는 인터넷상에서 생활합니다. 우리의 공통점은 항저우, 베이징, 시짱 등 물리적인 생활공간의 한계를 받지 않는 것입니다.

We love cloud. 우리는 모두 클라우드 컴퓨팅을 사랑합니다. 클라우드상에서 일하고 클라우드 컴퓨팅이 무엇인지 어느 전문가보다 더 많이 이해하고 있습니다.

"

2014년 알리윈은 Face++의 CEO 인치印奇와 귀저우성 경제정보화위원회 상무부주임 마닝위馬寧宇를 알리윈 개발자 대회에 연설자로 초청했다. 그 무렵 인공지능은 지금처럼 많은 관심을 받지 못했지만 이는 Face++가 인공지능 분야에서 선두기업이 되는 데 아무런 영향을 주지 않았다. 마닝위는 클라우드상에서 귀저우성의 업무 계획을 짠 경험, 알리윈과 협력해 초보적인 결과를 얻은 경험을 참석자들과 공유했다. 그때 귀저우성은 아직 구이양 국제 빅데이터 산업 박람회를 개최하기 전이었지만 '구름 위의 귀저우'를 귀저우성의 슬로건으로 내세웠다. 귀저우성은 정부 데이터 목록과 부분적인 데이터 자원을 앞장서서 개방하고 성 내외의 데이터를 클라우드에 업로드했다. 이것을 보면 귀저우성 정부가 전에 없던 태도와 의지로 인터넷을 활용하고 있음을 알 수 있다. 인터넷과 함께하는 것은 산업 발전을 위한 원시마을의 초심이다.

2015년 두용의 cnBlog가 원시마을에 입주했다. 10월 알리윈 개발자 대회는 '원시 대회'라는 정식 명칭으로 열렸고 중국에서 가장 외진 지역인 시짱과 신장을 포함한 중국 32개 지역과 해외에서 2만 2,000명의 개발자가 참가했다. 항저우, 선전, 베이징 등의 공항에서 사람들은 이런 문구를 볼 수 있었다.

"컴퓨팅은 계산할 수 없는 가치를 위한 것입니다."

2016년에는 약 4만 명의 개발자가 윈시 대회에 참가했고 500만 명 정도가 인터넷 생중계로 대회 상황을 시청했다. 윈시마을이 생긴 뒤 항저우는 '중국을 구름 위에 올려놓은 도시'로 거듭났다. 머지않아 나는 항저우가 클라우드 컴퓨팅을 이용해 전 세계를 바꾸는 도시로 부상할 것이라고 본다.

클라우드 컴퓨팅을 위한 신도시 탄생

현재 중국에서 부는 창업 열풍처럼 중국의 각 도시에서 마라톤 대회를 개최하는 붐이 일고 있다. 2015년 11월 저우산 국제 마라톤 대회가 저우산군도에서 열렸다. 이 대회는 과학기술을 접목한 중국 최초의 마라톤 대회나. 예선에 저우산군도를 방문했을 때 날마나 미세먼지 수치가 10 정도로 공기가 맑았는데, 문득 '미세먼지 수치가 500이 넘는 곳이 아니라 이렇게 공기가 깨끗한 곳에서 마라톤 대회를 열면 어떨까?' 하고 생각한 것이 저우산 국제 마라톤 대회로 이어졌다. 저우산 국제 마라톤 대회 개막 전 나는 엔터테인먼트 매체《TMT포스트》기자와 한 차례 인터뷰를 했다.

"

베이징은 IT 창업가에게 성과는 내지 못하고 마음만 붕 뜨기 쉬운 도시가 되어가고 있다. 클라우드 컴퓨팅이 발전하면서 인터넷 기반의 창업가는 기술비용을 아끼고 지역적 한계를 벗어나는 것이 가능해졌다. 창업가들이 새로운 무리를 형성하는 것은 비즈니스 클러스터 형성의 서막이자 베이징, 상하이, 광저우, 선전보다 더 좋은 창업 혁신 경제 구역이 늘어나고 있음을 의미한다. 2만 명의 개발자가 참가한 윈시 대회에 이어 윈시마을연맹을 위한 저우산 마라톤 대회를 개최한 왕젠은 많은 사람이 창업 혁신의 눈길을 베이징, 상하이, 광저우 이 외의 다른 지역으로 돌리길 바라고 있다.

사람들은 베이징은 마라톤을 하기에 공기가 너무 좋지 않다고 말만 할 뿐 마라톤을 해도 좋은 도시는 찾지 않는다. 또한 사람들은 베이징, 상하이, 광저우의 창업 환경을 들먹이지만 사실 환경은 창업의 중요한 요소가 아니다. 환경은 사람에게 스트레스를 유발하거나 상상력을 자극하는 매개체에 불과하다. 마라톤에 비유하면 미세먼지 수치와 같은데 이보다 더 중요한 것은 사람의 시야다. 가령 어떤 사람이 사무실 임대 사업을 한다면 혁신 포인트는 임대 사무실 공기를 맑은 수준으로 유지하는 데 있다. 이때 어떤 사람이 이 사무실에 입주해 공기 청정 관련 창업을 할 경우 사실 그는 아무것도 혁신하지 않은 것과 같다.

차고에서 창업하는 것과 베이징의 오피스 빌딩에서 창업하는 것이 똑같을까? 베이징의 초기 창업 회사들을 직접 방문해본 결과 오피스 빌딩만 전전한 회사들은 차고에서 창업한 회사 같은 귀속감이 없었다. 그런 이유로 나는 저우산군도에 IT 창업가들이 귀속감을 느낄 만한 장소를 기획했다.

인터넷 정신은 집중이 아니라 분산과 공유를 추구한다. 물론 물리적 존재감은 여전히 중요하지만 어느 곳에 있든 거리는 더 이상 중요하지 않다. 다시 말해 창업가는 꼭 베이징에서만 존재감을 찾을 필요가 없다.

과거에 외국 언론이 중국의 발전상을 설명할 때 상투적으로 쓴 표현이 있다.

"중국은 전 세계 강재의 3분의 1을 사용하고 물 자원의 2분의 1을 소모하며…."

10년, 20년이 지난 지금 외국 언론은 중국의 발전상을 '중국은 전 세계 컴퓨팅 능력의 어느 정도를 소모한다'라고 설명한다. 이것이 중국의 진정한 변화다.

미국의 경제 중심 이동 과정을 살펴보면 미국 최초의 대기업이 펜실베이니아 주에서 동부의 뉴욕 일대로 이동했음을 알 수 있다. 무선 전신이 발달하자 기업들은 다시 서부지역으로 이동해 실리콘밸리에 뿌리를 내렸다. 미국 경제의 중심이 서부지역으로 이동한 것은 사람의 의지로 되는 일이 아니다.

현재 미국 클라우드 컴퓨팅의 '수도'는 시애틀이다. 양대 클라우드 컴퓨팅 기업인 아마존과 마이크로소프트의 본사가 모두 시애틀에 있고, 구글의 클라우드 컴퓨팅 부서도 시애틀에 있다. 알리윈도 시애틀에 R&D 센터를 설립했다.

시애틀이 정부 주도로 클라우드 컴퓨팅의 '수도'가 된 것은 아니다. 모든 과정은 자연스럽게 이뤄졌다. 경제 중심과 혁신 중심은 사람의 의지로 옮길 수 없다. 현재 중국은 창업 열기가 뜨거운데 분위기가 어느 정도 무르익으면 미국처럼 집결지가 생길 가능성이 크다.

중국이 창조한 인프라 상황을 고려할 때 베이징, 상하이, 광저우를 제외한 다른 지역에서도 얼마든지 인터넷 사업을 할 수 있다. 벤처 기업의 가장 큰 어려움은 사람을 구하지 못하는 것인데 사실 지리적 위치는 중요하지 않다. 어느 지역에 창업 환경을 조성하면 사람들은 두 가지 방식으로 모인다. 하나는 온라인 커뮤니티에 모이는 것이고 다른 하나는 물리적으로 모이는 것이다. 앞으로 20년 안에 과거 30년 동안 베이징, 선전 등지가 한 역할을 할 새로운 도시가 중국에 나타날 확률이 높다. 인터넷 창업 혁신 시대에 지역적 한계는 사라졌고 상품 제조지는 더 이상 중요치 않다. 물론 창업가에게는 기억에 남을 귀속지가 필요하므로 물리적 존재감은 여전히 중요하다. 이번 마라톤 대회를 통해 원시마을연맹과 미래 혁신에 공헌할 사람들이 저우산군도에서 심리적 거리를 좁히기를 바란다.

"

2014년 8월에는 한 친구가 위챗 모멘트에 올라온 짧은 글을 내게 보내주었다. 의식하지 못하는 사이 내가 한 일이 실제로 주변에서 변화를 일으키고 있다는 사실에 나는 크게 감동했다.

"

오랫동안 항저우에서 생활해서인지 천국처럼 아름다운 주변 경치가 당연하게 느껴진다. 이럴 때 필요한 것이 관점을 바꿔 새로운 것을 체험하는 일이다. 이를테면 잔디밭 한가운데에 빛나는 구슬을 박아 넣은 것처럼 반짝이는 시후를 하늘에서 감상하는 것이다. 그러면 계절이 바뀔 때마다 풍경에 취하는 기분을 제대로 느낄 수 있다.

항저우의 아름다움은 고정적이지 않다. 발전한 정보 네트워크 기술과 새로운 산업을 잉태하는 도시 생태계도 유동적인 아름다움의 한 형태다.

항저우 사람이면 누구나 아는 '윈시'는 지우시에서 멀지 않은 곳에 있고 '윈시 대나무 길'로도 불리는 명승지다. 10여 년 전의 어느 가을 메이링 터널 옆쪽의 산에 올라간 적이 있다. 이곳의 유명한 등산코스를 오를 때 멀리는 청산유수가 보이고 가깝게는 롱징 차밭과 누대, 산촌 사람들이 보이는 것이 마치 천상 세계와 지상 세계가 함께 있는 것 같았다. 산을 내려오며 대나무 길을 걸을 때는 시원한 바람이 솔솔 불어와 온 마음이 기쁨으로 가득했다. 내 기억이 맞는다면 장성 밖 오래된 길 부근에 홍이 법사가 출가한 절이 있다.

내가 모르는 사실이 있었는데 몇 년 전 시후 주변에 '윈시마을'이라는 새로운 마을이 생겼다. 이곳 윈시가 명승지 윈시와 다른 점은 윈시 대나무 길에서 10리 정도 떨어진 탓에 있고 주변에 중국 미술학원 샹산 캠퍼스가 있다는 것이다. 현재 저장 음악학원도 한창 건설 중이다. 지난주 목요일 성장(한 성의 최고행정장관 – 옮긴이)과 함께 윈시마을을 답사하고 얼마나 놀랐는지 모른다. 그곳을 답사한 뒤 나는 '책에서 얻은 지식은 깊이가 얕으므로 제대로 알려면 몸소 실천해야 한다'라는 철리를 진실로 믿게 되었다.

윈시마을은 지리적 개념도, 행정구역상의 지명도 아니다. 요즘 유행하는 클라우드 컴퓨팅 산업의 서식지다. 1년에 한 번 열리는 알리윈 개발자 대회 덕분에 이 외지고 조용한 산골은 중국과 전 세계를 놀라게 하는 '녹색 혁명'의 중심지로서 업계 리더, 기술 전문가, 기업 경영진, 인터넷 개발자 들이 모이는 플랫폼이 되었다. 이들은 윈시마을에서 인터넷과 클라우드 컴퓨팅 영역의 기술 및 응용을 공동 연구한다.

2010년부터 해마다 가을이면 윈시마을에서 개발자 대회가 열린다. 다시 말해 개발자 대회 우수 작품 평가회, 개발자 대회와 엘라스틱 컴퓨팅 시연, 대규모 저장 시연, 클라우드 네트워크 시연, 대규모 컴퓨팅 시연으로 빅데이터 5대 시연이 열린다. 또한 인터넷, 클라우드 컴퓨팅, 통신사, 전자제품, 모바일 단말기 업계의 리더와 기술 전문가를 비롯해 3,000명의 개발자가 모여 클라우드 컴퓨팅의 응용 사례와 실천성과를 공유하는 것은 물론 국내외 클라우드 컴퓨팅 발전을 위해 알리윈의 미래 제품을 기획하고 업무 계획을 세운다. 작년에 귤이 맛있게 익는 계절에 윈시마을 노천 광장에 약 5,000명의 국내외 인터넷 고수, 클라우드 컴퓨팅 괴짜, 빅데이터 협객이 모였다. 그날 마을 전체가 온종일 얼마나 떠들썩했을지 훤하게 그려진다. 영화에서 본 칠흑같이 어두운 밤에 홍군이 횃불을 들고 징강산에 우뚝 서 있는 장면처럼 그날 윈시마을에 모인 '별'들의 열기는 온 마을을 태우고도 남았을 것이다.

윈시마을을 기획하고 건설한 사람은 알리바바그룹의 CTO 왕젠 박사다. 그가 성장에게 윈시마을에서 개발자 대회를 열자고 제안했을 때 많은 사람이 누가 이 시골까지 찾아오겠느냐며 회의적인 반응을 보였다. 왕젠 박사는 이 대회는 여느 대회와 다르다고 말했다. 개발자 대회에 참가하는 사람은 그저 대회라서가 아니라 혁신과 창업을 위해 참가한다. 이후 이것은 사실로 나타났다. 2013년 알리윈 개발자 대회에서 왕젠은 알리윈의 성과는 무수한 알리윈 개발자들의 헌신으로 얻은 것이라고 강조했다. 개발자들은 윈시마을에서 고락을 함께하며 지식과 기술을 개발하는 동시에 서로 끈끈한 정을 쌓고 이해하며 함께 발전했다.

비록 이슬비가 내리는 늦은 저녁이었지만 보고를 끝까지 들은 성장은 5,000대의 컴퓨터를 병렬로 연결해 운영하는 알리윈의 페이티엔 5K 기지를 참관했다. 2008년 10월 18일 시작한 페이티엔 프로젝트는 2013년 8월 15일 성공적으로 완료했다. 이로써 알리바바는 중국 최초로 대규모 범용 컴퓨팅 플랫폼을 자체 개발해 보유한 기업이자 세계 최초로 5K 클라우드 컴퓨팅 서비스를 제공하는 기업으로 거듭났다.

윈시마을의 맑고 투명한 하천 옆에는 우뚝 솟은 기념비가 하나 있다. 비문 내용을 요약하면 이렇다. 2008년 10월 24일부터 꿈을 품은 평범한 한 무리의 형제가 1,757일 동안 밤낮으로 생명과 뜨거운 피로 코드를 짜 마침내 클라우드 컴퓨팅 플랫폼을 구축하는 영광의 꿈을 이뤘다! 기념비 아래쪽에는 왕젠의 친필 사인이, 사면에는 무수한 개발자의 이름이 새겨져 있다. 왕젠은 개발자들이 단순히 꿈만 꾸거나 약속만 하지 않고 직접 행동해서 꿈을 이뤘다고 말했다. 그렇다. 꿈과 약속과 행동은 성과를 얻는 3대 주춧돌이다.

해외에서 내가 가장 가고 싶은 곳은 뉴욕·도쿄·파리 같은 대도시가 아니라 도나우강, 나일강, 아마존강 강변, 알프스 산기슭 같은 자연·생태·민속·인문적 요소가 있는 곳이다. 그래서인지 저장성에 100개의 특색 있는 마을을 복원하고 건설할 예정이라는 성장의 말을 듣고 무척 기뻤다.

"

그 무렵 나는 사람들이 윈시마을이라고 부르는 곳에서 몇 년째 생활했는데, 이 글은 윈시마을을 달리 보게 만들 정도로 내게 새로운 인식을 줬다. 윈시마을은 인터넷이 변화하는 시기에 역사적인 기회를 잡게 해주는 도전 장소다. 전기는 최초에 유럽에서 발명했지만 20세기 미국에서 공공 서비스로 보급해 미국의 산업 혁명을 일으켰다. 만약 중국에서 컴퓨팅을 더 일찍 공공 서비스로 제공했으면 인터넷 경제 시대에 중국은 거대한 기회를 잡았으리라. 이것이 윈시마을과 실리콘밸리의 역사가 달라진 이유다.

2017년 8월 항저우의 윈시마을과 우시의 쉬에랑마을은 자매결연을 했다. 세계 인터넷 대회와 윈시 대회가 열리는 윈시마을과 세계 사물인터넷 박람회가 열리는 쉬에랑마을은 우전을 거칠 경우 차로 2시간이 채 걸리지 않는다. 작은 마을의 밀집 현상에서 유추하건대 이 일대의 컴퓨팅 경제가 상승세를 탈 시기가 그리 멀지 않다.

중국 공정원의 심포지엄에서 어떤 사람이 내게 인터넷, 클라우드 컴퓨팅, 빅데이터 이후 어떤 새로운 기술이 발전할 것인지 물었다. 나는 적어도 50년 동안은 계속해서 인터넷을 파고들어야 한다고 대답했다. 어떤 일이든 과정 없이 완성할 수 없다. 하지만 사람들은 제대로 해보지도 않고 포기하는 바람에 많은 발전 기회를 잃는다.

혁신은 컴퓨팅의 걸음동무다. 중국은 아직 가야 할 길이 멀다.

Chapter 8.

컴퓨팅
경제가
온다

컴퓨팅 경제 환경에서 기업 가치는
어떻게 평가해야 할까?
지금은 인터넷이 곧 거대한 컴퓨터다.
그러므로 앞으로는 데이터와 관계가 있는지,
컴퓨팅 능력을 얼마나 소모하는지를
살펴야 한다.

인터넷은 인프라, 데이터는 생산재 그리고 컴퓨팅은 공공 서비스가 되었다.

인터넷 사고방식 같은 건 없다

인터넷은 국가와 사회, 경제 발전에 필요한 인프라다. 인터넷은 전통적인 시공간의 경계를 크게 확장했다. 원래 인프라는 도로, 철도 같은 것이지만 인프라화한 인터넷은 시공간의 경계를 무너뜨리고 도로와 철도의 한계마저 초월했다. 인프라가 없는 국가에는 GDP도 없다.

과연 인터넷은 무얼까? 사람들이 인식하는 인터넷은 저마다 다르다. 과거에는 PC에서만 인터넷을 했으나 지금은 모바일인터넷, 산업인터넷 등 다양한 인터넷이 존재한다. 5년 전 나는 어떤 말을 한 뒤 난처한 상황에 처했다. 그것은 "모바일인터넷은 인터넷이 아니다"라는 말인데 훗날 나는 내가 잘못 말했음을 알아차렸다. 모바일인터넷도 인터넷이다. 모바일인터넷이든 산업인터넷이든 사물인터넷이든 모두가 인터넷의 일부이자 '후예'다. 물론 지금의 인터넷과 10~20년 전의 인터넷은 크게 다르다. 지금 인터넷은 국가와 사회 발전에 꼭 필요한 인프라다. 그러므로 인프라의 관점에서 인터넷을 이해하는 것은 매우 중요하다.

20여 년 전 인터넷은 인프라가 아니었다. 내 첫 이메일 계정은 중국

과학원 고에너지 물리 연구소의 것으로 특별히 친구의 도움을 받아 만들었다. 그 시절에 이메일을 받으려면 먼저 중국 전신[차이나텔레콤]에 6,000~7,000위안을 내고 전화를 설치한 뒤 베이징에 장거리 전화를 걸어야 했다. 한 통의 이메일을 받기 위해 이처럼 많은 돈을 쓰는 게 말이 되는가? 불편하고 비싼 인터넷은 결단코 인프라가 아니다.

지금의 인터넷은 어떨까? 그것을 규모, 비용, 편리성 면에서 살펴보자.

인프라를 판단하는 첫 번째 척도는 대규모로 사용하느냐다. 베이징의 제1고속도로는 바다링 고속도로다. 과거에 바다링 고속도로는 베이징 최고의 도로였지만 인프라는 아니었다. 그저 빨리 달릴 수 있는 넓은 도로였는데 이유인즉 베이징에서 바다링까지의 교통 문제만 해결했기 때문이다. 1972년 베이징을 방문한 닉슨 대통령은 특별히 바다링 장성(중국 만리장성을 대표하는 관광 명소－옮긴이)에 가고 싶어 했다. 그런데 전날 갑자기 폭설이 내리자 중국 정부는 닉슨의 뜻을 들어주기 위해 수십만 명을 동원해 댜오위타이(외국에서 귀빈이 방문했을 때 사용하는 영빈관－옮긴이)부터 바다링까지 눈을 쓸었다. 바다링 고속도로는 베이징과 라사를 잇는 징짱 고속도로와 연결된 후에야 마침내 국가 인프라의 일부가 되었다. 현재 상하이 도심과 푸둥공항 사이를 오가는 자기부상열차는 아직 인프라는 아니고 그저 '편리한 철도'일 뿐이다. 하지만 고속철도는 일찍이 중국의 새로운 인프라로 자리 잡았다. 인프라는 기술이 아니라 규모, 사용도와 직접적인 관계가 있다.

물질적 조건을 개선하자 사람들은 고속도로 건설이 얼마나 중요한 일인지 서서히 인식하기 시작했다. 지금은 고속도로 없는 생활을 상상할 수조차 없는데 고속도로가 없으면 먼 지역을 방문할 수 없다. 인프라는 반드시 일정 규모에 도달해야 최대 효과를 발휘한다. 클라우드 컴퓨팅도 예외는 아니다. 클라우드 컴퓨팅이 의미가 있으려면 소규모 영역을 벗어나 규모를 키우는 절차를 밟아야 한다.

비용은 인프라를 판단하는 두 번째 척도다. 그러면 현대 사회의 중요한 인프라인 전력을 생각해보자. 요즘 사람들은 환경적 이유가 아니면 집 안에 형광등을 몇 개 켜놓았는지 크게 신경 쓰지 않는다. 전기세가 저렴해서다. 사람들은 전기세보다 편리함을 더 중요하게 생각한다. 30년 전만 해도 중국의 거의 모든 가정에서 비싼 전기세를 아끼느라 전구 개수와 와트까지 일일이 신경 썼다. 결국 인터넷 비용을 낮추는 최고의 방법은 인터넷이 인프라로 자리 잡는 것이다.

한때 전보는 중요한 통신 수단이었다. 비용 측면에서 전보 이용료는 꽤 비쌌지만 TV와 라디오가 등장한 뒤 대폭 저렴해졌다. 이메일과 문자메시지가 등장한 후에도 정보 전송 비용은 여전히 존재했다. 19세기와 20세기가 교차하는 전송망 시대 때 대서양을 넘어가는 모든 정보는 열 글자에 100달러씩 받았다. 모바일 통신 시대에 문자메시지 비용은 너무 싸서 가격을 정확히 아는 사람이 없을 정도로 크게 떨어졌다. 온라인 시대에 이 비용은 더 크게 떨어져 이제는 누구도 비용을 생각하며 문자를 전송하지 않는다.

편리성과 보급률은 인프라를 판단하는 세 번째 척도다. 예를 들어 전기의 경우 나중에 콘센트를 찾아 헤매지 않도록 집을 지을 때 반드시 콘센트의 위치를 미리 구상해야 한다. 즉, 전기를 편리하게 쓸 수 있어야 한다. 주변에서 콘센트를 찾는 것이 쉬울까, 인터넷에 연결되는 것이 쉬울까? 스마트폰이 있으면 콘센트를 찾는 것보다 인터넷에 연결되는 것이 더 쉽다. 각종 공공장소에 스마트폰 충전소가 생기고 보조배터리가 사람들의 필수품이 된 것은 전기를 편리하게 쓰기 위해서다. 사람들은 잘 의식하지 않지만 인프라로 자리 잡은 인터넷의 편리함은 역사상 그 어떤 인프라보다 뛰어나다. 이제 인터넷은 모두에게 떼려야 뗄 수 없는 인프라다. 이것은 뭘 의미할까? 인터넷 기업에게는 새로운 도전이자 다음 여정의 시작이고, 전통 기업에겐 인터넷 기업과 다시 한 번 같은 출발선에 설 기회가 생겼음을 의미한다. 이때 출발선은 모두가 볼 수 있을 정도로 선명하게 그어져 직원이 1명이든 100만 명이든 공정하게 영향력 비교가 가능하다. 1인 기업에는 기회가 없을 것이라고 생각하면 안 된다. 직원이 1만 명인 기업도 다시 새로운 출발선에 선 이상 1인 기업과 유연하게 경쟁해야 한다.

새로운 인프라가 생기면 이것이 어떤 효과를 일으킬지 기대하는 것이 아니라 이것을 이용해 무엇을 할 것인지 생각해야 한다. 가령 어느 시골 마을에 학생들의 통학을 위해 도로를 새로 포장했다고 해보자. 분명 누군가는 도로가 생기는 틈을 타서 투기를 한다. 그래서 나는 인프라를 구축하면 본래의 기능이 어떻든 많은 변화가 일어날 거라고 본다. 실은 이것이 인프라의 힘이다. 사람들은 더 이상 '인터넷 사고방식'에 연연할 필요가 없다. 자동차를 운전하는 사람이 더 이상 '자전거 사고방식'에 신경 쓸 필요가 없는 것처럼 말이다. 전기를 사용하면서 사람들이 전기세 납부를 자연스레 받아들였듯 환경이 바뀌면 새로운 사고방식이 생긴다.

인프라는 단순하게 형성해야 사람들이 진심으로 이용하고 싶어 한다. 복잡하면 누가 이용하고 싶어 하겠는가. 고속도로를 효율적으로 이용하는 방법을 미리 알아보고 트럭을 운전하는 기사가 있을까? 운전자는 교통법규만 잘 지키면 그만이다. 인터넷, 모바일인터넷, 사물인터넷 같은 명칭 변화에 반영된 것은 인프라의 변화다. 사람들이 흔히 말하는 인터넷은 대개 전통적인 인터넷, 즉 전 세계 PC를 연결한 인터넷을 가리킨다. 전 세계 스마트폰이 인터넷이라는 인프라로 연결된 뒤 모바일인터넷이 등장했다. 요즘 많이 거론하는 사물인터넷은 가까운 미래에 머릿속에 떠오르는 모든 사물이 인터넷과 연결되는 것을 말한다. 나는 사물인터넷보다 인터넷이 만물의 인프라라는 의미의 만물인터넷이라는 명칭을 더 좋아한다.

인프라화한 인터넷은 기존에 인터넷과 관계가 없던 산업 및 기업까지 인터넷으로 수용했다. 이것은 현대인이면 누구나 고속철도와 도로의 혜택을 직간접적으로 받는 것과 같다. 100여 년 전 인프라화한 미국의 철도는 미국 사회에 천지개벽 수준의 변화를 일으켰다. 오늘날 인프라화한 인터넷이 중국의 미래 발전에 가져올 변화 역시 그 변화에 결코 뒤지지 않는다.

인터넷이 인프라화한 뒤 인터넷 기업에 잔인한 분계선이 생겼다. 즉, 모든 인터넷 기업이 전통 인터넷 기업의 신세로 전락했고 이제 새로운 혁신주기가 시작되었다.

생산재, 천연자원으로서의 데이터

데이터는 인터넷이 출현하기 전에도 존재했다. 그러나 인터넷이 등장한 이후 더 쉽고 자연스럽고 저렴하게 처리해 이용하는 것이 가능해졌다. 데이터의 높아진 활용성은 각각의 산업에 역사적인 발전 기회를 제공했다. 길을 걸으면 반드시 발자국이 남는다. 누군가가 A라는 사람의 모든 발자국을 컴퓨팅한다고 해보자. 그러면 A가 어느 식당에서 식사하고 어느 상점에 들러 물건을 샀는지, 한 달 수입이 어느 정도인지, 성격이 어떤지 등을 쉽게 파악할 수 있다. 그렇다면 컴퓨팅하지 않은 발자국은 왜 분석하지 않을까? 비용이 비싸서다. 그런 탓에 발자국은 흔히 경찰이 수사 과정에서 범인의 키와 몸무게를 추측할 때 분석한다.

데이터는 수집하지 않아도 차곡차곡 쌓인다. 길에 발자국이 남는 것은 길을 닦은 사람이 수집해서가 아니라 길을 걸어가면 반드시 남을 수밖에 없기 때문이다. 발자국이 남지 않는 도로는 세상 어디에도 없다.

데이터는 인터넷 시대의 산물이 아니라 일찍이 사회생활의 각 방면에 존재했다. 왜 빅데이터라는 말이 이 시대의 핫 키워드가 된 것일까? 인터넷이라는 인프라의 특수성 때문이다. 인프라가 된 인터넷은 데이터의 누적 속도를 크게 높였다. 속도 향상은 인터넷의 기술적 특징인데 TCP, IP, http*는 데이터가 자연스레 쌓이도록 만드는 가장 기초적인 장치다. 어느 것이든 이 장치를 통과하면 발자국이 남는다. 한마디로 오늘날 데이터는 진정한 생산재다. 즉, 현대인은 인류 역사상 처음으로 대자연에 의존하지 않고 자신들의 행동에 기초해 생산재를 얻고 있다. 그러면 새로운 생산재인 데이터는 산업 발전에 어떤 영향을 줄까?

인터넷상의 모든 것은 자연스레 누적되고 누적 비용이 저렴해지면

• TCP는 인터넷상에서 데이터를 메시지 형태로 보내기 위해 IP와 함께 사용하는 프로토콜이다. IP가 데이터 배달 처리를 관장하는 동안 TCP는 데이터 패킷(여러 조각으로 나눈 메시지)을 추적 관리한다. http는 인터넷에서 웹 서버와 사용자가 상호 통신하기 위해 사용하는 전송 규약이다.

누적된 데이터를 분석할 기회가 생긴다. 실제로 길바닥에 남은 발자국을 분석할 경우 어떤 사람이 신은 신발 모델, 신발 가격, 한 달 수입을 모두 알 수 있지만 아무도 하지 않는다. 힘들기 때문이다. 그렇지만 만물인터넷이 등장한 후 개인의 행동은 모조리 누적된 데이터로 남고 있다. 이것은 데이터는 수집하는 것이 아니라 쌓이는 것임을 다시 한 번 설명해준다.

2014년 발생한 말레이시아 항공 370편 실종 사건을 인터넷과 데이터의 관점에서 살펴보는 것은 상징적 의미가 있다. 2014년 3월 8일 말레이시아항공 소속 보잉 777-200 [편명 MH370]은 쿠알라룸푸르에서 베이징으로 향하던 중 호찌민 관제탑과 교신이 끊기고 레이더에서 사라졌다. 이 사건으로 전 세계 사람들은 비행기 엔진의 운행 데이터가 비행기 제조 기업과 소유주를 통하지 않고도 엔진 제조 기업에 자동 전송된다는 것을 처음 알았다.

훗날 《뉴사이언티스트》는 영국 더비에 있는 비행기 엔진관리센터가 MH370이 전송한 두 개의 데이터 보고서를 받았다고 보도했다. 비행기 엔진관리센터는 보잉 777의 트렌트 800엔진을 제조한 롤스로이스가 설립했다. 인터넷 인프라가 없을 때 데이터 전송은 상상할 수도 없는 일이었다.

오늘날 비행기 엔진 제조는 데이터 전쟁의 양상을 띠고 있다. 보잉 787이 사용하는 최신 GEnx엔진은 초당 5,000개의 데이터 포인트를 생성하고 1회 비행에 0.5TB의 데이터를 생산한다. 과거에 롤스로이스의 트렌트 엔진은 수십 개의 감지 센서와 수백 개의 신호로 1회 비행에 수조 개의 데이터를 생산했지만, 최신 트렌트 XWB엔진은 수백 개의 감지 센서와 수천 개의 신호로 1회 비행에 몇 기가바이트의 데이터를 생산한다. 미국 엔진 제조업체 프랫앤휘트니Pratt & Whitney가 제조한 엔진은 더 큰 변화를 일으켜 에어버스 A320NEO와 보잉 B737MAX의 비장의 무기가 되었다. PW1000G 시리즈 엔진에는 5,000개 이상의 감지 센서가 있는데, 과거의 것은 감지 센서가 100개도 채 되지 않았다. 모든 엔진은 초당 최대 10GB의 데이터를 생산하고 이 중 일부만 처리해 사용한다. 과거에 엔진 한 대를 관리하려면 약 10명이 필요했으나 데이터가 생긴 후로는 1명만 있어도 충분하다.

비행기 엔진을 연구할 때 지금은 재료, 가공, 설계 등이 중요하다. 그러나 앞으로 20~30년이 지나면 이들 조건은 더 이상 중요하지 않고, 설령 기준치에 부합해도 제대로 된 비행기를 만든다는 보장이 없다. 왜일까? 20~30년 동안의 비행기 엔진 운영 데이터가 없기 때문이다. 다시 말해 재료, 설계, 가공 기술은 더 이상 핵심 경쟁력의 전부가 아니다. MH370 실종 사건은 인터넷이 이미 명실상부한 인프라고 데이터는 상품의 가장 중요한 구성 요소이자 새로운 생산자임을 보여준다.

MH370 수색 과정에서 전통적인 정보는 비행기의 정확한 위치를 알려주지 못한다는 사실이 드러났다. 오직 데이터만 비행기의 위치 변화를 알려줬다. 그러면 데이터만 남은 상황에서 데이터를 신뢰해도 될까? 비행기는 어디에 추락했을까? 레이더, 내비게이션 시스템, 통신 연결 등 다양한 정보 수색 수단이 있었지만 어느 것도 비행기의 추락 위치를 찾지 못했다. 반면 데이터는 비행기와 위성이 주고받은 신호, 즉 네트워크의 핑(Ping, 네트워크 진단 도구로 컴퓨터가 인터넷에 올바르게 연결되어 있는지 검사하는 프로그램 – 옮긴이) 신호를 추산해 비행기의 추락 지점을 찾아냈다. 애초에 핑은 위치 추적을 위해 설계한 프로그램이 아니다. 그러나 MH370 실종 사건이 일어나기 2, 3년 전 남미에서 파리로 향하는 비행기가 바다에 추락했을 때 처음 사용했고, 시간이 꽤 걸리긴 했지만 결국 핑 신호로 비행기의 잔해를 찾는 데 성공했다. 이후 사람들이 위치 추적에 핑을 이용하면서 타임스탬프(Time Stamp, 어느 시점에 존재한 데이터를 증명하기 위해 특정 위치에 표시하는 시각 – 옮긴이) 기능을 추가했다. 만약 타임스탬프 기능이 없었다면 MH370의 잔해는 찾지 못했을 것이다. 데이터로 추락한 비행기를 찾는 것은 인간의 지각을 초월하는 범위의 일이다. 나는 이것이 상징성이 강한 일이라고 생각하는데, 데이터는 전통적인 정보가 파악하지 못하는 세상의 상황을 알려준다. 이제 데이터를 믿느냐 믿지 않느냐만 남았다.

데이터는 수집하지 않는다. 수집하는 것은 정보고 데이터는 그냥 쌓인다. 이것은 생산재로써 데이터의 중요한 특성이다. 오랜 시간 지하에 쌓여 있다가 채굴하면 땅 위로 올라오는 석유는 대자연의 생산재로 지구가 수십억 년 동안 활동하며 축적한 부다. 반면 데이터는 인류가 역사상 처음 자신들의 활동으로 대량 생산한 천연 자원이자 부다.

데이터는 전략 자원으로 상품의 중요한 구성 요소다. 타오바오가 중국 사회에 가장 크게 공헌한 점은 쇼핑 편의성을 높이는 한편 중국 소비자의 소비 습관을 서서히 데이터화한 것이다.

데이터가 생산재로 쓰이기 위해서는 입법적인 보장이 필요하다. 개혁개방 과정에서 토지 소유권과 사용권을 확정한 것은 중국의 경제발전에 중요한 역할을 했다. 마찬가지로 '데이터 소유권' 역시 기본적이면서도 중요한 문제다. 데이터 소유권을 명확히 하지 않는 것은 정보 경제의 장기 발전을 저해한다. 개혁개방 이전 중국의 농민들은 토지를 생산재로 보장받기 위해 농가 세대별 생산 책임제를 실시했다. 물론 데이터 생산력에 영향을 주는 데이터 소유권을 명확히 하는 것은 복잡한 일이다. 데이터는 석유나 석탄과 비슷하다. 사람들이 채굴해서 쓰는 석유와 석탄은 사실 수십억 년 동안 태양 에너지가 쌓이고 모인 것이다. 인터넷 등장으로 데이터는 지극히 쉽게 쌓이는 세계의 천연 자원으로 부상했다. 맹목적으로 데이터를 수집하는 것은 인위적으로 석유와 석탄을 만드는 것과 같고 자연스럽게 쌓인 데이터라야 진정 의미 있는 천연 자원이다.

혁신은 점점 더 평등해질 것이다

컴퓨팅은 국가와 기업의 핵심 경쟁력으로 부상한 새로운 공공 서비스다. 컴퓨팅은 데이터를 사용 가능하게 만들고, 데이터는 사용하고 유통하는 과정에서 가치를 생산한다. 데이터를 사용하고 유통하려면 대량의 컴퓨팅 능력이 필요하다. 천연 데이터는 길 위의 발자국처럼 디지털화하고 컴퓨팅하기 전에는 가치가 없다. 그러나 인터넷상의 '족적'은 컴퓨팅 과정을 거치면 가치가 생긴다. 기업은 어떻게 소비자에게 좋은 서비스를 제공할까? 보이지 않는 곳에서 컴퓨팅 시스템의 도움을 받는다. 요즘에는 인터넷상에 데이터가 너무 많아 모든 데이터를 다 처리하려면 몇 대의 컴퓨터로는 부족하고 반드시 컴퓨팅센터에 있는 수천, 수만 대 컴퓨터의 도움을 받아야 한다. 이처럼 대규모 컴퓨팅이 일어날 때 컴퓨팅은 공공 서비스화한다. 대표적인 예가 클라우드 컴퓨팅이다. 거대한 컴퓨팅 능력은 자연스럽게 기업의 핵심 경쟁력이 되었다.

산업의 관점에서 컴퓨팅은 전기처럼 새로운 공공 서비스가 되어야한다. 미국은 인류 역사상 최초로 전기를 공공 서비스로 제공했고 그 결과 산업 분야에서 우세를 차지했다. 컴퓨팅을 공공 서비스로 만들면 중국도 비약적인 발전을 이룰 수 있다. 알리윈의 역사적 사명은 전 세계 최초로 컴퓨팅을 공공 서비스로 전환해 경제발전의 핵심 동력으로 만드는 일이다. 앞으로 클라우드 컴퓨팅은 공공 서비스로써 정보 경제 발전을 지원할 전망이다. 정보 경제에서 컴퓨팅이 차지하는 중요성은 전통 경제에서 전기가 차지하는 중요성과 같다. 인터넷 인프라가 발전하자 컴퓨팅은 두 가지 직접적인 원인으로 공공 서비스가 되었다. 우선 컴퓨팅 수요가 크게 증가했다. 데이터 출현은 컴퓨팅의 사회적 수요를 전에 없던 수준으로 높여놓았다. 그다음으로 사람들이 언제 어디서나 컴퓨팅 능력을 얻고 싶어 한다. 지금은 인터넷 발달로 컴퓨팅 능력을 공정하게 얻을 수 있다.

사실 컴퓨팅 수요는 컴퓨터가 등장하기 전부터 존재했다. 과거의 컴퓨팅 도구는 종이 한 장과 볼펜 한 자루로 종이에 '2+2'를 적고 '4'라고 풀면 이것이 바로 컴퓨팅이다. 단지 지금은 종이와 볼펜이 아니라 컴퓨터로 계산할 뿐이다. 이처럼 줄곧 존재했던 컴퓨팅 수요는 트랜지스터가 등장한 뒤 크게 발전했다.

트랜지스터는 컴퓨팅 장비의 가장 기본적인 단위다. 인류의 컴퓨팅 수요는 트랜지스터 숫자로 간단히 환산할 수 있는데, 저명한 무어의 법칙 (마이크로칩의 성능이 18개월마다 2배로 늘어난다는 법칙 – 옮긴이)도 트랜지스터를 이용해서 추산했다. 1971년 인텔의 '4004' CPU는 2,300개의 트랜지스터를 사용했으나 1979년 첫 출시한 PC의 '8086' CPU는 이보다 10배 많은 2만 9,000개의 트랜지스터를 사용했다. 2016년 인텔은 70억 개 이상의 트랜지스터를 사용한 CPU를 선보였다. 2007년 6월 워싱턴대학교 에드 라조우스카[Ed Lazowska] 교수는 한 강연에서 하나의 트랜지스터와 쌀 한 톨을 1 대 1로 계산할 때 해마다 전 세계에서 쌀 생산량과 맞먹는 양의 트랜지스터를 생산한다고 말해 모두를 놀라게 했다. 그동안 미처 인식하지 못했지만 인류는 쌀을 소비하는 만큼이나 트랜지스터를 보편적으로 사용해왔다.

아이폰 6의 CPU는 16억 개의 트랜지스터를 사용했다. 이것은 뭘 의미할까? 아폴로호의 내비게이션 컴퓨터는 1만 2,300개의 트랜지스터를 사용했지만 아이폰 6은 이보다 13만 배 많은 트랜지스터를 사용했다. 이것을 컴퓨터 성능으로 환산하면 약 1억 2,000만 배의 차이다. 다시 말해 아이폰 6의 컴퓨팅 능력은 아폴로호의 내비게이션 1억 2,000만 대에 해당하는 능력과 같다.

1997년 5월 11일 IBM의 컴퓨터 딥블루는 세계 체스 대회 우승자 가리 카스파로프와 벌인 체스게임에서 승리했다. 컴퓨터가 체스 우승자를 이긴 것은 슈퍼컴퓨터 딥블루가 처음이다. 당시 딥블루의 컴퓨팅 능력은 전 세계 슈퍼컴퓨터 순위에서 279위를 차지했지만 지금의 아이폰에 미치지 못한다. 현대인은 손에 슈퍼컴퓨터를 들고 다니는 셈이다. 사람들이 스마트폰으로 검색, 이메일 전송, 게임, 쇼핑을 할 때마다 인터넷 클라우드는 스마트폰의 수백·수천 배에 달하는 컴퓨팅 능력을 제공한다. 인터넷 시대에는 컴퓨터를 구매해도 개인에게 필요한 컴퓨팅 능력을 얻을 수 없으므로 중요한 컴퓨팅 수요는 공공 서비스 방식으로 공급해야 한다.

슈퍼컴퓨터 딥블루는 무게가 1톤이 넘어 평범한 가정과 소기업에서는 쓰고 싶어도 쓸 수가 없었다. 또한 그때는 컴퓨팅 능력이 소수에게 몰려 있어 딥블루와 똑같은 프로그램 설계 기술과 아이디어가 있어도 그것을 구현할 길이 없었다. 지금처럼 클라우드 컴퓨팅이 유행한 것도 아니라서 컴퓨팅 능력이 필요한 일은 모두 대기업의 게임으로 넘어갔다. 컴퓨팅 능력 획득이 종이와 볼펜을 쓰던 시대보다 공평하지 않았던 것이다. 컴퓨팅을 공공 서비스화하면 이러한 불공평을 개선할 수 있다.

2016년 3월 알파고는 한국의 프로바둑기사 이세돌 9단과 바둑을 두어 4 대 1 성적으로 우승했다. 미디어가 이 소식을 보도하자 인공지능을 향한 사람들의 관심이 폭증했다. 바둑의 매력은 19×19의 네모난 칸 안에서 검은 돌과 흰 돌이 3,361개라는 엄청난 숫자의 가능성을 만들어내는 데 있다.

2016년 1월 《네이처》는 표지글 형식으로 영국의 인공지능 회사 딥마인드가 개발한 알파고 시스템의 설계 원리와 딥러닝 기술을 자세히 소개했다. 같은 날 알파고는 유럽 바둑 대회 우승자이자 프로바둑기사인 판후이樊麾 2단을 5 대 0으로 이겼다. 사실 이 경기는 2015년 10월에 끝났고 결과만 뒤늦게 발표한 것이다.

알파고가 반 년도 채 지나지 않아 프로 2단에서 9단이 된 것은 탁월한 학습 능력 덕분이다. 《이코노미스트》의 보도에 따르면 이세돌과 경기할 때 알파고의 온라인 서비스 시스템은 1,900개의 CPU와 280개의 GPU를 사용했다. 알파고의 성능은 따로 설명하지 않았지만 어떤 이는 알파고의 컴퓨팅 기능이 딥블루의 2만 5,000~3만 배에 달할 것이라고 추론했다. 시스템을 선보이기 전에 알파고는 거대한 컴퓨팅 능력을 기반으로 초보적인 학습을 마쳤다. 먼저 16만 판에 달하는 프로바둑 선수들의 경기를 관람하고 3,000만 개의 상황별 대응법을 익혔는데 그 시간이 단 3주였다. 이후 심화 학습을 위해 자기 자신과 130만 판의 바둑을 두는 과정을 50개의 GPU 시스템으로 하루 만에 끝냈다. 알파고는 15억 개의 서로 다른 착점을 분석해 바둑을 어떻게 둬야 하는지도 배웠는데, 50개의 GPU를 이용한 결과 일주일 만에 마스터했다. 놀랍게도 이러한 학습 능력은 전체 학습 시스템의 일부에 불과했다.

2016년의 알파고와 1997년의 딥블루는 컴퓨팅 능력에서만 차이가 나는 게 아니다. 1997년에는 IBM 직원이 아닌 평범한 프로그래머는 거대한 컴퓨팅 능력을 얻을 수 없었다. 지금은 아이디어와 프로그램 설계 능력을 갖추고 컴퓨팅 서비스를 구매하면 알파고처럼 딥블루의 몇만 배에 달하는 컴퓨팅 능력을 얻는다. 컴퓨팅이 공공 서비스화하면 이런 일이 일어난다. 결국 컴퓨팅은 혁신을 더 평등하게 만든다.

인류의 컴퓨팅 수요 증가 외에 컴퓨팅이 사람들의 생활에 스며든 중요한 원인은 단위당 컴퓨팅 비용이 계속 낮아진 데 있다. 과거 100만 위안에 해당하던 컴퓨팅 능력을 지금은 단 1위안이면 얻는다. 이와 함께 컴퓨팅 능력도 끊임없이 발달했다. 양자컴퓨터가 등장한 뒤 컴퓨팅 능력은 수천만 배 좋아졌는데 양자컴퓨터 한 대의 컴퓨팅 능력은 톈허 2호(중국 국방과학기술대학이 개발한 전 세계에서 가장 빠른 슈퍼컴퓨터 시스템 - 옮긴이)의 100~200만 배에 달한다.

컴퓨팅 능력 향상 이후 인류는 창의력과 상상력의 한계에서 자유로

워졌다. 또한 대기업이든 개인이든, 컴퓨터를 살 수 있든 그렇지 못하든 더 이상 컴퓨팅 때문에 고민하지 않게 되었다. 나는 컴퓨팅이 공공 서비스화하면 모든 사람이 창의력을 마음껏 발휘할 수 있을 거라고 생각한다. 창의력은 인류의 가장 귀한 자원이자 아무리 써도 마르지 않는 자원이다.

인터넷, 데이터, 컴퓨팅이 만든 새로운 경제

발전의 관점에서 인프라화한 인터넷은 전통 인터넷과 다르다. 데이터는 새로운 생산재로써 상상의 공간을 넓히고 모두가 공유할 수 있는 신대륙을 낳았다. 데이터는 어떻게 경제 가치를 만들까? 컴퓨팅으로 만든다. 나는 이 새로운 경제 형태를 컴퓨팅 경제라고 부른다.

컴퓨팅 경제의 요소들

인프라화한 인터넷, 새로운 생산재인 데이터, 공공 서비스화한 컴퓨팅이 서로 융합하고 핵분열을 일으킨 결과 컴퓨팅 경제가 탄생했다. 컴퓨팅 경제는 온라인 시대의 경제로 그 3대 요소는 다음과 같은 관계에 있다.

컴퓨팅 경제는 인터넷 기업 경제가 아니다. 물론 컴퓨팅 경제 인프라는 인터넷에 기반을 둔다. 과거에 사람들은 인터넷을 자신과 무관한 인터넷 기업의 일로만 생각했다. 실물 경제에 상응하는 것은 가상 경제가 아니라 디지털 경제로 부르는 것이 마땅한데 이는 아주 중요한 문제다. 만약 미국이 인터넷을 단지 가상 경제로 치부했다면 지금의 국가 경쟁력을 얻었을까? 인터넷 시대에 인터넷을 단순히 가상 경제로 보는 국가는 결코 경쟁력을 갖출 수 없다. 알고 있을지도 모르지만 미국은 인터넷이 없으면 아프가니스탄과 전쟁도 치르지 못할 정도로 인터넷 인프라 의존도가 상당히 높다.

컴퓨팅 경제의 각종 기본 요소 중 가장 기초적인 것은 온라인이다. 그도 그럴 것이 오프라인에 존재하는 것은 경제적 가치가 없다. 컴퓨팅 경제 시대에는 사람들이 더 이상 환경의 구애를 받지 않고 상상력과 창조력을 마음껏 발휘할 수 있다.

데이터는 그 자체로는 가치가 없지만 컴퓨팅과의 교환을 거치면 가치가 생긴다. 이때 교환하는 것은 데이터 소유권이 아니라 가치다. 데이터 교환 이전에 시급히 해결해야 하는 문제가 있는데, 그것은 데이터 소유권을 확실히 하는 일이다. 데이터는 사람들에게 가치를 선물하는 동시에 소유권 문제라는 골칫거리를 안겨주었다. 개혁개방 이전 중국은 토지에서도 똑같은 소유권 문제로 골치를 앓다가 '농가 세대별 생산 책임제'라는 개혁으로 문제를 해결했다. 불분명한 데이터 소유권은 미래 사회의 경제발전에 별로 도움을 주지 않는다.

2016년 4월 14일 EU는 프랑스의 스트라스부르에서 '개인 정보 보호 규정'을 정식 통과시켰다. 새 규정으로 1995년 통과한 'EU 데이터 보호 지도'에 몇 가지 중요한 변화가 생겼다.

이전의 법률에서는 입법 관할권을 국가나 지역에 따라 구분했다. 새로운 '개인 정보 보호 규정'은 EU 시민에게 상품이나 서비스를 제공하는 기업에도 똑같이 적용한다. 구체적으로 이들 기업이 소재한 국가와 지역에 관계없이 데이터 분포로 법률의 관할 범위를 정한다. 데이터는 유통 과정에서 가치를 생성하는데 데이터 흐름에 따라 법률의 관할 범위가 바뀌는 것은 데이터의 특징에 크게 부합한다.

이 밖에 '잊힐 권리'도 새 규정에 명시했다. 이것은 데이터의 주인에게 자신의 데이터를 삭제할 권리를 보장해준다는 점에서 의미가 있다. 새 규정에 따라 고객은 인터넷 기업이 자신의 데이터를 사용하는 것이 싫으면 데이터 사용권을 철회할 수 있다. 이때 인터넷 기업은 반드시 고객의 관련 데이터를 삭제해야 한다. 새 규정은 미래에 EU의 데이터 경제 발달을 위해 데이터에 관한 개인의 권리를 강화했다.

중국뿐 아니라 전 세계적으로 데이터 문제는 30년 전 중국의 개혁개방 초기 상태와 비슷하다. 당시 샤오강촌의 농민들은 지금의 무수한 대기업보다 더 대단한 일을 해냈다. 그것은 토지 소유권과 경영권을 분리한 것인데, 샤오강촌의 농민들은 토지 소유권은 인민공사에 맡기고 자신들은 토지 경영권을 챙겨 농산물을 소유했다. 그러나 '개인 정보 보호 규정'은 데이터 소유권과 경영권을 명확히 하지 않았다.

석유 경제 시대에 원유는 돈이 되었지만 최고로 가치 있는 것은 아니었다. 원유를 정제해야 가치가 커졌다. 인류는 오랫동안 석유의 가치를 최고치로 사용하지 못했다. 만약 원유 가치가 가장 컸으면 사우디아라비아는 진작 미국을 앞질러 강대국이 되었을 것이다. 사우디아라비아는 석유 생산량은 통제할 수 있어도 석유 가치는 통제할 수 없다. 토지를 팔면 돈이 생기지만 토지를 개발하면 가치가 껑충 뛴다. 같은 원리로 사람도 자신의 잠재력을 개발할 때 더 큰 가치를 창조한다.

컴퓨팅 경제의 핵심 가치: 알고리즘

알고리즘은 컴퓨팅 경제의 영혼에 해당할 정도로 중요하고, 페이지랭크PageRank는 저명한 알고리즘 중 하나다. 1998년 구글의 창립자 래리 페이지와 세르게이 브린은 〈페이지랭크 인용 순위: 웹에 질서를 구현하다The PageRank Citation Ranking: Bringing Order to the Web〉라는 논문을 발표했다. 페이지랭크는 구글 초기 검색 시스템에 사용한 링크 분석 알고리즘이다. 이것은 공전의 히트를 기록해 구글의 상업적 지위를 다지고 수천억 달러의 시가총액을 형성하는 데 중요한 역할을 했다. 페이지랭크는 구글의 성공과 함께 학술계가 주목하는 알고리즘 컴퓨팅 모델이 되었다.

페이지랭크의 기본은 하이퍼링크의 관계를 분석하는 데 있다. 어느 웹페이지의 중요성은 다른 웹페이지에 많이 링크될수록 높아진다. 따라서 페이지랭크 수치가 높아져야 한다. 페이지랭크 수치가 높은 웹페이지가 다른 웹페이지에 연결되면 그 웹페이지의 페이지랭크 수치도 높아진다. 하이퍼링크 개념은 일찍이 1945년에 등장했다. 하이퍼링크로 웹페이지의 중요성을 평가하는 것은 구글 검색의 장점이자 구글이 당시 다른 검색업체를 이긴 비결이며 구글의 핵심 가치다.

페이지랭크 알고리즘이 과거 인터넷에 영향을 줬다면 블록체인 알고리즘은 미래에 영향을 준다.

사람들은 대부분 블록체인이 비트코인에서 비롯되었다고 생각한다. 블록체인은 비트코인의 핵심 기술이지만 페이지랭크와 달리 아직 누가 발명했는지 모른다. 2008년 11월 1일 사토시 나카모토라는 필명을 쓰는 사람이 블록체인을 기반으로 제3기관의 제약을 받지 않는 새로운 전자화폐를 구상해 발표했다. 간단히 말해 블록체인은 모든 비트코인 거래 내역을 기록한 공개 장부로 모두에게 개방해 어느 한 실체가 독자적으로 통제할 수 없다.

2009년부터 비트코인 시장은 급등락을 반복했다. 미래의 발전 추세를 짐작할 수 없고 진짜 창시자가 누구인지도 알지 못하는 블록체인의 중요성은 나날이 커지고 있다. 누군가는 블록체인이 TCP, IP 같이 기초적이면서도 중요한 기술이라고 말한다. 모두가 아는 것처럼 TCP와 IP가 없었으면 지금의 인터넷은 존재할 수 없다. 그렇다면 블록체인이 없는 인터넷의 미래를 상상할 수 있을까? 블록체인이 미래 컴퓨팅 경제의 기초가 될 경우 반드시 감독기관이 필요하다. 마이크로소프트의 애저는 블록체인 기반의 BaaS Blockchain as a Service를 제공하기 시작했다. BaaS는 인증을 강화한 공유·분산 장부다. 어쩌면 BaaS는 과거에 검색 시장을 놓친 마이크로소프트에 새로운 기회를 제공할지도 모른다.

미래에 모든 시스템은 몇몇 혁신 기술을 기반으로 재설계될 확률이 높다. 예를 들어 수출입 관리 방식은 '컴퓨터'를 관리하는 기존 방식에서 '컴퓨팅' 관리 방식으로 바뀔 것이다. 이 방식은 이미 미국 기업은 알리윈의 클라우드 컴퓨팅을 이용하고, 중국 기업은 아마존의 클라우드 컴퓨팅을 이용하는 식으로 시행되고 있다. 컴퓨팅이 고속철도처럼 수

출입 상품으로써 '보이지 않는 가치'를 창조하는 셈이다.

컴퓨팅 경제에서는 기업 형태도 바뀐다. 컴퓨팅 경제 환경에서 기업 가치는 어떻게 평가해야 할까? 과거에 한 기업의 미래를 판단할 때는 세 가지 사항, 즉 컴퓨터를 사용하는지, 소프트웨어를 설계할 줄 아는지, 어떤 서비스를 제공하는지를 살폈다. 지금은 인터넷이 곧 거대한 컴퓨터다. 그러므로 앞으로는 데이터와 관계가 있는지, 컴퓨팅 능력을 얼마나 소모하는지를 살펴야 한다.

인터넷이 중국 경제에 끼치는 영향은 오랫동안 저평가되었다. 유럽의 비극은 미국이 유럽 내 모든 인터넷 서비스를 장악하고 앞으로도 그 상황이 바뀔 기미가 보이지 않는다는 데 있다. 미래의 컴퓨팅 경제에서는 전 세계에 가장 많은 서비스를 제공하는 기업이 곧 가장 많은 자원을 차지한다. 미국은 전 세계 인터넷 인구의 20%를 차지한다. 그런데 미국의 인터넷 기업은 전 세계 인터넷 서비스의 80%를 제공한다. 인터넷 기업의 경쟁력은 기업 가치의 규모와 관계가 없다는 점에 주목할 필요가 있다.

유럽이 말하는 산업 4.0 시대와 디지털 경제든 미국이 말하는 공유 경제와 산업인터넷 시대든 이들이 외치는 경제가 궁극적으로 결합한 결과는 인터넷, 데이터, 컴퓨팅을 기초로 한 컴퓨팅 경제다.

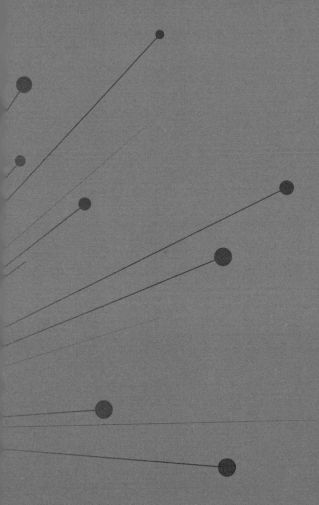

Chapter 9.

완벽한
세계를
향한 꿈

온라인은 확장된 세상이다.
제한이 깨지면 반드시
새로운 변화가 일어나는데
온라인은 인류가 생존하는
시공간을 바꿔놓았다.
온라인은 현실의
각종 한계를 깨뜨리는 한편
신세계를 창조할
더 많은 시공간을 제공한다.

인류의 자연 탐색은 자칫 도를 넘는 순간 파괴로 이어지기 십상이다. 이제는 온라인이라는 수단으로 마땅히 자연을 보호하는 쪽으로 태도를 바꿔야 한다. 지금까지 인류는 천연 자원 개발에 지능을 사용해왔다. 이제는 인류에게 무한히 베푼 대자연에 적극 보답할 때고, 컴퓨팅 경제 출현으로 이것이 가능해졌다. 컴퓨팅은 석유의 대체재가 아니라 석유를 뛰어넘는 새로운 자원이다.

또 다른 신세계가 열렸다

온라인 세상은 아직 미개발 상태로 할 수 있는 것이 많은 세계다. 이 세상에서 유일한 제한은 바로 인류의 상상력 부족이다.

현재 인터넷, 데이터, 컴퓨팅이 인류 사회에 안겨준 영향력은 대부분 저평가되었다. 이들 요소는 10년, 20년, 길게는 100년 뒤에도 인류 생활에 영향을 줄 것이다. 인터넷, 데이터, 컴퓨팅의 영향력은 아무리 강조해도 지나치지 않으며 사람들이 하는 모든 일에 영향을 준다. 미래에는 컴퓨팅에 문제가 생길 경우 사람들이 밥을 먹지 못하거나 집에 들어가지 못할 수도 있다. 일상생활의 모든 부분이 인터넷과 연결되기 때문이다. 인류 발전 역사에서 인터넷, 데이터, 컴퓨팅에 비견할 만한 위대한 일은 불의 발견, 신대륙 탐험 그리고 전기 발명이다.

불 × 인터넷

수십 년 전 친구들이 내게 인터넷이 무엇이고 인류에게 어떤 가치가 있는지 물었을 때 나는 곰곰이 생각한 끝에 말했다.

"인류 발전 역사에서 인터넷은 어느 정도의 가치가 있을까? 내 제한적인 지식 안에서 답을 찾으면 인터넷에 비견할 만한 것은 딱 하나야. 바로 불의 발견이지."

현대인에게 불은 익숙한 존재다. 고기를 익히고 어둠을 쫓는 등 불의 발견은 인류 생활에 커다란 영향을 줬다. 가끔 화산이 폭발하거나 나무에 벼락이 떨어지거나 가연성 물질이 연소될 때 사람들은 불의 위용을 새삼 깨닫는다. 인류는 불을 발견한 뒤 날것보다 익힌 고기가 더 맛있고 어두컴컴한 동굴에 횃불을 달면 짐승이 달아난다는 사실을 알게 되었다. 이처럼 인류는 불과 함께 원시 시대를 벗어났다.

불은 인류가 미지의 세계를 정복하는 것을 도왔고, 인류의 대뇌 인지 상태를 바꿔놓았다. 인류 사회의 혁명적인 사건은 모두 불과 밀접한 관련이 있다. 불의 역사가 시작된 시점은 아프리카원인이 처음 사용한 것으로 추산하면 142만 년 전이고, 베이징 저우커우뎬의 베이징원인을 시초로 추산하면 50만 년 전이다. 인류는 부싯돌을 부딪쳐 인위적으로 불을 얻는 데 성공한 이후 끊임없는 연구로 결국 불을 통제했다. 불을 이용해 짐승을 사냥하고 무기를 만들고 추위를 쫓고 어둠을 밝히고 그릇을 만들고 농지를 개간하고 금속을 제련한 것이다.

신대륙 × 데이터

기존의 무언가를 개선하는 데만 쓰이는 데이터는 빅데이터가 아니다. 데이터 등장은 콜럼버스가 미 대륙을 탐험한 것에 견줄 만큼 중요한 의미가 있다. 데이터 온라인화는 콜럼버스 시대에 많은 사람이 유럽에서 미 대륙으로 이주한 것과 같다.

신대륙이 마냥 좋았던 것은 아니다. 맹수와 각종 위험 요소가 있고 당장 살 집조차 없었다. 그래도 많은 이민자가 자의 반 타의 반으로 신대륙으로 건너갔다. 이들에게 신대륙은 의욕적으로 미래를 꿈꾸게 해주는 땅이자 기회가 균등하게 주어지는 땅이었다.

미국 이민자는 도로와 다리 건설, 강철 생산, 라디오·기차·제트기 발명 등 열정과 재능으로 눈에 띄는 혁신을 이루고 신문물을 만들었다. 전통적인 국가의 지나친 속박에서 풀려난 뒤 이들은 모든 일에 '왜'라고 끝까지 묻기 시작했다. 이민자에게는 대부분 발명 특허권도 없었고 미국에 재산이나 도움을 줄 인맥도 없었다. 신세계에 발을 들이는 순간부터 미래는 안갯속이었다. 하지만 그들에게는 신세계를 알고 싶은 강렬한 욕구가 있었고 신기하게도 그들은 자연스러운 경쟁과 자극을 통해 생존의 길을 찾았다.

《그들이 미국을 만들었다They Made America》를 쓴 해럴드 에번스Harold Evans는 서문에서 카네기재단의 카릴 해스킨스Caryl P. Haskins 총재가 1965년 미국 대통령에게 제출한 보고서 내용을 인용했다.

"1929년까지 사람들은 대부분 은하계를 우주의 전부라고 생각했다. 지금은 지구가 속한 은하계가 수백만 개, 많게는 수십억 개의 행성계 중 하나라는 사실을 모두 알고 있다. 최근 10년 사이 우주가 팽창한다는 사실도 밝혀졌는데 1920년, 아니 1950년까지도 사람들은 이 사실을 잘 몰랐다."

미지의 세계를 앞두고 있다는 점에서 현대인이나 1607년 처음 제임스타운 해변에 도착한 이민자나 똑같은 처지다. 이민자가 신대륙에 첫발을 딛고 나서 100년 뒤 건국한 미합중국은 지금 영국보다 더 강한 국가로 성장했다.

사람들이 온라인 사회의 리듬을 탐색하는 것은 이민자들이 미 대륙에 발을 처음 들여놓은 것과 같다. 온라인 사회나 미 대륙이나 모두 미개척 '대륙'이 아닌가. 온라인은 아무것도 파괴하지 않는다. 오히려 새로운 것을 만들어놓고 더 많은 혁신적인 '이민자'가 몰려오길 기다린다. 온라인이 등장한 뒤 인류의 선택권은 더 넓어졌다. 오프라인과 온라인의 경계가 점점 모호해지는 지금 사람들에게 필요한 것은 미지의 세계를 탐색하고 과감하게 전진하는 정신이다.

전기는 공공 서비스화한 뒤 미 대륙을 철저하게 바꿔놓았다.

전기 × 컴퓨팅

왜 유럽에서 발명한 전기가 미국에서 산업을 일으켰을까? 중요한 원인 중 하나는 미국에서 최초로 전기를 공공 서비스로 공급했기 때문이다. 과거에 전기를 사용하려면 발전기를 구매하거나 발전소를 건설해야 했다. 실제로 20세기 초 미국은 공장을 지을 때 반드시 발전소를 지었다. 문제는 공장이 파산할 경우 발전소도 같이 버려야 했는데, 발전소는 공장 건설에서 가장 많은 비용이 드는 분야였다. 따라서 미국이 최초로 전기를 공공 서비스로 제공한 것은 국가 차원의 전력망을 만든 것이나 다름없다. 에디슨이 가장 크게 공헌한 점은 뉴욕에서 최초로 전력망을 인프라로 건설한 일이다. 전력은 공공 서비스화한 뒤 미국의 발전 동력으로 작용했다.

인터넷 등장 이후 사람들은 컴퓨팅의 가치를 새롭게 발견했다. 컴퓨팅은 최근에 등장한 기술도 아니고 컴퓨터에서 비롯된 기술도 아니다. 컴퓨팅은 인류가 줄에 매듭을 지어 계산하고 종이에 연필로 일일이 써가며 계산할 때부터 존재했다. 사람들은 더 이상 줄과 주판으로 계산하지 않는다. 성능 좋은 컴퓨터가 있지 않은가. 한데 사람들은 컴퓨터 성능이 발전하는 동안 장차 인류 생활에 큰 도움을 줄 강력한 컴퓨팅 능력이 등장하리라는 것을 전혀 눈치 채지 못했다.

이제 우리는 비용에 연연하는 시대에서 벗어났다. 이는 비용이 전혀 중요하지 않다는 게 아니라 기술적으로 거의 모든 비용 문제를 해결했다는 의미다. 비용 문제를 해결하면 사람들은 진정한 컴퓨팅의 가치에 주목할 수 있다.

더 완전한 세계를 꿈꾸다

세상을 바라보는 인류의 인식은 모순을 극복하며 끊임없이 발전했다. 지난 몇백 년 동안 무수한 천재 물리학자가 빛의 입자성과 파동성 연구에 골몰했다. 1665년 이탈리아 볼로냐대학교 수학교수 프란체스코 마리아 그리말디 Francesco Maria Grimaldi는 관찰을 토대로 빛은 물결처럼 흐른다고 추측했다. 1672년 뉴턴은 빛의 색 분산 실험 결과에 따라 빛은 서로 다른 색깔의 미립자가 혼합된 것이라고 주장했다. 1921년 아인슈타인은 '빛의 이중성'을 제시하고 노벨물리학상을 받았다. 아인슈타인의 발견으로 사람들은 빛의 이중성, 즉 빛에 입자성과 파동성이 있음을 알게 되었다.

심신도 마음과 신체의 일면을 나타내는 이중의 의미가 담긴 단어다. 몸과 마음은 인간과 떼려야 뗄 수 없는 중요한 구성 요소로 대뇌의 사고력 없이 인간은 존재하지 못한다.

사람들은 온라인에서 완전한 세상을 발견했다. 신체보다 정신세계가 더 넓은 것처럼 기존 오프라인 인식 외에 더 넓고 다양한 세계와 문명이 있음을 깨달은 것이다. 나는 온라인이 사람들에게 완전한 세계를 선사한다고 생각한다.

온라인은 오프라인 세상의 제한을 받지 않고 전통 물리학의 규칙에서도 벗어난다. 과거에 사람들은 인터넷을 '가상 세계'라는 말로 묘사했다. 이것은 온라인 세상이 얼마나 흥미진진하고 인류의 미래에 큰 영향을 줄지 진지하게 탐구하지 않고 그저 오프라인 세상과 다르다고 규정한 것에 불과하다.

"온라인 세상은 또 다른 신세계"라는 표현은 비유가 아니라 사실이다. 오프라인 세상에서 이 책을 읽는 독자와 나는 같은 시공간에서 생활한다. 독자와 내가 걸어 다니는 길은 실제로 존재하고, 독자와 내가 하는 일은 모두 같은 시간대에 발생한다. 독자의 시간이 아직 낮일 때 내가 밤 시간대에 존재하는 일은 없다. 그러면 온라인 세상은 어떨까? 독자와 나 사이의 거리와 시간은 현실적 제한을 받지 않는다. 이 점에서 온라인은 확장된 세상이다. 제한이 깨지면 반드시 새로운 변화가 일어나는데 온라인은 인류가 생존하는 시공간을 바꿔놓았다.

현재 구글은 온라인 번역 사업에 공을 들이고 있다. 2013년 5월 샌프란시스코에서 열린 구글 개발자 대회에서 구글의 엔지니어 조시 에스텔Josh Estelle은 구글이 공유하지 않은 데이터를 공개했다. 그에 따르면 구글 번역은 날마다 2억 명의 고객에게 10억 회 이상 번역 서비스를 제공하고 고객의 92%는 미국 외의 지역에 거주한다. 구글 번역은 기존 71종 언어 외에 최근 페르시아어, 세부아노어, 묘어, 자와어, 마라티어를 추가했다. 수천 종의 언어에 비하면 여전히 부족한 수준이다. 구글 번역은 오프라인 형태로 서비스를 제공할 수 없을 만큼 규모가 방대해 오직 온라인 형식으로만 제공한다. 그도 그럴 것이 날마다 전문 번역가의 작업량보다 월등히 많은 책 100만 권 이상의 분량을 번역하는데, 전통 오프라인 세상에서는 이 정도 작업량을 감당할 수 없다.

온라인은 현실의 각종 한계를 깨뜨리는 한편 신세계를 창조할 더 많은 시공간을 제공한다. 인류 역사에서 컴퓨팅의 가치에 비유할 만한 사물을 하나 찾으라면 증기기관이 있다. 인류가 불을 사용하고 미 대륙을 탐험하고 증기기관을 발명하기까지 몇만 년이 걸렸다. 오늘날 불, 미 대륙, 증기기관에 비유할 수 있는 것은 인터넷·데이터·컴퓨팅이다. 나는 지금의 시대를 설렘과 열망을 불러일으키는 시대라고 생각한다.

온라인 세상은 한 번도 개간한 적 없는 신세계다. 알리윈은 아직 일을 제대로 시작하지도 않았고 앞으로 할 일이 많다. 온라인 세상에서 유일한 제한은 상상력 부족이다. 신세계에는 반드시 새로운 게임 규칙과 법칙을 적용해야 한다.

온라인 세상의 3가지 법칙

온라인은 일상생활의 사소한 부분을 서서히 재구성하는 중이다. 미묘하지만 완전히 새로운 규칙과 산물은 지금 이 순간에도 끊임없이 창조되고 있다. 앞으로 온라인 세상이 어떻게 변할지는 전적으로 인류의 상상력에 달렸다. 현재 인류는 온라인 세상을 자세히 살펴 본질적으로 이해하고 온라인으로 자신을 보호해야 발전하는 상황에 놓여 있다. 몇 년 뒤 모두가 온라인 상태에 익숙해지면 왜 태양이 머리 위에 떠 있는지 아무도 궁금해 하지 않듯 누구도 온라인을 두고 토론하지 않을 것이다.

온라인과 오프라인이 혼재하는 지금의 상황에서 내가 한 가지 묻고 싶은 게 있다. 당신은 친구를 직접 만날 때가 많은가, 간접적으로 만날 때가 많은가? 직접 만남은 오프라인 상태의 교류를 말하고 간접 만남은 온라인 상태에서 문자메시지, 음성메시지, 영상 동화로 교류하는 것을 가리킨다.

연구에 따르면 온라인 상태의 교류 친구와 오프라인 환경의 교류 친구는 그 숫자가 같다. 영국 옥스퍼드대학교 인류학과 로빈 던바Robin Dunbar 교수는 영국인이 크리스마스카드를 보내는 습관을 연구해 인류가 안정적으로 사회관계를 맺는 최대 인원은 약 150명이라는 던바의 법칙을 발견했다. 페이스북의 분석 데이터에 따르면 150명이라는 숫자는 온라인 세상에도 똑같이 적용되어 오프라인 세상과 차이가 없는 것으로 나타났다.

여기에서 최대 인원이 몇 명인지는 크게 중요하지 않다. 그러나 사람마다 대인관계에서 온라인 친구가 차지하는 비율이 50%를 넘어서면 일상생활에 커다란 변화가 생긴다.

던바 교수와 비슷한 이론을 제시한 사람은 또 있다. 미국의 저명한 세일즈맨 조 지라드Joe Girard는 모든 고객은 동료, 이웃, 친한 친구를 포함해 최대 250명까지 인간관계를 유지할 수 있다는 '250명 법칙'을 주장했다. 지라드의 법칙에 따르면 1명의 고객에게 칭찬을 듣는 것은 250명의 고객에게 칭찬을 듣는 것과 같고, 1명의 고객에게 신뢰를 잃는 것은 250명의 고객에게 신뢰를 잃는 것과 같다. 그런데 어느 한 사람에게 미움을 사면 1억 명에게 미움을 살 수도 있는 곳이 인터넷이다. 온라인과 오프라인의 가장 큰 차이는 온라인에서는 사람의 숫자가 중요하지 않다는 점이다.

온라인은 외출 횟수와 기차나 비행기를 타는 횟수 감소, 전체 지출 중 온라인에서 쓰는 비율 상승, 우아한 프렌치 레스토랑보다 편리한 배달 서비스 선호, 재택근무, 인터넷 화상 회의를 의미한다.

'거리에 사람이 없다고 아무도 쇼핑하지 않는 게 아닙니다.'

이것은 몇 년 전 내게 깊은 인상을 남긴 텐마오의 광고 문구다. 광고 영상에서 거리와 카페는 텅 비어 적막했고 자동차는 모두 도로 위에 멈춰 서 있었다. 그러나 소비자는 인터넷에서 최신 유행 의상을 끊임없이 구매했다.

온라인 사회는 일자리, 기관, 가정, 결혼, 우정, 소비 등 일련의 사회관계에 큰 변화를 일으킬 것이다. 변화가 일어날 수밖에 없는 이유는 단순하면서도 신비하다. 바로 모든 것이 인터넷과 연결되기 때문이다.

디지털 시대에 무어의 법칙은 반도체 산업뿐 아니라 모든 산업의 미래 동향을 판단하는 중요한 역할을 한다.

이제 인류는 온라인 시대를 맞이했다. 따라서 온라인 세상의 다양한 규칙을 탐색하고 서로 다른 방법으로 온라인 세상의 구석구석을 인식해야 한다. 특히 온라인 시대에 인터넷, 데이터, 컴퓨팅은 세 개의 기본적인 규칙을 지켜야 한다.

첫 번째 규칙: 모든 비트는 인터넷상에 존재해야 한다

세상 만물은 원자 상태, 다시 말해 비트 상태로 존재한다. 비트는 물리적 대상으로 보면 이해하기가 쉽다. 사실 비트를 어떻게 정의하든 비트의 최종 상태는 반드시 온라인화해야 한다. 그래야 만물이 비트를 통해 연결된다.

한 그루 나무도 인공적인 표지를 달면 그 표지로 온라인 시스템에 편입할 수 있다. 온라인 시스템이 발전할 때 원자와 비트는 미래 상태가 된다. IPv6의 주소 길이는 128비트로 늘어났다. 주소 길이가 32비트인 IPv4와 달리 IPv6는 전문 온라인 장치처럼 세상의 모든 미립자에 IP주소를 부여할 수 있다.

두 번째 규칙: 모든 비트는 인터넷에서 흘러야 한다

태양, 석유, 풍력 등은 오프라인 세상을 움직이는 에너지원이다. 데이터는 온라인 시스템에 생기를 불어넣는 에너지이자 온라인 시스템이 작동하게 하는 중요한 토대다. 비트로 대표되는 모든 데이터는 온라인 세상을 흐르며 시스템을 활기차게 만드는 원천이다.

데이터가 흐르지 않는 온라인 시스템은 반드시 오프라인 시스템으로 퇴화한다. 데이터가 흐르지 않는 것은 사용자 간의 교류가 줄어들었다는 것을 의미하고 이는 곧 사용자가 오프라인 상태임을 뜻한다. 다시 한번 강조하건대 인터넷에 연결된다고 다 온라인 시스템은 아니다. 데이터가 흘러야 온라인 시스템이다.

아스팔트 도로도 10년 동안 아무도 이용하지 않으면 잡초만 무성하게 자란다. 퇴화는 늘 쥐 죽은 듯 조용히 일어난다. 내가 사설 클라우드를 반대하는 본질적 이유는 사설 클라우드에서는 데이터가 광범위하게 흐르지 않기 때문이다. 데이터가 내부적으로만 순환하면 사용자가 가상의 폐쇄적인 시스템에 갇히고 사회적 수요를 충족하기 어렵다. 사설 클라우드는 인터넷을 좁은 범위에서 사용하는 것으로 이것은 인터넷을 제대로 활용하는 게 아니다.

데이터의 진정한 흐름은 국부적인 망이 아니라 인터넷에서 일어난다. 빅데이터를 강조하고 싶으면 인터넷이 얼마나 광대한지 기억하자. 데이터를 내부적으로 가둬놓는 기업에는 미래가 없다. 데이터는 국부적인 망보다 인터넷에서 흐를 때 더 큰 가치를 생성한다. 쉽고도 간단한 이 이치를 의외로 많은 사람이 모르고 있다.

국부적인 망과 인터넷은 쉽게 구분할 수 있다. 아메리카온라인이 한창 전성기를 누릴 때 나는 마침 미국에 있었다. 아메리카온라인은 자사 웹사이트를 홍보하며 CD를 팔았는데 로그인하려면 반드시 이 CD로 특정 소프트웨어를 설치해야 했다. 이는 일부 고객만 접근을 허용하기 위해서다. 비록 아메리카온라인은 이메일, 정보, 칼럼 등 모든 서비스를 제공했지만 사실상 폐쇄적인 인터넷으로 당시 세계에서 가장 큰 국부적인 망에 불과했다. 진정한 인터넷이 전 세계를 석권하자 아메리카온라인 같은 국부적인 망 모델은 금세 자취를 감추었다.

전통 정보 시스템일지라도 일단 데이터가 흐르기 시작하면 데이터 가치는 기하급수적으로 증가한다.

세 번째 규칙: 비트로 이뤄진 세상은 컴퓨팅 되어야 한다

2006년 MIT의 세스 로이드Seth Lloyd 교수는 자신의 저서《프로그래밍 유니버스》에서 "우주는 탄생한 날부터 컴퓨팅을 시작했다. 생명, 언어, 인류, 사회, 문화 이 모든 것에는 물질과 에너지를 이용해 정보를 처리할 잠재력이 있다"라고 말했다. 우주는 대폭발과 함께 탄생했다. 태곳적 오프라인 세상이 컴퓨팅이 가능한지는 연구 대상이지만 비트로 이뤄진 온라인 세상은 마땅히 컴퓨팅할 수 있어야 한다. 컴퓨팅은 온라인 세상의 천연적 속성이다.

왜 모바일인터넷은 인터넷에 혁명을 일으켰을까? 그것은 앞서 설명한 3대 법칙에 부합해서다. 모바일의 본질은 휴대용 장치를 온라인화하는 데 있다. 모바일인터넷은 언제 어디서든 온라인 상태라 오프라인 사고방식으로 관리하거나 운영할 수 없고 항상 데이터가 흐른다. 현재 모바일인터넷은 데이터 교환율이 가장 높은 영역이자 온라인 시대의 3대 규칙에 부합하는 가장 활기차고 희망적인 비즈니스 환경이다.

만물인터넷은 온라인의 최고 상태다. 모든 사물이 온라인화하는 것은 과거에 논의한 적 있는 선진 기술을 현실에서 실현할 수 있음을 의미한다. 웨어러블 컴퓨팅, 인공지능, 가상현실, 증강현실 등 최근에 주목받는 기술은 모두 몇십 년 전부터 논의하고 연구해온 것들이다. 과거에는 이들 기술을 현실에 구현할 수 없다는 인식이 지배적이었으나 온라인 세상이라는 큰 틀을 마련한 지금은 첨단기술 개발에 탄력이 붙고 있다.

예를 들어 웨어러블 컴퓨팅을 생각해보자. 웨어러블 컴퓨팅 하면 흔히 체내에 삽입한 반도체 칩이 신체의 일거수일투족을 기록하는 것을 연상한다. 그런데 오프라인 상태면 이 반도체 칩은 아무 가치가 없다. 많은 기술이 온라인화한 뒤 새롭게 정의되고 있다. 1853년《사이언티픽아메리칸》에 이런 글이 실렸다.

"1846년 전까지 미국에는 재봉틀로 바느질한 옷이 단 한 벌도 없었다. 1846년 마침내 대중적인 재봉틀이 첫 등장했고, 지금은 무수한 사람이 재봉틀로 바느질한 아름다운 옷을 입고 다닌다."

아직까지 온라인 기술과 관련해 직관적 이미지를 떠올리는 사람은 많지 않다. 하지만 이것이 상품화하면 시대의 큰 흐름에 따라 분명 빠른 속도로 사람들의 삶에 파고들 것이다.

온라인 시대를 사는 사람들은 새로운 방법, 이를테면 클라우드를 이용하고 데이터를 활용하는 방법으로 새로운 세계를 탐색해야 한다. 클라우드를 이용할 경우 어떤 사물을 판단할 때 먼저 규모를 살펴야 한다는 것을 깨닫는다. 또한 기존의 이해에서 1만 배 확대해 생각하는 법을 서서히 배운다. 오프라인 세상은 결코 클라우드의 규모를 따라갈 수 없다. 예를 들어 3년에 걸쳐 완성하려 한 일을 갑자기 하루 만에 완성하면 사람은 무의식적으로 새로운 일거리를 찾는다. 이건 장담할 수 있다. 과거에 비행기가 없을 때 항저우에 사는 불교신자는 평생 라사를 몇 번밖에 가지 못했다. 지금은 성지순례를 떠나는 불교신자뿐 아니라 일반인도 당일치기로 라사를 다녀온다.

우리 주변에는 아직 온라인화하지 않은 사물이 많다. 만약 이들 사물을 온라인화하면 어떤 변화가 생길까?

데이터로 문제를 생각하는 것과 전통적인 통계 방법으로 문제를 생각하는 것은 서로 다르다. 지금은 개인이 사회에 참여하는 시대에서 데이터가 사회에 참여하는 시대로 서서히 바뀌고 있다. 이것이 좋든 싫든 데이터는 세상의 많은 것을 결정하고 있다. 오늘 아침 인터넷에서 읽은 뉴스도 편집자가 아니라 데이터가 준비한 것이다. 데이터로 개인의 선호도를 추측하는 것은 이미 쇼핑몰, 음원 사이트, 뉴스 사이트의 필수기능이나.

데이터를 기반으로 하지 않고 일대일로 소통하며 고객 선호도를 파악하려 하면 엄청나게 많은 비용이 든다. 사실 비용은 둘째치고 일대일로 전 세계 사람들을 다 만나는 것 자체가 불가능하다. 무수한 고객의 선호도를 파악하는 일은 데이터로만 가능하다.

애니메이션 〈쿵푸 팬더〉에 "어제는 히스토리고 내일은 미스터리고 오직 오늘만이 하늘이 주신 선물이다"라는 말이 나온다. 지금 이 순간을 소중히 여기라는 의미다. 데이터의 관점에서 데이터가 풍부하면 데이터를 이용해 역사를 이해하는 것은 물론 미지의 수수께끼도 풀 수 있다. 데이터가 늘어날수록 그 안에서 사람들이 배울 내용도 많아진다. 클라우드와 데이터가 만나 화학반응을 일으킬 경우 본래 가치를 뛰어넘어 클라우드 데이터를 형성한다. 온라인 세상에서 가치 있는 것은 빅데이터가 아니라 클라우드 데이터, 즉 흐르는 데이터다.

지금은 모두가 온라인의 영향력을 쉽게 체감하고 있다. 주변의 많은 사물이 온라인의 영향으로 바뀌었고, 개인이 원하면 자신의 모든 사물을 온라인에 존재하도록 만들 수 있다. 나는 오프라인 상태에서 온라인 상태로 최적화한 것은 1%에 불과하고 나머지 99%는 여전히 상상의 여지가 있다고 생각한다. 알리윈이 분발해서 나머지 99%를 온라인에 최적화하기를 바란다.

오프라인 세상의 문명은 5,000년 역사를 자랑한다. 오늘날은 온라인 세상 5,000년 역사 중 처음 10년에 해당하고, 그 10년 동안 이미 대단한 변화가 일어났다. 사람들은 오프라인 세상이 남긴 자산을 재해석해 구글 글라스 등을 발명했다. 그러나 아직 온라인 세상에 오롯이 속한 것은 등장하지 않았다.

우연한 기회에 나는 저장성 리수이에서 일하는 한 친구를 만났다. 나는 그 친구에게 백날 고민해도 풀지 못할 어리석은 질문을 던졌다.

"리수이 같은 시골에서 어떻게 용천검과 용천청자 같은 세계적인 문화재가 탄생했을까?"

고대에 선진 문명과 문물이 탄생한 지역은 대부분 교통이 발달했는데 리수이는 이 조건에 해당하지 않는다. 용천검은 중국의 고대 10대 보검에 드는 수준 높은 검이다. 송나라 때 용천요는 '관官, 가哥, 여汝, 정定, 균鈞'의 5대 도자기를 생산했는데 특히 청자의 색깔과 광택이 뛰어난 것으로 명성이 높았다. 친구는 잠시 생각한 뒤 명쾌한 해석을 내놓았다.

"리수이에는 어우장강이 흐르잖아. 당시 어우장강이 외부 세계로 통하는 고속도로 역할을 하지 않았을까?"

문명은 흐름을 탄다. 그리고 그 흐름이 빠를수록 문명적이다. 리수이는 도도히 흐르는 어우장강을 통해 문명에 합류했다. 인류 역사에서 4대 문명지가 모두 강 주변에 위치한 것도 같은 이유에서다. 온라인은 어우장강이다. 아니, 온라인이 문명에 미치는 영향은 어우장강을 크게 뛰어넘는다.

오프라인 문명에서 인류는 도구를 사용한 뒤 유인원에서 인간으로 진화했고 다시 직립보행을 했으며 최종적으로 지금의 대뇌를 형성했다. 온라인 문명은 인류에게 완전히 새로운 도구를 제공하고 있다. 인류의 대뇌는 또 한 번 진화를 맞이할 수 있을까?

온라인의 빛과 그림자, 그리고 'YOU'

온라인은 모두에게 거대한 충격을 줬다. 온라인의 영향으로 많은 사물이 변화하고 뒤이어 더 많은 사물이 바뀌었기 때문이다. 이것은 논쟁의 여지가 없는 사실이다. 그렇지만 온라인이 이 사회에 어떤 의미가 있는지는 더 토론할 필요가 있다.

2008년 《애틀랜틱먼슬리Atlantic Monthly》는 〈구글은 우리를 바보로 만들까Is Google Making Us Stupid?〉라는 제목의 글을 발표했다. 작가 니콜라스 카는 글에서 이렇게 말했다.

"지난 몇 년 동안 어떤 사람이나 사물이 내 뇌를 녹이고 신경회로를 재조직한 뒤 기억 프로그램을 새로 짜넣을 수도 있다는 모종의 불길함을 느꼈다. 내 의식은 아직 사라지지 않았다. 적어도 아직까지는 그렇다. 하지만 변화하고 있다. 나는 더 이상 과거의 습관적인 사고방식으로 사고하지 못한다. 이 점은 책을 읽을 때 가장 극명하게 드러난다. 과거에는 책이나 장문의 글을 집중해서 읽는 것이 어렵지 않았다. 간단한 내용과 복잡한 내용이 날실과 씨실처럼 교차해 내 머릿속에서 논리적으로 재구성되었다. 무미건조한 장편의 논문을 몇 시간 읽는 것도 문제없었다. 그런데 요즘에는 그것이 어려워졌다. 논문을 두세 쪽만 읽어도 집중력이 떨어지고 생각이 갈피를 잡지 못하면서 자꾸만 딴짓을 하려 한다. 머릿속을 자유롭게 날아다니는 사고력을 억지로 붙들고 있어야 할 정도다. 과거에 독서는 자연스럽게 집중할 수 있는 일이었지만 지금은 엄청 애써야 하는 수고스러운 일이 되어버렸다.”

카는 2010년 자신의 저서《생각하지 않는 사람들》에서 대뇌와 인지 과학 연구 결과를 이용한 인터넷의 침해를 받아 사람들이 고도의 집중력과 사고력을 서서히 잃어간다고 주장했다. 그러자《뉴욕타임스》는 인터넷을 향한 카의 각종 우려는 소크라테스가 책에 보인 두려움과 크게 차이가 없다고 평론했다.

나는 무엇이 문제인지 안다. 지난 10여 년 동안 나는 인터넷상에서 무수한 시간을 보냈다. 방대한 데이터베이스를 서핑하며 때로는 자료를 찾았고 또 때로는 정보를 제공했다. 작가이기도 한 내게 인터넷은 하늘이 준 선물이다. 전에는 어느 분야를 조사하려면 도서관에서 몇 날 며칠을 보내야 했으나 지금은 단 몇 분 만에 인터넷에서 관련 자료를 찾는다. 구글에 검색어를 입력하고 몇 번만 클릭하면 다른 사람들이 나를 어떻게 평가하고, 내가 쓴 글을 어떻게 인용하는지 일목요연하게 알 수 있다. 일하지 않을 때 나는 이메일 확인과 작성, 뉴스 열람, 유명 블로그 방문, SNS 내용 갱신, 동영상 시청, 음원 다운로드, 관련 검색어 서핑 등 인터넷이라는 데이터 숲에서 끊임없이 재밋거리를 찾는다.

인터넷은 만능 미디어이자 내 눈과 귀, 나아가 머릿속에 들어오는 모든 정보의 근원이다. 데이터는 믿기 어려울 정도로 용량이 풍부하고 쉽게 검색할 수 있다. 데이터를 쉽고 빠르게 얻는 것은 큰 장점이고 덕분에 인터넷은 널리 보급되었다. 미디어는 사람들에게 사고 소재를 제공하며 사고 과정에도 영향을 준다. 한데 인터넷은 사람들의 주의력과 사고력을 파편으로 만들어 한쪽으로 치워놓았다. 요즘 나는 인터넷처럼 빠르게 이동하는 미립자의 흐름을 통해 정보를 전파하고 전달받는다. 과거에는 잠수안경을 낀 채 문자의 바다에서 천천히 유영했다면 지금은 제트스키를 타고 문자의 바다 위를 쌩하고 지나간다.

어떤 사물의 영향력은 시간이 지난 뒤 확실하게 드러난다. 전구가 등장한 후 사람들이 늦은 밤까지 활발하게 활동하는 바람에 수면시간이 줄어들었다. 이에 따라 과거 인류에 비해 바이오리듬과 생식률이 떨어진 현대인에게 야간생활 소비지수가 새로 생겼다. 나아가 일하는 시간이 길어진 만큼 사회의 발전 속도가 빨라졌다.

한때 불은 가족을 한곳으로 불러 모으는 영혼이었다. 예전에는 온 가족이 화롯불 옆에 둘러앉아 낮 동안 어떻게 지냈는지 이야기꽃을 피웠다. 그런데 전구가 등장한 뒤 가족은 함께 모여 대화할지 아니면 각자 자기 방에서 개인행동을 할지 선택의 기로에 놓였다. 전구가 가족의 응집력을 깨뜨린 셈이다.

발명 초기 전구가 인류 사회에 이토록 거대한 영향을 줄 것이라고는 아무도 상상하지 못했을 것이다.

2016년 만물인터넷 시대가 열리자 사람들은 니콜라스 카가 걱정한 것보다 더 많은 것을 걱정해야 한다는 사실을 깨달았다. 온라인 시스템이 취약점을 만천하에 드러냈기 때문이다. 가령 비행기와 비행기 엔진을 온라인화하면 지상에서 장비를 조작해 얼마든지 비행기를 추락시킬 수 있다. 사람들은 새로운 안전을 추구하기 시작했고 관련 산업은 변화를 주도했다. 구글과 테슬라가 자율주행차를 개발하는 것은 이미 미지의 세계가 시작되었음을 의미한다.

그래도 문제는 여전히 존재한다. 도로에 자율주행차만 돌아다닐 때 만약 두 자동차가 충돌하면 누가 책임져야 할까? 차주일까, 자동차 회사일까 아니면 디지털 지도 회사일까? 새로운 상황에 부합하려면 보험 회사 관련 규정은 어떻게 바뀌어야 할까?

온라인이 오프라인 세상에서 시공간의 한계를 깨뜨리려면 반드시 새로운 규칙을 만들어야 한다. 인터넷상에서 발생하는 일에 오프라인 규칙을 판단 근거로 삼으면 결코 문제를 해결할 수 없다. 하나의 규칙을 오프라인 세상과 온라인 세상에 동시에 적용할 경우 문제가 생기고 만다.

위키피디아는 지난 15년 동안 인터넷 유토피아의 길을 열심히 걸었지만 결국 표제어 중립성과 내용 검증 문제에 부딪혔다. 자율성, 무료, 개방성을 보장하자 일부 내용이 사실과 다르거나 부풀려졌는데 이는 위키피디아의 잘못이 아니라 온라인 규칙에 따른 문제다. 오프라인 세상처럼 온라인 세상의 규칙도 서서히 개선할 필요가 있다. 미국 드라마 〈홈랜드 Homeland〉 시즌 2에는 테러리스트가 부통령의 심박조절기 일련번호를 알아낸 뒤 원격조종으로 강한 전류를 내보내 부통령을 집무실에서 심장마비로 죽이는 내용이 나온다.

드라마에나 나올 법한 일이 현실에서 더 극적으로 일어나지 말란 법은 없다. 2013년 7월 25일 미국 라스베이거스 해킹 대회를 일주일 앞두고 35세의 세계적인 해커 바너비 잭Barnaby Jack이 샌프란시스코의 집에서 사망한 채로 발견되었다. 그의 죽음은 여전히 의문에 싸여 있다.

양심적인 해커 잭은 2010년 대회에서 현금지급기 돈을 무한대로 인출하는 해킹 기술을 선보이며 ATM기의 보안상 허점을 지적했고, 2012년에는 인슐린 펌프의 허점을 공격하는 기술을 발견했다. 2013년 대회에서는 9m 밖에서 심박조절기 등 무선통신 기능으로 지원하는 의료장비를 해킹하는 기술을 선보이려 했지만 안타깝게도 젊은 나이에 사망하고 말았다.

과거에는 인터넷에서 익명성을 보장받았다. 그러나 지금은 마음만 먹으면 상대가 누구인지 알아낼 수 있다. 모름의 단계에서 앎의 단계로 넘어간 것이다. 프라이버시 문제가 사회적으로 뜨거운 토론 주제가 된 지는 이미 오래되었다.

2006년 《타임》은 올해의 인물로 'YOU', 즉 모든 네티즌을 선정했다. 선정 이유는 이렇다.

"

맞습니다. 당신이에요. 당신은 정보 시대를 통제하고 있습니다. 당신의 세계에 오신 것을 환영합니다. 역사적으로 저명하고 위대한 스코틀랜드 철학자 토머스 칼라일은 말했습니다.
"세계 역사는 단지 위대한 사람들의 전기일 뿐이다."

(…)

　2006년을 돌이켜보면 많은 일이 있었습니다. 지구 한편에선 위대함과 무관한 전쟁이 발생했지만 다른 한편에선 전에 없던 규모의 커뮤니티가 형성되고 사회적 협력이 일어났습니다. 전 세계 지식이 위키피디아에 수록되었고, 수백만 명이 유튜브를 시청하거나 마이스페이스에서 즐거움을 나눴으며, 많은 사람이 조건 없이 다른 사람을 도왔습니다. 이 모든 일은 세상의 변화를 이끌고 세상이 변화하는 방식을 바꿨습니다.

"

　《타임》의 발표를 놓고 네티즌들은 이력서에 '《타임》이 선정한 올해의 인물'이라는 문구를 추가해야겠다고 조롱했다. 네티즌이 올해의 인물로 선정된 것은 기념비적인 사건인데, 1982년에는 PC가 '올해의 인물'로 선정되기도 했다. 사람들이 사물을 대하는 관점은 과거에 비해 확실히 달라졌다. 예전에는 논문을 쓸 때 참고문헌 목록에 URL 주소를 적을지 고민하다 끝내 적지 않은 사람이 많았다. 만에 하나 하루아침에 해당 웹페이지가 사라지면 어떻게 하는가. 그래서 사람들은 간단하게 인터넷 주소를 한 줄 적는 대신 도서관에 가든 업체에 맡기든 온갖 방법으로 관련 내용이 나오는 서적을 찾는 '사치스러운' 행동을 했다. 지금은 이렇게 하는 사람이 없고 하루아침에 인터넷이 사라질까 걱정하는 사람도 없다.

　온라인 세상을 걱정하든 신뢰하든 그런 목소리는 사람들의 판단에 영향을 준다. 그리고 미묘하지만 끊임없이 일어나는 판단은 다시 가장 기본적인 것에서부터 인식 변화를 일으킨다.

몇 년 전 테슬라자동차는 많은 전문가에게 API 신분증이 해커 공격에 취약하다는 비판을 받았다. API 장치를 장착한 테슬라자동차는 차주가 아이폰이나 기타 안드로이드 스마트폰으로 배터리 상태 검사, 실내온도 조절, 선루프 조작, 차량 위치 식별, 클랙슨 조작, 충전구 열기, 차량 행적 기록 등을 할 수 있다. 과거에는 자동차의 API 문제에 아무도 관심을 보이지 않았지만 테슬라자동차가 온라인화하자 취약한 보안이 문제로 떠올랐다. 이것은 사람들이 테슬라자동차를 온라인 상품으로 대한다는 것을 의미한다.

온라인은 비즈니스의 빠른 발전을 이끌고 새로운 서비스를 창조하며 사회를 더 완전하게 만든다. 초기에 인터넷은 맹수처럼 다루기 어려웠으나 인류는 서서히 온라인이라는 빠른 말을 길들이기 시작했다. 온라인 세상을 제대로 발견하고 탐색하는 과정은 아직 시작하지도 못했고 온라인은 영향력을 제대로 발휘하지도 않았다.

내가 아는 어느 중학교 영어교사는 만약 볼펜이 없었으면 인류 문명은 지금의 수준으로 발달하지 못했을 것이라고 말했다. 붓을 사용하려면 꽤 많은 비용이 든다. 일단 붓 자체가 비싸고 여기에 테이블, 화선지, 묵, 벼루까지 장만해야 한다. 붓은 애초에 양반에게나 적합할 뿐 서민에게 널리 보급하기 힘든 필기도구였다. 훗날 볼펜이 등장하면서 대규모로 문자를 배우고 쓰는 것이 가능해졌다[영어교사는 "물론 붓글씨를 쓰는 것이 더 교양이 있어 보이긴 하다"라는 말을 덧붙였다]. 현재 온라인 문명은 필기도구가 붓에서 볼펜으로 바뀐 것과 같은 변화를 일으키고 있다.

18세기 영국에서 기차는 통제할 수 없는 세상을 상징했다. 기차가 시속 80km 이상으로 달리면서 농촌 사회는 와해되고 중산계급은 무너졌으며 많은 사람이 기차에 치여 죽었다. 도시도 한때는 괴수 취급을 받았는데 도시가 막 발달하기 시작할 무렵 독일에서는 "뮌헨에 가려거든 유서부터 써놓아라"라는 말이 유행했다. 하지만 현대인에게 도시는 인류의 위대한 발명품이다.

Chapter 10.

**인류 문명을
업그레이드
하다**

혁신이 이뤄지면 온라인으로 도시를
운영할 수 있다. 이때 도시의 데이터 자원은
미래 도시의 혈액이다. 지금 인류는
역사상 유례없는 기술 혁신의 길에 들어섰다.
모두 목적지에서 만나길 바란다!

인류는 가장 좋은 시대에 온라인으로 역사상 전례 없는 중요한 기회를 잡았다. 인터넷은 이 시대의 창조자들에게 어떤 변화를 일으킬까? 사회적, 경제적 인프라로 발전한 인터넷은 어느 인프라보다 인류 생활 깊숙이 스며들었다. 데이터와 컴퓨팅은 인류에게 사상 초유의 거대한 능력을 선사하는 한편 미지의 세계를 안겨주며 인류의 자신감에 도전하고 있다.

이제 인류는 인터넷, 데이터, 컴퓨팅을 이해한 뒤 향후 50년 동안 인류가 과학기술 발전을 위해 무엇을 할 수 있는지 생각해야 한다. 미래 예측은 무모한 일일 수 있다. 그러나 지난 50년 동안 일어난 세 가지 사건, 즉 인류 최초의 에베레스트산 등반 성공, 아폴로호의 달 착륙, 보잉 747기 탄생은 내게 깊은 인상을 남기는 동시에 삶의 자세를 바꿔놓았다.

개발자의 노력을 존경해야 하는 이유

에베레스트산의 높이가 중국에서 인정하는 8,844m든 네팔이 인정하는 8,848m든 미국이 말하는 8,850m든 에베레스트산은 세계 최고의 산이자 대자연이 창조한 기적이고 많은 사람의 꿈이다.

1953년 5월 29일 오전 11시 30분 인류 최초로 뉴질랜드 국적의 에드먼드 힐러리와 네팔의 셰르파 텐징 노르가이가 에베레스트산 정상에 도착했다. 비록 이들은 정상에 15분 정도 머물렀지만 인류에게 무한한 부를 남겼다.

노르가이는 당시 상황을 이렇게 묘사했다.

"정상을 코앞에 두고 저와 힐러리는 잠시 멈춰 서서 에베레스트산 정상을 올려다본 뒤 다시 걸었습니다. (…) 누가 먼저 산 정상에 도착할지는 계획하지 않았습니다. (…) 단지 우리는 위쪽을 향해 천천히 경건하게 걸었고 (…) 힐러리가 먼저 정상에 도착했고 저는 그 뒤에 도착했습니다."

노르가이는 에베레스트산 정상에 먼저 도착한 사람은 자신이 아니라 힐러리라고 무려 일곱 번이나 말했다. 당시 신문기사 사진을 보면 에베레스트산 정상에 서 있는 사람은 힐러리가 아니라 노르가이다. 힐러리가 정상에 서 있는 노르가이의 모습을 찍었고 이 사진이 전 세계에 널리 알려졌다. 사람들이 사진에서 본 아이스바일을 들고 서 있는 사람은 노르가이다. 힐러리는 단지 노르가이가 아니라 전 인류를 위해 사진을 찍었다. 노르가이가 사진을 찍어주려 했지만 힐러리가 한사코 거부하는 바람에 그의 등정 모습은 기록으로 남지 않았다. 그러나 뉴질랜드는 5달러짜리 지폐에 힐러리의 초상화를 그려 넣었다. 세계 최초로 에베레스트산을 정복한 뒤 자신을 감추고 셰르파의 사진을 찍어주는 것은 아무나 할 수 있는 일이 아니다. 훗날 노르가이는 힐러리가 찍어준 사진 덕에 에베레스트 등정을 따로 증명하지 않아도 모두가 아는 훌륭한 셰르파로 명성을 날렸다.

원래 이 등정을 처음 계획한 사람은 존 헌트 대령이다. 그는 400명의 탐험대를 이끌고 에베레스트산으로 향했는데, 이 중 362명은 1만 파운드(약 4,500kg)가 넘는 짐을 운반하는 짐꾼이었고 20명은 노르가이 같은 셰르파였다. 5월 26일 찰스 에번스와 톰 보딜런이 1차 등정을 시도

했지만 정상을 91m 남겨두고 실패했다. 2차 등반조로 나선 힐러리와 노르가이는 에번스와 보딜런에 비해 운이 좋았다.

헌트 대령의 선견지명이 없었으면 탐험대는 애초에 꾸려지지 않았을 테고, 힐러리의 결심이 없었으면 노르가이라는 좋은 셰르파가 탄생하지 못했을 터다. 그리고 좋은 셰르파가 없었으면 힐러리는 극한의 환경인 에베레스트산 정상에 오르지 못했을 것이다.

원대한 선견지명과 굳은 결심은 헌트 대령이 이끄는 탐험대만의 전유물은 아니었다. 1921년, 1922년, 1924년 영국인 조지 맬러리George Mallory는 세 번이나 에베레스트 등정에 도전했지만 끝내 실패했다. 하지만 그는 영원히 기억되고 존경받는 사람으로 남았다. 맬러리는 저명한 경제학자 존 메이너드 케인스의 동창이자 친한 친구다. 1924년 6월 8일 그는 앤드루 어빈Andrew Irvine과 함께 에베레스트 등정에 도전했다. 그런데 정상을 약 243m 남겨둔 지점에서 사람들에게 망원경으로 목격된 것이 마지막 모습이 되고 말았다. 1999년 4월 30일 미국 탐험대는 해발 8,170m 지점에서 맬러리의 시신을 발견했다. 현대 과학기술의 관점에서 애초에 맬러리가 멘 산소통은 정상까지 갈 수 없을 정도로 매우 원시적이었다. 맬러리는 에베레스트 등정에 성공하면 아내의 사진을 정상에 꽂고 내려올 거라고 말했지만 그의 시신에서 아내 루스의 사진은 나오지 않았다. 나는 개인적으로 맬러리를 세계 최초로 에베레스트 등정에 성공한 탐험가로 기억하고 싶다. 어느 탐험가는 말했다.

"꿈을 좇던 등산가의 시신은 에베레스트산의 정상을 가리키는 이정표다. 에베레스트 등정은 등산의 시작이고 살아서 하산하는 것은 최종 목표다."

인류의 등정 능력을 뽐내기 위해 에베레스트산을 오르는 것은 바람직하지 않다. 힐러리는 "우리가 정복한 것은 높은 산이 아니라 우리 자신이다"라고 말했다. 여하튼 에베레스트산은 인류의 능력과 상상력을 극한의 수준까지 끌어올렸다.

에베레스트산보다 더 높은 곳은 우주다. 1961년 4월 12일 소련은 최초의 유인우주선 '보스토크 1호'를 발사했다. 보스토크 1호는 유리 알렉세예비치 가가린을 태우고 제1 우주 속도를 돌파해 우주로 날아갔다. 미국에서는 1961년 5월 5일 앨런 셰퍼드 Alan Shepard가 '프리덤 7호'에 탑승해 우주에 다녀왔다. 20여 일 차이로 우주를 다녀온 셰퍼드와 가가린은 여러 면에서 비교가 된다. 먼저 가가린은 지구 궤도에 진입해 비행했으나 셰퍼드는 우주 궤도까지 짧게 나갔다 들어오는 탄도비행을 했다. 보스토크 1호의 무게는 1만 428파운드였고 프리덤 7호는 2,100파운드였다. 무중력 상태로 보낸 시간은 가가린이 89분이고 셰퍼드는 단 5분이었다. 여러 면에서 소련보다 못한 기록을 세우자 미국인은 자국의 국력에 의문을 보였다.

1961년 5월 25일 미국 케네디 대통령은 10년 안에 1명의 우주비행사가 달에 착륙했다 무사히 지구로 귀환하는 프로젝트를 실행하겠다고 발표했다. 이른바 아폴로 계획이다. 이것은 미국 역사에서 파나마 운하 계획에 버금가는 일이다. 1963년에 시작해 1972년에 끝난 아폴로 계획은 미국과 소련 양국의 패권 경쟁이 과학기술 경쟁으로 변했음을 상징한다. 1969년 7월 16일 오전 9시 32분 아폴로 11호는 케네디우주센터의 39호 발사대를 떠나 7월 20일 오후 4시 18분 달에 착륙했다. 최초로 달을 밟은 지구인 닐 암스트롱은 밤 10시 56분에 이뤄진 교신에서 "이것은 한 인간에게는 작은 발걸음이지만 인류에게는 거대한 도약이다"라고 말했다.

닐 암스트롱이 달에 착륙했을 때 당시 언론들은 '미국, 전 세계 최초로 달 착륙에 성공'이 아니라 〈인류, 첫 달 착륙에 성공〉이라고 보도했다. 아폴로 계획은 그때까지 인류가 달 착륙에 성공한 유일한 계획이었다. 소련과 냉전관계였던 미국은 자국민의 자신감을 고취하기 위해 모든 과학자와 엔지니어를 동원해 약속한 기한 내에 미국인 우주비행사가 달에 착륙했다 안전하게 귀환하는 계획에 성공했다. 아폴로 계획에서 가장 위대한 점은 자신감이다.

"국가가 여러분을 위해 무엇을 해줄지 묻지 마십시오. 여러분이 국가를 위해 무엇을 할 수 있는지 물으십시오."

이 말은 충만한 자신감을 설명한다. 보스토크 1호와 프리덤 7호가 쏘아올린 것은 인류의 충만한 자신감이다. 가가린의 우주여행은 발사에 성공한 뒤 전 세계에 알려졌지만 셰퍼드의 짧은 우주여행은 수백만 명에게 생중계했다. 이후 미국은 우주선이나 위성을 발사할 때마다 모든 과정을 전 세계에 생중계했다. 만에 하나 실패하면 미국의 결함을 전 세계에 생중계하는 꼴이 되지만 미국은 기술 발전에 자신이 있었기에 부족한 기술력마저 솔직하게 알렸다.

자신감은 무엇보다 중요하다. 나는 미국이 지금까지 진행한 것 중 아폴로 11호 달 착륙 프로젝트가 가장 영향력 있는 일이라고 생각한다. 오늘날 사람들이 누리는 많은 기술, 예컨대 통신 기술, 바이오 헬스 기술, 첨단소재 기술 등은 모두 아폴로 11호 달 착륙 프로젝트의 튼튼한 기초였다.

1969년 7월 3일 소련의 바이코누르 기지 발사대에서 달 탐사로켓 N1이 폭발했다. 7,000톤의 화약이 동시에 터진 것과 같은 폭발력에 발사대는 흔적도 없이 사라졌다. 이 사고의 파괴력은 히로시마에 원자폭탄이 떨어진 것에 맞먹을 정도로 컸다. N1 폭발은 인류 역사상 가장 큰 규모의 폭발 사건으로 조용히 묻힐 뻔했으나 미국의 첩보위성에 발견되어 전 세계에 알려졌다. 소련의 유인우주선 달 착륙 프로젝트는 1972년 11월 N1 탐사로켓이 또다시 발사에 실패한 뒤 조용히 막을 내렸다. 소련 정부는 1989년 N1 로켓 개발 계획 종료를 정식 발표했다.

2011년 4월 7일 제65회 유엔총회는 4월 12일을 국제 유인 우주의 날로 지정했다. 4월 12일은 가가린이 보스토크 1호를 타고 인류 최초로 우주 공간을 비행한 날이다.

지금껏 인류는 우주를 수없이 방문했지만 여전히 우주 공간에 진입하려면 위험을 감수해야 한다. 또한 이미 오래전에 달 표면에 발 도장을 찍었으나 인류에게 달은 아직도 아득히 멀기만 하다.

모든 성공 뒤에 공로자가 존재한다

예로부터 인류는 하늘을 자유로이 비행하는 것을 꿈꿨다. 이것을 가능하게 만든 사람이 바로 보잉 747을 설계한 조 서터 Joe Sutter다.

보잉 747은 아폴로 11호가 달에 착륙하기 약 6개월 전인 1969년 1월 9일 첫 비행을 시작했다. 전 세계 사람들이 인류의 달 착륙 소식에 환호할 때 보잉 사는 747기를 제조하느라 20억 달러의 빚을 지는 바람에 세계에서 채무가 가장 많은 기업이었다. 그렇다고 보잉 사가 세계에서 가장 큰 항공기 제조 기업이었던 것도 아니다. 그 시절 가장 큰 항공기 제조 기업은 현대식 전천후 전폭기 F/A-18 호넷을 제조한 곳으로 유명한 맥도넬더글러스였다.

아폴로 계획이 냉전 시대에 미국과 소련의 경쟁이 낳은 산물이라면 보잉 747기는 보잉사 회장 윌리엄 앨런^{William M. Allen}과 팬아메리칸월드항공 회장 후안 트립^{Juan Trippe}의 경쟁이 낳은 산물이다. 팬아메리칸월드항공은 그 무렵 미국에서 성공한 항공사였다. 1958년 10월 이 항공사가 뉴욕-파리 노선에 보잉 707기를 띄운 뒤부터 제트기 여행 시대가 열렸다. 제트기는 비행 속도가 빠를 뿐더러 3만 2,000피트 상공에서 날씨의 제한을 받지 않고 자유롭게 비행하는 것이 특징이다.

1965년 국제선을 이용한 승객은 3,500만 명이었다. 트립은 이 숫자가 1980년까지 200% 증가할 것이라 예측하고 대담한 결정을 내렸다. 들려오는 얘기에 따르면 1965년 8월 트립은 시애틀의 퓨젓사운드만[알래스카라는 설도 있다]에서 낚시를 하다가 앨런에게 707기보다 2.5배 크면서도 좌석당 비용을 30% 절감할 수 있는 제트기를 만들자고 제안했다. 트립이 "자네가 만들면 내가 사겠네"라고 말하자 앨런은 "자네가 사면 내가 기꺼이 만들지!"라고 대답했다.

당시 항공기 제조 기업은 초음속 비행기 제조에 열중했다. 1962년 영국과 프랑스는 콩코드를 공동 제조하기로 협정을 맺었고 1963년 소련은 여객기 설계에 돌입했다. 같은 해 보잉 사도 초음속 비행기 2707 개발에 들어갔다. 서터의 말을 빌리면 많은 사람이 747기 개발을 무리수라 생각했고 초음속 비행기가 상업용으로 쓰이면 747기를 빠르게 대체할 것이라고 전망했다.

서터는 707기와 737기 개발 프로젝트에서 손을 떼고 훗날 747기라 불리는 비행기의 총 설계를 맡았다. 그때 서터는 보잉 사에서 최고의 설계사는 아니었지만 시애틀의 보잉 사 시험 비행장 근처에서 자라며 어려서부터 비행기를 설계하는 꿈을 꿨다. 747기 프로젝트팀의 구성원은 훌륭했으나 보잉 사의 미래를 대표하는 인물들은 아니었다. 그 시절 가장 인기 있는 기술은 초음속이었고 사람들은 초음속을 미래의 먹거리 산업으로 내다봤다. 그런 까닭에 보잉 사는 최정예 연구원들을 모두 2707 초음속 비행기 개발에 투입했다.

보잉 사는 747기 시장을 마냥 낙관하지 않았다. 그래서 리스크를 줄이기 위해 설계 단계부터 여객기와 화물 수송기로 동시에 이용할 방법을 찾았다. 물론 승객과 화물을 동시에 운반하려니 문제가 이만저만이 아니었다. 당시의 공항 능력으로는 대형 비행기에 가득 실린 화물을 정해진 시간 안에 모두 내리는 것이 불가능했다. 그러다 보니 비행기의 후면에서 짐을 내리는 한편 앞머리 쪽에서도 짐을 내려야 했고 결국 보잉 747기의 앞부분은 낙타 혹처럼 불룩 솟아올랐다. 이것은 화물을 대량 운반하기 위한 어쩔 수 없는 선택이었으나 결과적으로 불룩한 앞머리는 모두에게 익숙한 보잉 747기의 상징이 되었다.

1965년 12월 22일 팬아메리칸월드항공은 보잉 사와 5억 2,500만 달러에 25대의 747기를 구매하기로 계약했다. 1966년 3월 정식으로 개발을 시작해 1969년 1월 시범 비행을 마친 747기는 3년이라는 짧은 시간 안에 많은 엔지니어가 상상만 하던 기술을 현실로 구현하는 기적을 일으켰다.

그런데 그 무렵 항공기 엔진의 최대 추진력은 약 1만 5,000파운드였고 747기는 4만 파운드 이상의 추진력이 필요했다. 결국 747기의 정상적인 이륙을 위해서는 개발 중인 JD-9D 엔진을 완성할 때까지 기다리는 항공기 제조 역사상 초유의 도박을 해야 했다.

보잉 747기가 등장하기 전까지 두 개의 통로를 갖춘 비행기를 상상한 사람은 아무도 없었다. 지금은 익숙한 구조지만 40년 전에는 상상하기 어려운 구조였고 보잉 747기는 최초로 두 개의 통로를 갖춘 비행기였다.

보잉 747기는 이전의 707기에 비해 2배 정도 크다. 에어버스 A380도 보잉 747기보다 3분의 1 정도 클 뿐이다. 무엇보다 세 가지 활동 영역으로 구성한 보조날개가 있어서 날개 면적이 21% 늘었고 양력이 90% 높아졌다. 그때는 컴퓨터의 도움을 받을 수 없던 시대라 100명으로 구성된 팀이 7만 5,000장의 설계도를 일일이 그려 완성했다. 지금은 컴퓨터 설계 프로그램이라는 강력한 도구가 있지만 여전히 3년 안에 새로운 비행기를 설계하는 것은 보통 어려운 일이 아니다. 보잉 747기에는 약 459만 개의 부품과 약 218km의 케이블이 들어간다. 완성품 보잉 747기는 좌석당 비용을 30% 절감했는데 400명의 승객을 운송하는 747기나 100명의 승객을 운송하는 콩코드나 좌석당 비용은 서로 같다.

1970년 1월 22일 팬아메리칸월드항공의 보잉 747은 처음 뉴욕-런던 노선을 비행했다. 대서양을 건널 때 배를 타면 5~7일이 걸렸지만 보잉 747기를 타면 단 8시간이 걸려 대륙 간 여행이 더 자유로워졌다. 한데 안타깝게도 1970년대에 보잉 747기를 지나치게 많이 구입한 것은 팬아메리칸월드항공에 불행의 씨앗이었다.

1973년 중동에서 석유 파동이 일어나자 항공 연료 가격이 10배 이상 올랐다. 팬아메리칸월드항공과 보잉 사는 큰 타격을 받았고 팬아메리칸월드항공은 위기에서 벗어나지 못해 끝내 1991년 파산했다. 다행히 보잉 사는 1980년대부터 서서히 회복했는데 10년 동안 747기를 총 700대 판매해 명실상부한 하늘의 여왕으로 등극했다. 특히 1989년은 보잉 747-400을 보급한 전설적인 해였다.

한편 1969년 시범 비행을 마친 콩코드는 1976년 정식으로 운항을 시작했다. 브리티시항공과 에어프랑스는 각각 런던-뉴욕, 파리-뉴욕 노선에 콩코드를 투입했고 2003년 운항을 중단할 때까지 콩코드는 단 16대만 생산했다. 최근 소식에 따르면 에어버스 A380도 생산 중단을 고려중이다. 현재 1,200대의 생산 목표 중 319대를 완성했지만 이윤을 얻기에는 턱없이 부족하다.

오늘날 하늘을 비행하는 보잉 747기는 500대가 넘는다. 아쉽게도 보잉 747기를 탑승하는 것이 '평범'한 일이 되기까지 팬아메리칸월드항공의 희생이 있었음을 기억하는 사람은 아무도 없다. 그리고 2016년 8월 30일 보잉 747기의 책임 설계자 조 서터는 미국에서 향년 95세로 별세했다. 많은 사람이 관심을 보이지 않는 가운데 보잉 747 시대를 연 위대한 인물이 조용히 세상을 떠난 것이다.

나는 내가 정말로 기술을 경외하는지 수시로 반성한다. 기업의 운명은 기술에 따라 달라진다. 사람들은 기술에 열광하지만 정작 그 기술을 개발하기 위해 누군가가 얼마나 노력했는지에는 관심을 보이지 않는다. 조금 부적절한 비유를 들면 개발자와 기술의 관계는 농부와 뱀의 관계와 같다.

기술에 열광한다는 것은 무얼까? 기술은 얼마나 많은 사물을 바꿀까?

당신은 뱀에게 물리지 않을 자신이 있는가? 물려도 계속 열광할 것인가? 어떤 것에 열광해도 그것의 최종 결과를 예측하기는 어렵다.

뱀을 옷 속에 품었을 때 가장 부담을 느끼는 신체 부위는 심장이다. 설령 물려도 몸이 충분히 건강하고 면역력이 있으면 독을 이겨낼 수 있다. 팬아메리칸월드항공은 독을 이겨내지 못했고 맬러리도 영원히 에베레스트산 등반로에 머물게 되었다. 그러나 사람들은 뱀이《백사전》에서 백낭자의 모습으로 분해 인간 세상에 온 부처님이길 바란다. 에베레스트 정상으로 향하는 길에서 맬러리는 눈사태에 무정하게 묻혀버렸고, 달 탐사를 떠나는 길에서 바이코누르 기지는 소련인의 두 발을 영원히 땅 위에 묶어둔 '무덤'이 되고 말았다. 자유로운 하늘은 콩코드에 더 많은 비행 공간을 허락하지 않은 채 이상을 멈추게 만들었으며, 미국의 우주 계획에는 아직 선녀처럼 아름다운 백낭자가 찾아오지 않았다. 어느 것 하나 쉬운 길은 없지만 사람들은 더 나은 기술을 향한 희망을 버리지 않는다.

"천재는 1%의 영감과 99%의 노력으로 만들어진다."

모두가 잘 아는 명언이다. 사실 에디슨은 모든 발명에 200%의 노력을 쏟아 부은 '미치광이'다. 미국의 작가 신디 마이어스Cindy Meyers는 훗날《영감과 땀방울Inspiration and Perspiration》에서 "만약 그 1%의 영감이 없으면 세상의 모든 땀방울은 그저 쓸모없는 노력이 될 것이다"라고 말했다. 나는 그녀가 에디슨의 1%의 영감과 창조력에 존경을 표한 것이라고 생각한다. 흥미롭게도 1904년 미국 오하이오 주의 어느 티셔츠 판매점은 '성공은 1%의 운과 2%의 영감과 97%의 노력으로 만들어진다'라고 광고했다.

모든 탐험가처럼 맬러리는 200%의 노력과 희생을 치렀지만 끝내 에베레스트산 정상에 오르지 못했다. 1%의 운이 없었던 것이다. 사람들은 1%의 운에 경외심과 감사하는 마음을 보내야 한다.

도시 인프라를 구축하는 데이터 대뇌

2016년 12월 베이징 울렌스 현대미술센터에서 열린 포럼에서 나는 드론의 아버지이자 아마존 물류창고 로봇 키바Kiva의 창시자인 라파엘로 드안드리아Raffaello D' Andrea 교수와 지능형 하드웨어를 주제로 얘기를 나눴다. 취리히 연방 공과대학교 동적 시스템 및 제어학과 교수인 그는 테드 강연에서 반딧불이가 무리를 지어 날아다니는 것처럼 비행하는 드론을 선보여 많은 사람에게 깊은 인상을 남겼다. 이날 나는 인공지능과 기계지능을 분리해서 인식할 필요성을 공개석상에서 처음 제기했다. 인공지능의 정의는 시대에 따라 달라졌다. 과거에는 사람의 생각을 주입한 기계를 가리켰지만 지금은 사람이 할 수 없는 일을 대신하는 기계를 말한다. 이것은 인공지능Artificial Intelligence 보다 기계지능Machine Intelligence이라고 부르는 것이 더 적합하다.

인공지능과 기계지능의 차이

2017년 5월 나는 구이양 박람회에서 기계는 인류가 하지 못하는 많은 일을 도울 수 있다고 다시 한 번 말했다.

"기계지능 또는 인공지능 이전에 세계에는 오직 두 가지 지능만 존재했습니다. 하나는 인류지능이고 다른 하나는 동물지능입니다."

사실 초기에는 사람과 동물을 모방한 모든 지능을 인공지능이라 불렀다. 이것은 인간이 인위적으로 창조한 지능이라는 의미다. 이후 지능은 세 가지로 늘어났는데 그것은 인간지능, 기계지능, 동물지능이다.

나는 구이양 박람회에서 이렇게 덧붙였다.

"동물이나 인간과 관련된 인위적 지능이 인공지능입니다. 동물과 인간의 요소는 쏙 빠지고 기계만 있으면 기계지능이지요. 이것이 제가 생각하는 인공지능과 기계지능의 차이입니다."

인간이 만든 동물과 인간에 관한 지능화한 모든 것은 '인공지능'이라 부를 수 있다. 오늘날 많은 사람이 인공지능이 인간을 대체할까 봐 걱정한다. 참으로 이상한 논리다. 검색견이 냄새를 맡으며 독극물을 찾을 때 자신의 코가 개 코로 대체될까 걱정하는 사람이 있는가? 인류의 모든 것을 인공지능에 빼앗길까 걱정하는 것은 기계를 충분히 존중하지 않는 자세다. 인류는 어떤 면에서 기계에 인류를 초월하는 능력이 있음을 존중해야 한다.

2017년 7월 항저우에서 열린 글로벌 인공지능 포럼에서 옥스퍼드대학교 역사학 박사이자 《호모 데우스》의 저자인 유발 하라리가 인공지능과 인공의식의 관계를 설명하는 것을 듣고 나는 사람들이 헷갈리지 않도록 인공지능과 기계지능의 의미를 더더욱 구분해서 써야 할 필요를 느꼈다. 사실 기계와 사람을 비교하는 것은 전혀 의미가 없다. 사람은 기계보다 위대한 점이 많은데 단적으로 기계는 사람과 같은 무의식을 소유할 수 없다.

인공지능이 등장한 초기 과학계는 사람을 닮은 기계를 만들기 위해 무척 노력했다. 저명한 튜링 테스트(Turing Test, 기계 혹은 컴퓨터가 인공지능을 갖췄는지 판별하는 실험 – 옮긴이)의 본질 역시 어떻게 사람을 모방하느냐에 있다. 인터넷이 발달한 지금 인류가 해야 하는 일은 기계를 이용해 인류가 해결할 수 없는 문제를 해결하는 것이다. 그런 의미에서 인공지능보다 기계지능이라는 표현이 더 정확하다.

1956년 몇몇 과학자가 다트머스에 모여 최초의 '인공지능 하계 리서치 프로젝트'를 열었다. 이 모임에는 중요한 역할을 하는 4명의 튜링상 수상자가 있었는데 그중 한 사람이 허버트 사이먼Herbert Simon이다. 1980년대에 항저우를 여러 번 찾아온 사이먼은 내가 다닌 항저우대학교 심리학과를 방문하기도 했다. 당시 한 번도 해외에 나가본 적이 없던 나는 그의 인공지능 강의를 들으며 '인공지능이 곧 미래다!'라는 생각에 심장이 뛰었던 기억이 난다. 나중에 안 사실이지만 사이먼은 처음부터 '인공지능'이라는 명칭에 찬성하지 않았다.

사이먼은 심리학과 출신이면서도 노벨경제학상을 수상할 정도로 경제학 분야에서 유명하다. 사이먼의 내 모교 방문은 대학졸업을 앞두고 진로를 고민하던 내게 중요한 영향을 줬다. 모두가 아는 것처럼 심리학과는 생물학과 정보학 관점에서 사람을 연구한다. 그 무렵 나는 정보학 관점에서 연구하는 쪽을 선택했고 훗날 컴퓨터과학 프로그램을 전공하며 지금의 길로 들어섰다.

그때 사람들이 말하는 인공지능은 어떻게 하면 기계가 사람이 하는 일을 하도록 만드느냐에 집중되어 있었다. 지금도 옥스퍼드 사전은 AI를 사람이 하는 일을 할 수 있는 컴퓨터라고 설명하고 있다. 저명한 튜링 테스트의 본질은 기계가 사람을 어느 정도로 흉내 내는지 알아보는 데 있다. 여기에는 엄청난 역설이 존재하는데 그것은 사람의 뇌에 다른 사람의 뇌를 연구할 능력이 있을까 하는 점이다. 이것은 논쟁의 여지가 많은 문제다.

1981년 일본은 5세대 컴퓨터 개발, 지식 처리 시스템 구축 등의 계획을 발표하고 글로벌 정보 산업 분야에서 리더의 자리를 꿈꿨다. 그 결과 1980년대 초부터 1990년대 말까지 인공지능은 다시 한 번 전 세계를 뜨겁게 달궜다. 일본은 제1회 5세대 컴퓨터위원회 보고 때 전문가 시스템의 창시자이자 사이먼의 제자로 스탠퍼드대학교 교수인 에드워드 파이겐바움Edward Feigenbaum을 초빙했다. 나중에 파이겐바움이 자신의 저서 《제5세대: 세계에 도전장을 내민 인공지능과 일본의 컴퓨터The 5th Generation: AI and Japan's Computer Challenge to the World》에 저술한 중요 내용의 출처는 그의 일본계 아내일 가능성이 크다.

1980년대에 파이겐바움 외 몇 명이 공동 집필한 네 권의 《인공지능 핸드북The Handbook of Artificial Intelligence》은 내가 인공지능의 교과서라고 생각하는 책이자 최초로 완독한 영문 시리즈 서적이다. 이 책의 핵심 내용은 최근의 딥러닝과 유사한 지식공학(컴퓨터에 입력한 각종 전문 지식을 바탕으로 인공지능의 응용면을 개발하는 분야-옮긴이)이다.

1980년대 말 중국은 지능을 갖춘 컴퓨터 개발 계획을 발표했다. 그런데 일본은 1992년 5세대 컴퓨터 개발 프로젝트와 모든 관련 연구를 정식 중단했다. 나는 학교에서 이 프로젝트의 일부분인 가상현실을 계속 연구했는데 이후 컴퓨터 '지능' 기술은 하드웨어, 소프트웨어 기술로 발전했다.

요즘 인공지능은 다시 화제의 중심에 서 있다. 인공지능에 중대한 변화가 생겨서가 아니라 전 세계에 중대한 변화가 생겨서다. 중문판《파이낸셜타임스》는 〈인터넷 종결, 인공지능 상승세〉라는 제목의 칼럼을 게재하기도 했다. 인공지능이 실제로 다시 상승세를 탈지는 예측할 수 없지만 '인터넷 종결'이라는《파이낸셜타임스》의 결론은 확실히 잘못되었다.

최근 사람들이 다시 인공지능의 거대한 가치에 주목하는 데는 세 가지 중요한 요소가 있다.

첫 번째는 인터넷이다. 인터넷은 인류 역사상 가장 중요한 인프라다. 만약 인터넷이 없었으면 데이터도, 모든 첨단과학기술도 존재하지 않았을 것이다. 인프라화한 인터넷과 전통 인터넷을 혼동하면 안 된다. 내 가장 큰 꿈은 사람의 대뇌를 인터넷에 연결하는 것이다.

두 번째는 데이터다. 음성 인식이 가능해진 데는 딥러닝 기술이 발달한 영향도 있지만 음성 데이터를 충분히 확보한 것이 가장 효과적이었다. 음성 데이터가 없었으면 관련 기술의 돌파구를 찾지 못했을 터다. 영상 기술 발전도 눈에 띈다. 영상 기술은 사람들에게 무엇을 선물했을까? 셀카 사진을 찍는 취미를 선물했다. 그 결과 인류는 자기 자신의 데이터를 더 많이 남기고 있다. 영상 기술은 무인자동차 운행에도 요긴하게 쓰이는데, 카메라를 이용하든 레이더의 전자파를 이용하든 본질은 영상 기술에 있다. 사실상 무인자동차는 영상 기술 자동차라고 할 수 있다.

2017년 7월 나는 몇몇 기업을 탐방했다. 그중 어느 기업은 위성사진으로 전 세계 오일탱크에 남아 있는 석유 저장량을 추산해 석유 선물 거래에 도움을 줬다. 캐나다의 어느 벤처기업 설립자는 자신이 만드는 것은 인공지능의 AI가 아니라 감정지능Affective Intelligence의 AI라고 설명했다. 이 벤처기업의 상품을 이용하려면 스마트폰으로 얼굴을 촬영해야 한다. 안면 인식이 아니라 심박수와 혈압을 재기 위해서다. 그는 날마다 많은 사람이 스마트폰을 이용하는데 왜 아무도 스마트폰으로 체온을 잴 생각을 하지 않는지 모르겠다고 말했다. 이 밖에도 많은 기업이 사람이 할 수 없는 일을 대신 해줄 인공지능을 만들기 위해 노력하고 있다.

세 번째는 컴퓨팅 능력이다. 사람들이 이용하는 컴퓨팅 능력도 한 번의 비약적인 발전을 이뤘다. 딥러닝에 필요한 것은 컴퓨팅 능력이고 컴퓨팅 능력의 탁월함은 몇 개의 트랜지스터를 사용하는가로 구분한다.

며칠 전 어떤 사람과 데이터에 관한 대화를 나누다가 내용의 정확성에 관계없이 큰 자극을 받았다. 그에 따르면 모든 사람은 해마다 평균 20억 개의 트랜지스터를 소모한다고 한다. 1970년대 초에 출시한 인텔의 반도체 칩에 약 2,000개의 트랜지스터가 들어갔음을 고려하면 20억 개의 트랜지스터는 어마어마한 양이다. 당시 미국에 있는 모든 트랜지스터를 합해도 2017년 한 사람이 소모한 트랜지스터의 양에 미치지 못한다. 컴퓨팅 능력은 사람들의 상상을 초월해 폭발적으로 발전했고 혁혁히 발전한 기술은 다시 인공지능의 토대가 되고 있다.

실리콘밸리의 어느 벤처 기업은 반도체 칩의 처리 능력을 GPU 처리 능력의 1,000배까지 높이는 것이 목표다. 개인이 보유한 트랜지스터는 1970년대에 약 2,000개에서 지금은 20억 개로 늘어났다. 만약 컴퓨팅 능력을 1,000배 더 높이면 인류는 어떤 일을 할 수 있을까? 아마 옛날 사람들이 죽을 때까지 일해도 다 처리하지 못했을 일을 눈 깜짝할 사이에 해낼 것이다.

반드시 기억해야 할 것은 실리콘은 위대하다는 사실이다. 무어의 법칙에 관계없이 말이다. 1970년대에는 한 개의 반도체 칩에 몇천 개의 트랜지스터가 들어가는 게 전부였지만, 지금은 전 세계 모든 사람이 수십억 개의 트랜지스터를 소모한다. 이만하면 장족의 발전이 아닌가.

이상의 세 가지 요소는 현재 인공지능 개발에서 매우 중요한 역할을 하고 있다. 나는 개인적으로 사람의 대뇌와 관계없는 지금의 인공지능을 기계지능이라 부르는 것이 적절하다고 본다. 또한 사람이 할 수 없는 일에 기계지능을 투입하는 것은 바람직한 변화라고 생각한다.

인공지능이 또다시 많은 사람의 입에 오르내리는 것은 인터넷이 다시 한 번 사회를 비약적으로 성장시킬 추진제가 되었음을 상징한다. 이러한 기계지능은 산업에 초점을 맞춰 성장해가야 한다.

도시 대뇌의 활성화, 문명의 업그레이드

오늘날 세계 각국 도시는 지속적인 발전을 두고 고민하고 있다. 위기는 두려움을 초래하는 동시에 새로운 기회를 준다. 예를 들어 기계지능을 이용하면 도시 발전 과정에서 맞닥뜨리는 교통 문제 같은 중요한 문제를 해결할 수 있다. 그리고 그 과정에서 다시 기계지능 등의 신기술이 빠르게 발전하는 선순환이 일어난다. 이것이 내가 도시 대뇌를 추진하는 중요한 이유다.

지난 20년 동안 중국은 도시의 정보화에 지속적으로 투자해왔다. 특히 공안기관은 도시를 위해 풍부한 데이터 자원을 축적한 일등 공신이다. 하루 동안 도시가 생산하는 교통 CCTV 영상 데이터는 사람이 100년을 봐도 다 못 볼 정도로 방대하다. 만약 기계지능의 도움이 없으면 도시가 생산하는 귀중한 데이터는 제 기능을 발휘하지 못하고 조용히 삭제될 것이다. 2016년 10월 항저우에서 열린 윈시 대회에서 나는 항저우 도시 대뇌 계획을 발표했다. 전 세계에서 가장 먼 거리는 남극에서 북극까지의 거리가 아니라 신호등에서 교통 CCTV 사이의 거리다. 신호등과 교통 CCTV는 동일한 기둥에 설치되어 있지만 서로 데이터가 통하지 않아 CCTV 렌즈에 찍히는 데이터를 신호 변경에 반영하지 못한다. 데이터가 막힐 경우 도로 위의 교통도 막혀버린다.

도시 대뇌란 인터넷 인프라와 도시의 풍부한 데이터 자원을 이용해 도시 전체를 실시간으로 분석함으로써 사람의 두뇌로 해결할 수 없는 문제를 해결하는 것은 물론 공공 자원의 효과적인 분배, 사회질서 개선, 지속가능한 도시 발전 추진을 도모하는 것을 말한다. 도시 대뇌의 기본 사상은 도시 발전을 꾀할 때 토지 자원보다 데이터 자원을 더 중시하는 데 있다.

항저우에서 도시 대뇌가 가장 먼저 한 일은 컴퓨터 시각 분석 능력이 CCTV 영상 데이터로 마치 수천, 수만 명의 교통경찰이 연중 쉬지 않고 도로 위를 샅샅이 순찰하듯 교통 상황을 실시간으로 체험하고 신호등을 지휘한 것이다. 현재 항저우의 교통경찰은 도시 대뇌로 도심 교통 상황을 실시간으로 파악해 신호등을 조정한다. 교통정리는 시작에 불과하다. 더 눈여겨볼 것은 데이터가 사회를 위해 가치를 생산하기 시작했다는 점이다. 앞으로 도시 대뇌는 도시 발전에 세 가지 중요한 돌파구를 마련해줄 전망이다.

먼저 도시 정비 모델이다. 사회 구조, 사회 환경, 사회 활동 등 각 방면 데이터를 도시 자원화하면 인력과 서비스 능력을 재분배하고 도시를 정비하는 과정에서 불거지는 문제를 해결해 결국 사람 중심의 혁신 도시를 형성할 수 있다.

그다음은 도시 서비스 모델이다. 도시 대뇌는 정부가 민생을 위해 일하게 만드는 중요한 물리적 토대다. 정부는 도시 대뇌로 기업과 개인에게 보다 정확한 서비스를 제공할 수 있다. 앞으로 교통 같은 도시의 공공 서비스는 공공 자원을 낭비하지 않는 정확하고 효율적인 서비스 시대에 진입할 예정이다.

마지막으로 도시 산업 발전이다. 도시의 개방적인 데이터는 석유와 반도체가 산업을 이끌어가는 것처럼 전통 산업 모델을 업그레이드하고 혁신 산업 발전을 이끄는 중요한 기초 자원이다.

도시 대뇌는 국가 발전에 필요한 요구사항을 구현한다. 가령 쑤저우는 도시 대뇌를 교통 정비에 중점적으로 활용해 도시 관리 수준을 지능적으로 높였다. 앞으로 공안기관은 교통 운수, 도시 행정 관리, 여행, 철도 교통 등의 기관과 함께 각 분야의 무수한 데이터를 도시 대뇌에서 취합한 뒤 대규모 컴퓨팅 능력과 기계지능을 기반으로 도시를 효율적이고 안정적으로 운영할 계획이다.

도시 대뇌는 과학기술 혁신이자 기계 시스템 혁신이다. 무엇보다 폐쇄적이던 데이터를 개방하고 도시의 신경망 네트워크로 도시 전체를 실시간 분석하며 도시를 위해 데이터를 분석, 결정, 운영한다.

전 세계를 통틀어 도시 대뇌를 새로운 인프라로 대하는 도시는 아직 없다. 항저우에서 최초로 도시 대뇌를 실행하는 것은 중국의 발달한 인터넷 인프라 덕분이다. 많은 미국인이 여전히 수표로 수도세를 지불하지만 중국인은 거리에서 군고구마를 사먹을 때도 스마트폰으로 결제한다. 이 작은 차이는 중국의 독특한 경쟁력이다. 어느 국가보다 빠르게 도시의 데이터 자원을 축적한 중국은 도시 발전 문제를 더욱 선진적으로 해결할 중요한 기회를 얻었다.

도시 대뇌는 중국의 도시 발전에 중요한 의미가 있을 뿐더러 중국의 과학기술 혁신에도 탐색의 장을 제공한다. 1960년대의 달 착륙 계획은 통신 기술, 바이오 헬스 기술 등 일련의 중요한 혁신 기술 발달을 촉진했다. 중국은 이미 인터넷 인프라, 초유의 컴퓨팅 능력 그리고 데이터 자원을 갖췄다. 국민에게 행복한 서비스를 제공하는 도시 대뇌는 향후 10년 동안 기계지능을 개발하는 가장 중요한 연구 플랫폼이다.

모든 혁신 기술은 도시 문명 발달을 이끈다. 증기기관 시대에 도시를 상징하는 것은 도로였고, 전기 시대에 발전한 도시를 상징한 것은 전력망이었다. 인터넷 시대에는 데이터가 중요한 자원이다. 이제 도시는 데이터 대뇌를 구축해 다시 한 번 문명을 업그레이드해야 한다. 160년 전 런던은 최초로 지하철을 개통했고, 135년 전 맨해튼은 최초로 전력망을 건설했다. 앞으로 중국은 도시 대뇌를 완전히 새로운 인프라로 건설해 전 세계에 탐색 기회를 제공해야 한다.

'인터넷+데이터+컴퓨팅'의 온라인 시대가 이제 막 시작되었다. 온라인 시대에는 1%의 영감이 있으면 혁신 기술을 얻을 기회가 많다. 온라인 시대의 데이터는 에베레스트산의 정상처럼 혹독하지만 도전 욕구를 불러일으킨다. 온라인 시대의 컴퓨팅은 사람을 로켓에 태워 달나라에 보낼 수도 있으나 바이코누르 기지의 폭발한 로켓 잔해 속에 남겨둘 수도 있다. 온라인 시대의 인터넷은 보잉 747기처럼 많은 사람을 태워 만물인터넷 시대를 여행하게 해줄 수도 있고 콩코드처럼 인류의 꿈을 런던, 파리, 뉴욕 사이에 가둬놓을 수도 있다.

혁신이 이뤄지면 온라인으로 도시를 운영할 수 있다. 이때 도시의 데이터 자원은 미래 도시의 혈액이다. 지금 인류는 역사상 유례없는 기술혁신의 길에 들어섰다. 모두 목적지에서 만나길 바란다!

2008년 알리바바에 합류한 뒤 나는 처음 근거리에서 인터넷과 접촉했다. 그동안 인터넷에 관한 책은 많이 읽었지만 인터넷을 제대로 인식한 것은 알리바바에 합류하고 나서부터다.

2013년 11월 타이베이로 향하는 비행기에서 나는 11월 25일자《타임》을 읽었다. 마침 제프리 클루거 Jeffrey Kluger가 쓴 〈발명의 불꽃〉이라는 글이 실려 있었다. 대단한 내용은 아니지만 두 가지 관점은 흥미로웠다.

첫 번째는 역사상 중요한 세 가지 발명품으로 전기, 인터넷, 바퀴를 꼽은 점이다. 전기와 바퀴는 그 자체로는 쓸모가 없다. 그러나 전기가 없었으면 TV·냉장고·컴퓨터 등은 등장하지 않았을 테고 바퀴 역시 자전거, 자동차, 기차, 비행기에 쓰이지 않았으면 존재 가치가 없었을 터다. 인터넷도 마찬가지다.

두 번째는 조사 결과 전 세계 인구 중 84%가 지금을 발명하기에 가장 좋은 시대로 꼽은 점이다. 1899년 미국의 특허청장 찰스 듀엘 Charles H. Duell은 "발명할 수 있는 것은 이미 다 발명했다"라며 당시 미국 대통령에게 특허청 폐쇄를 요청하는 편지를 썼다. 이 일화가 사실로 증명된 것은 아니지만 이는 그 시절의 대중 심리를 어느 정도 반영한다고 본다. 현대인은 과거의 대중에 비해 자신감이 넘치는 것일까, 아니면 맹목적인 것일까? 인류는 전기가 등장한 이후 전기 제품을 발명하고 바퀴가 생긴 뒤 바퀴 달린 사물을 발명했다. 이제 막 시작된 온라인 시대에는 더 많은 발명품이 탄생하리라는 것을 믿어야 한다.

《주례·동관고공기周禮·冬官考工記》에 "수레바퀴 지름은 1척 5촌이고 둘레는 4척 5촌이어야 한다. 바퀴살 길이는 4척 5촌, 폭은 3촌, 두께는 1촌이어야 한다"라는 말이 나온다(1척은 약 30.3cm고, 1촌은 약 3.03cm다). 이것을 보면 수레에서 바퀴가 차지하는 의미, 즉 수레가 다양한 상태의 길을 지나도록 해주는 중요한 기초임을 알 수 있다. 1975년 구이저우성 싱이시 완툰진에서 출토한 동한 시대의 청동 마차는 당시 원난성과 구이저우성 사이의 5척 도로에 알맞게 바퀴가 작았다. 책에서 바퀴에 관한 내용을 읽은 나는 "바퀴를 다시 발명하지 마라"라는 명언을 '바퀴는 세상을 위해 많은 발명 기회를 창조했다'라고 새롭게 이해했다.

같은 원리로 인터넷도 다시 발명할 필요가 없다. 사물인터넷, 자동차인터넷도 인터넷의 일부분이고 이해하는 데 시간이 조금 걸렸지만 모바일인터넷도 인터넷의 일부다. 예전에 나는 지인에게 구글에서 검색 가능한 것은 기껏해야 뉴스와 출판물 웹사이트뿐이라고 농담한 적이 있다. 온라인 세상은 구글보다 더 큰 세상을 보여준다.

마찬가지로 주변 사람들은 자신이 생활하는 세계를 더 넓혀준다. 나역시 다양한 사람들과 나눈 대화와 토론에서 많은 생각과 관점을 얻었음을 특별히 밝힌다. 스승 같은 친구를 만나는 것은 커다란 행운이다. 판위에페이, 리징이, 류장, 류샹밍, 장위팅, 리자스, 궈쉬에메이, 저우궈후이, 쉬쿤, 리첸, 우이스, 우레이, 천즈강 등 나와 많은 대화를 나눈 친구에게 특별히 감사한다. 이들의 창조력과 인터넷을 향한 동경 덕에 나는 다른 관점에서 평범한 생각을 살펴볼 수 있었다.

미국의 저명한 건축학자 루이스 칸Louis Kahn은 말했다.

"베토벤이 창작하기 전까지 〈베토벤 교향곡 제5번〉은 세상에 필요하지 않았다. 그러나 이제 우리는 이 곡 없이는 생활할 수 없다."

온라인 시대에 진입한 뒤 우리는 더 많은 미지의 것과 맞닥뜨리고 있다. '이미 안다'라는 자세로 부딪치면 사람들에게 꼭 필요한 사물을 더 많이 창조할 수 있을 것이다.

창조로 미래를 결정할 수 있는 시대를 살아가는 것은 행운이다. 물론 창조로 미래를 결정할 수 있을지는 인류의 신념과 의지에 달렸다. 마지막 순간까지 신념을 지키고 의지를 믿자.

온라인, 다음 혁명

2018년 5월 15일 초판 1쇄 발행

지은이 · 왕젠 | 옮긴이 · 김락준

펴낸이 · 김상현, 최세현
책임편집 · 정상태 | 디자인 · 임동렬

마케팅 · 김명래, 권금숙, 양봉호, 최의범, 임지윤, 조히라
경영지원 · 김현우, 강신우 | 해외기획 · 우정민

펴낸곳 · (주)쌤앤파커스 | 출판신고 · 2006년 9월 25일 제406-2006-000210호
주소 · 경기도 파주시 회동길 174 파주출판도시
전화 · 031-960-4800 | 팩스 · 031-960-4806 | 이메일 · info@smpk.kr

ⓒ 왕젠(저작권자와 맺은 특약에 따라 검인을 생략합니다)

ISBN 978-89-6570-625-0 (03320)

- 이 책은 저작권법에 따라 보호받는 저작물이므로 무단전재와 무단복제를 금지하며, 이 책 내용의 전부 또는 일부를 이용하려면 반드시 저작권자와 (주)쌤앤파커스의 서면동의를 받아야 합니다.
- 이 책의 국립중앙도서관 출판시도서목록은 서지정보유통지원시스템 홈페이지(http://seoji.nl.go.kr)와 국가자료공동목록시스템(http://www.nl.go.kr/kolisnet)에서 이용하실 수 있습니다. (CIP제어번호: CIP2018011930)
- 잘못된 책은 구입하신 서점에서 바꿔드립니다. • 책값은 뒤표지에 있습니다.

쌤앤파커스(Sam&Parkers)는 독자 여러분의 책에 관한 아이디어와 원고 투고를 설레는 마음으로 기다리고 있습니다. 책으로 엮기를 원하는 아이디어가 있으신 분은 이메일 book@smpk.kr로 간단한 개요와 취지, 연락처 등을 보내주세요. 머뭇거리지 말고 문을 두드리세요. 길이 열립니다.